Fadiga Crônica – Neurastenia
As doenças da atualidade

Pura H. Cancina

Fadiga Crônica – Neurastenia
As doenças da atualidade

Tradução
André Luis de Oliveira Lopes

Editor
José Nazar

Companhia de Freud

TÍTULO ORIGINAL
Fatiga crónica - Neurastenia

EDITORAÇÃO ELETRÔNICA
FA - Editoração Eletrônica

TRADUÇÃO
André Luis de Oliveira Lopes

REVISÃO
Sandra Felgueiras

ILUSTRAÇÃO DE CAPA
Picasso
La Miséreuse accroupie

EDITOR RESPONSÁVEL
José Nazar

Rio de Janeiro, 2004

FICHA CATALOGRÁFICA

C222f

Cancina, Pura H.

Fadiga crônica - neurastenia : as doenças da atualidade / Pura H. Cancina ; [tradução: André Luis de Oliveira Lopes]. – Rio de Janeiro : Companhia de Freud, 2004.

..... p. ; 23 cm

Inclui bibliografia.

ISBN 85-85717-83-1

1. S´ndrome da fadiga crônica. 2. Neurastenia. I. Título.

CDD-616.047

Companhia de Freud
editora

ENDEREÇO PARA CORRESPONDÊNCIA
Rua da Candelária, 86 - 6ª andar
Tel.: (21) 2263-3960 • (21) 2263-3891
Centro - Rio de Janeiro
e-mail: ciadefreud@ism.com.br

Índice

Agradecimentos

Em primeiro lugar, e especialmente, ao meu Orientador de Tese, Roberto Harari, por sua generosa disposição e pela tão atenta leitura com que seguiu os desenvolvimentos que lhe ia propondo.

Aos integrantes da Fábrica de Casos, onde se tornou possível uma parte fundamental de minha investigação, principalmente a Alicia Álvares, Analía Battista, Adriana Covili, Marité Colovini, Juan Alberto Manino, Ana Serra e Susana Splendiani por suas valiosas contribuições.

À Escuela de Psicoanálisis Sigmund Freud – Rosário, lugar onde encontrei os colegas e amigos com os quais pude compartilhar e pôr à prova minhas reflexões ao longo desses anos.

A Ovide Menin pela amável generosidade com que aceitou dar-me sua valiosa opinião sobre meu escrito e por sua alentadora mensagem.

A Miriam Alianak, minha querida "Turca", pelo diálogo fecundo de sempre e por sua leitura e comentários dos rascunhos.

Ao meu amigo de tantos anos, Ricardo Díaz Romero, também por sua leitura e comentários, aos quais, generosamente, juntou uma cuidadosa correção de estilo.

Ao meu esposo Horacio Ardusso que, com seu carinho e sua paciente escuta, certa tarde, no campo, tornou possível o relançamento da escrita.

L'anatomie décompose et expose. Plus tard, à l'époque des Lumières, le mot "analyse" prendra la relève dans les titres de livres.

Jean Starobinski, "Préface" à *Anatomie de la melancolie* de Robert Burton.

Quiçá possamos encontrar um acesso ao "salto inexplicável no corporal".

Sandor Ferenczi, *Diário clínico.*

I

Introdução

I.1. Novas questões em relação a uma antiga doença

Na opinião de Bercherie[1], a neurastenia parece ser essa neurose de base destinada a ser periodicamente redescoberta, rebatizada e promovida a doença do século, como fizeram Bouchut e Beard[2]. A afecção que designava encontrou seu nome atual: "Síndrome de Fadiga Crônica".

Neurose onde predominam a astenia e a debilidade geral, à diferença da singularidade dos sintomas das "psiconeuroses", a descrição que os doentes fazem é repetitiva, monótona, pouco singular. A clínica psiquiátrica a atribui às exigências da vida moderna: excesso de trabalho, excesso de emoção, excesso de exigências de desempenho. Mas a generalização, do ponto de vista etiológico, exclui a singularidade, tanto do ponto de vista da estrutura como do ponto de vista da história.

A partir das primeiras conceituações de Freud é situada, com seu antigo nome de "neurastenia", entre as por ele denominadas "neuroses atuais", mas tampouco a clínica psicanalítica modificou a situação que descrevo. Ao ficar entre as neuroses atuais, a não tramitação psíquica do conflito que esta designação supõe implica a exclusão da neurose infantil: é concebida como um transtorno atual causado por uma sexualidade (genitalidade) deficiente. Freud sustenta até o final de sua obra a hipótese da toxidade: transformação

---

[1] Paul Bercherie, *Génesis de los conceptos freudianos*, Buenos Aires, Paidós, 1988, p. 52.
[2] Paul Bercherie, op. cit., pp. 30-43.

direta da excitação sexual sem tramitação psíquica. Esta hipótese, tratando de superar as insuficiências e a generalidade etiológica da explicação dada pela clínica psiquiátrica, nos propõe, entretanto, importantes problemas ainda não abordados pela clínica e pela teoria psicanalítica.

Ficam assim situadas as seguintes interrogações:

- o que podemos entender como "atual" a partir da psicanálise?
- qual é a metapsicologia da neurastenia e, portanto, do que hoje encontrou o nome de "síndrome de fadiga crônica"?
- que avanços no terreno da metapsicologia podemos esperar de sua investigação?
- quais são as conexões, as passagens, os enlaçamentos entre o somático e o psíquico?
- sendo a pulsão "conceito limite" entre o somático e o psíquico, o que podemos dizer atualmente sobre a articulação corpo-psiquismo?
- o que implica o conceito de "neurose de base" ou "neurose simples"?
- que transtornos na construção do "aparelho psíquico" ou da estrutura do ser falante dariam conta de uma suspensão da eficácia da história, do ponto de vista do saber inconsciente?
- quais são suas relações com doenças com as quais está intimamente relacionada segundo os investigadores do tema: melancolia, hipocondria, psicastenia?
- qual é o tratamento aconselhável para este tipo de transtorno?

I.2. Uma doença antiga?

Em seu livro *Un padre-puzzle* [Um pai-puzzle], depoimento escrito, Sibylle Lacan, uma das duas filhas menores de Jacques Lacan, descreve a "estranha" doença que a aflige durante um certo tempo. Diz:

> "Em abril de 1962 – eu tinha, então, vinte e um anos –, caí doente. Tudo fazia crer que se tratava de uma gripe e fui tratada conseqüentemente. Fiquei de cama em torno de uma semana, depois a febre desapareceu e fui declarada curada. Mas os outros sintomas persistiam: *uma imensa fadiga física – tinha necessidade de doze horas de sono – e intelectual: tinha dificuldades para seguir meus estudos e mais ainda para memorizá-los.*

Uma impressão insuportável de anuviamento na cabeça desde que me levantava até me deitar. Já não conseguia ler. O cinema me deixava desconcertada. *Na verdade, eu não tinha nenhuma energia.* Só me restava a vontade de sarar. Estava convencida de que 'tinha' algo. Vi numerosos médicos – clínicos gerais e especialistas – e fiz numerosos exames. Nada foi encontrado.

[...]

Impossível estudar, aprender, registrar. Sempre a mesma debilidade, o mesmo estado 'anuviado', uma estranha ausência de emoção. Minha vida era um inferno"[3].

"Quando interroguei meu pai sobre minha 'doença', ao redor de dois anos depois de seu desencadeamento ('mas o que eu tenho?'), ele me respondeu: *no século dezenove, diriam que você era neurastênica.*

(Outra pessoa, que não citarei, fala de *melancolia* e defende que disso ninguém se cura nunca. Meu analista não estava de acordo sobre este último ponto)"[4].

A resposta que seu pai, mestre em psicanálise e clínico experiente, lhe dá orienta a investigação que me proponho ao fazer menção a um antigo diagnóstico em que minha prática como psicanalista já me havia feito pensar: havia escutado em meu consultório queixas totalmente semelhantes às de Sibylle, como também, no curso da análise de uma neurose haviam emergido estados descritos de maneira similar, ao modo do que Freud denominava "fundo neurastênico da neurose".

---

[3] Sibylle Lacan, *Un père (puzzle)*, Paris, Digraphe, 1994, pp. 41, 51 e 53. Os itálicos são meus. Há edição em castelhano, mas uso minha própria tradução da edição francesa.

[4] Op. cit., p. 51. Os itálicos são meus.

II

Neurastenia

II. 1. Definições

Neurastenia provém do grego γενρογ nervo e de αϖδΧεγεια astenia, debilidade derivada de δΧεγο força.

No *Diccionario Enciclopédico Hispano Americano de literatura, ciências y arte* (1913)[5], encontramos um não pouco extenso artigo onde se pode ler como se concebia a neurastenia no princípio do século.

Diz assim:

> "Descreve-se a neurastenia como uma neurose, caracterizada por um estado de debilidade ou cansaço do sistema nervoso.
>
> Inicialmente, agruparam-se sob este nome todas as doenças nervosas derivadas do esgotamento do sistema nervoso e caracterizadas por uma irritabilidade especial desse sistema.
>
> Chamava-se neurastenia à caquexia nervosa, diátese nervosa, os vapores, os histerismos, a debilidade nervosa, a neurose proteiforme, a febre nervosa, a hiperestesia, a forma depressiva da irritação espinhal, a neuropatia cérebro-espinhal ou cérebro-cardíaca. Ou seja, todos os estados nervosos que não eram acompanhados de substrato material nem localização orgânica".

---

[5] Editado por Montaner y Simón na Espanha e pela Sociedad Internacional na América.

O artigo inclui uma citação de Arnd (1880), Paris. Diz assim esse autor:

> "Em todas as partes se vê a neurastenia. Pode-se dizer que padecem dessa doença todas as pessoas irritáveis, descontentes com sua sorte, que aspiram algo novo, mas afirmando que o seu é o melhor.
> Segundo essa opinião foram neurastênicos Sócrates, Alexandre, Catarina, Augusto, também Robespierre, Garibaldi e Napoleão I.
> Neurastênicos foram os descendentes diretos dos merovíngios ou carolíngios, também os egípcios, os persas e os romanos.
> Vide essa freqüência cada vez maior de suicídios nos jovens que acabam de sair dos colégios e academias onde foram submetidos a trabalhos intelectuais excessivos! Vide essa invasão progressiva das doenças mentais! Vide esse número infinito de mulheres nervosas, irritáveis, histéricas!".

Diz-se depois que, na atualidade (1913), limitou-se bastante o significado da palavra neurastenia. Charcot designa com esse nome um estado especial de esgotamento nervoso, quase sempre consecutivo ao trabalho intelectual extraordinário, às emoções morais fortes ou aos choques traumáticos, e que constitui uma neurose bem definida, uma entidade mórbida caracterizada pelos seguintes sintomas: dor de cabeça muito perturbadora e resistente, sensação de fadiga geral, obstrução da memória, dificuldade para dedicar-se a qualquer trabalho intelectual e perturbações gástricas (dispepsia nervosa). A dor de cabeça consiste em uma sensação de peso, de pressão, às vezes, de pontadas, como ter um capacete pesado na cabeça. A cabeça parece vazia, falta a memória e é impossível qualquer trabalho intelectual.

Como vemos, nem Beard, nem Freud são ali mencionados, quando, já fazia tempo, ambos haviam exposto suas concepções sobre a neurastenia.

É interessante fazer um percurso terminológico que cubra as etapas mais distantes possíveis, como também espaços lingüísticos diferentes.

No *Diccionário enciclopédico Codex*, Buenos Aires (1955) encontramos:

> "Debilidade do sistema nervoso, com debilidade física e mental, e transtornos sugestivos da sensibilidade".

O *Diccionario de la lengua española Espasa Calpe*, Madrid (1922) diz:

"Psq. Conjunto de estados nervosos mal definido, caracterizado por sintomas muito diversificados, entre os quais são constantes a tristeza, o cansaço, o temor e a emotividade".

Le Robert – Dictionaire D'aujour'hui, Dictionaires Le Robert, Paris (1991) propõe para "*Neurasthénie*: État durable d'abattement accompagné de tristesse"[6].

Dá como sinônimo *Ennui* [tristeza profunda], definindo-o, em seu uso literário, como "Melancolie vague, lassitude morale qui fait q'on ne prend d'intérê, de plaisir à rien"[7]. Sinônimos são *cafard, neurasthénie, spleen*. De *Spleen*, por sua vez, se diz: "Littér. Melancolie sans cause apparente, catacthérissé par lê dégoût de tout chose; vague à l'âme, neurasthénie"[8].

No *Vox. Diccionario manual inglês – español, español – inglês*[9], encontramos *Spleen*, cujo significado anatômico é "baço", e "bílis" em uma segunda acepção. Também significa "rancor, mau humor, melancolia".

O que esse rastreamento deixa observar no que se refere às significações lingüísticas e ao uso do termo é que, em aproximadamente quarenta anos, o acento deslocou-se de "doença dos nervos" para "doença do espírito": tristeza, melancolia, mal-estar.

II.2. História no campo da clínica psiquiátrica

Vejamos sua história no terreno da medicina, ou seja, da clínica psiquiátrica[10].

---

6 "Estado durável de abatimento acompanhado de tristeza".

7 "Melancolia vaga, desfalecimento moral que faz com que não se encontre interesse nem prazer em nada".

8 "Melancolia sem causa aparente caracterizada por desagrado por tudo, confusão da alma, neurastenia".

9 Barcelona, Bibliograf, 1969.

10 Para o desenvolvimento desse tema vou me basear sobretudo nos estudos históricos de Paul Bercherie: *Génesis de los conceptos freudianos*, Buenos Aires, Paidós, 1988 e *La naissance de la clinique*, Paris, Navarin, 1985.

A neurastenia como entidade, ou seja, como termo que designa um quadro da nosologia psiquiátrica, separa-se desse conglomerado que o termo "hipocondria" nomeava. Por sua vez, a hipocondria nasce como quadro separando-se desse conglomerado que se chamava "melancolia".

II.2.1. Separação da hipocondria

Em 1630 *Sennert* separou a hipocondria da melancolia. A denominação "melancolia" incluía uma multiplicidade de estados mórbidos, unificados pela imagem metafórica da bílis negra, que difundia no organismo seu veneno. Tratava-se de estados de tonalidade depressiva e ansiosa, que iam desde o que hoje se conhece como depressão até os delírios de tonalidade triste, passando por estados de angústia de todo tipo ou, inclusive, pelo simples "temperamento melancólico" (propensão à tristeza e ao pessimismo, à misantropia). Por extensão, com freqüência associavam-se a esse conjunto estados delirantes de outro matiz simplesmente quando apresentavam um caráter parcial, já que esse caráter era um pólo dessa vasta noção: o doente era lúcido em tudo que não concernisse a seu delírio e ainda no interior do mesmo, e conservava suas aptidões intelectuais intactas. Esse traço diferenciava o quadro em relação às manias (estados de excitação de todo tipo) e às demências.

A partir daqui pôde-se reconhecer, dentro da melancolia, um estado de tristeza e de preocupação, com ansiedade em relação à saúde, estado que incluía idéias de incurabilidade, incessantes intentos terapêuticos frustrados centrados na multiplicidade de sintomas corporais que afetavam a região dos hipocôndrios, de onde provém o nome de "hipocondria". Tratava-se de transtornos digestivos como dores de estômago, sensação de peso, acidez, inchação, eructações e gazes, às vezes vômitos, constipação ou diarréia, alternância de falta de apetite e fome intensa. Também encontravam-se palpitações, sufocação, dores de cabeça e transtornos da sensibilidade na zona cefálica. A importância dos sintomas digestivos fazia com que esse estado fosse atribuído a problemas ou desordens dos órgãos, tais como fígado, estômago e baço. A partir desse quadro, Sennert diferenciou duas variantes: uma constituída por transtornos funcionais viscerais e sua repercussão psíquica (hipocondria) e outra, onde havia um estado delirante no qual, sobre os mesmos transtornos, o doente acrescentava idéias caprichosas que iam desde a certeza de estar afetado por uma ou outra doença até o delírio de influência, de possessão demoníaca e, ainda, o que depois se conheceria como síndrome de Cotard ou delírio das negações. Como vemos, a tendência era bastante ampla.

A hipocondria era então considerada uma doença cerebral ideopática que perturbava, através do sistema nervoso simpático, os órgãos viscerais, por intermédio do sistema nervoso vegetativo. Ainda que funcional, a causa tinha que ser, de qualquer modo, orgânica. Não encontraremos a idéia de uma neurose de determinação totalmente psíquica até Freud.

II.2.2. Sydenham

Sydenham[11], que era considerado o "Hipócrates inglês", encabeçava um movimento de renovação que colocava Hipócrates acima de Galeno ao promover uma medicina de observação, sem dogmas nem sistemas e pouco inclinada a prescrições. Foi o precursor do que, um século depois, seria o início da medicina moderna. Propôs uma síntese de hipocondria e histeria. Dizia que se tratava da mesma doença denominada de maneira diferente segundo o sexo do doente.

A fusão de ambas as doenças repousa em uma mudança de ponto de vista em relação à histeria, mudança que será decisiva. Dali em diante a ênfase vai ser posta não na crise, ou na multiplicidade de sintomas que foram descritos para ambos os quadros, mas, no fundo, nesse terreno nervoso particular que Charcot denominará "estigma" e Freud "nervosidade"*.

---

[11] Médico inglês do século XVII. Suas contribuições são tratadas por Paul Bercherie, op. cit., pp. 30-50.

* Em castelhano *Nerviosidad*, termo empregado por José L. Etcheverry para a tradução do termo alemão *Nervosität*, utilizado por Freud, dentre outras vezes, no artigo intitulado "Die 'kulturelle' Sexualmoral und die moderne Nervosität". A tradução para a língua portuguesa propôs a expressão *doença nervosa*, resultando no título "Moral sexual 'civilizada' e doença nervosa moderna". Assim, considerando que a língua portuguesa também possui como recurso à tradução do alemão *Nervosität* o termo *Nervosidade*, manteremos o emprego deste último por considerar ser o mais próximo da tradução utilizada pela autora. (NT)

Diz Sydenham:

> "Porém, mesmo que as mulheres histéricas e os homens hipocondríacos estejam extremamente doentes do corpo, mais ainda o estão do espírito, pois perdem totalmente a esperança de sua cura e, se ocorre a alguém lhes dar a menor esperança, encenam uma grande cólera, de modo que essa desesperança é essencial à doença. Por outro lado, enchem o espírito das idéias mais tristes e acreditam que lhes esperam todos os tipos de males. Entregam-se, sem o menor motivo, e inclusive sem nenhum, ao medo, à cólera, ao ciúme, às suspeitas e às paixões mais violentas e atormentam-se sem cessar a si mesmos. Não podem suportar a alegria e, se acontece de se regozijarem, isso é muito pouco freqüente e momentâneo; inclusive, esses momentos de alegria lhes agitam tanto o espírito que fazem com que as paixões sejam mais aflitivas. Não conservam nenhum meio termo e só são constantes em sua leviandade de caráter"[12].

Sydenham reconhece a integridade mental desses doentes e, por outro lado, indica que os transtornos psíquicos seriam secundários em relação às desordens nervosas. O fundo neuropático que é comum à histeria e à hipocondria, transtornos que se elevam sobre um fundo, um terreno "nervoso", é o que permitiu fusioná-las. Isso chegará até Charcot.

II.2.3. Diferenciação de histeria e hipocondria

No final do século XVIII, com Boissier de Sauvages[13], vai-se avançar na diferenciação dos dois quadros (histeria e hipocondria), como conseqüência de um esforço gnoseológico inspirado no exemplo da botânica, com as classificações de Lineo e Buffon.

Tratou-se de um esforço classificatório baseado na observação das diferenças que permitiu a constituição de classes, gêneros e espécies.

---

[12] Citação extraída do livro de Paul Bercherie *Génesis de los conceptos freudianos*, op. cit., p. 25, onde é citado o livro de Sydenham traduzido para o francês como Médicine practique.

[13] Ibidem, pp. 29 e 30.

Em relação à histeria e à hipocondria, sem deixar de considerar sua comum natureza nervosa, Sauvages as opõe da seguinte maneira:

- a histeria é classificada entre as doenças espasmódicas, voltando à concepção clássica ao centrar a diferença na crise;
- a hipocondria é situada entre as vesânias[14], junto a outras doenças mentais.

Os hipocondríacos, à diferença de outros tipos, conservam o espírito são e só se desviam em relação ao juízo que sua doença obtém deles.

É assim que, ao ficar classificada entre as vesânias, ou seja, entre as doenças mentais, a ênfase vai ser posta no que Sygenham considerava secundário: as perturbações psicológicas.

Vemos, então, como a hipocondria volta ao seio da melancolia e dos delírios parciais tristes.

II.2.4. As "neuroses"

É *Cullen*[15] que inventa o termo "neurose" para designar todas as doenças sem febre nem lesão local verificada. Pensava que essas doenças deviam-se a um mau funcionamento nervoso local ou geral. Tanto a histeria como a hipocondria passaram a fazer parte das neuroses, mas de maneira diferenciada. A histeria, retomando a teoria uterina mas estendida ao conjunto dos órgãos sexuais da mulher, voltou a ser uma doença feminina, enquanto a hipocondria foi considerada uma doença cerebral ideopática comum aos dois sexos.

II.2.5. Hipocondria e neurastenia

No começo do século XVIII, *Louyer-Villermay*, da escola de Pinel, faz em sua tese uma apresentação da hipocondria que se assemelha em muito ao quadro que, mais adiante, será a neurastenia. Ele diz:

---

[14] Doenças que perturbam a razão, loucuras.

[15] Discípulo de Pinel, autor de *Recherches historiques et médicales sur l'hypocondrie* (1882).

"Trata-se de uma vesânia, comum aos dois sexos, que reside nos órgãos do abdômen, especialmente no estômago, e consiste em uma doença, em uma exaltação de suas propriedades vitais e, sobretudo, de sua sensibilidade orgânica"[16].

Isso fará com que suas causas atuem perturbando, principalmente, as vísceras abdominais, em especial o estômago: mau hábito alimentar, emprego excessivo do álcool ou de medicamentos, vida sedentária, *surmenage*, doenças abdominais ou "metástase" de outra doença; finalmente as causas morais, as doenças penosas da alma e a exaltação da imaginação, com a predisposição de um caráter taciturno, melancólico, o costume de se entediar em todos os lugares.

Já em pleno século XVIII, a renovação das concepções fisiopatológicas impuseram as bases da medicina moderna anatomoclínica. Foi o fim das doutrinas que faziam afirmações gratuitas, sem nenhum fundamento fisiológico pertinente.

II.2.6. Um quadro que prefigura a neurastenia

Chegamos a *Georget*[17], que considerou que tanto a histeria como a hipocondria eram doenças ideopáticas primitivas, comuns a ambos os sexos, ainda que com freqüência de distribuição diferente. As causas serão a hereditariedade, a predisposição nervosa e os maus hábitos nos costumes (vida sedentária e urbana, excesso de atividade intelectual ou imaginativa) entre as causas predisponentes, enquanto as causas morais serão as desencadeantes: emoções violentas na histeria, afecções tristes e prolongadas na hipocondria.

No terreno da hipocondria, Georget tornou pública uma síndrome fundamental, composta de insônia, dor de cabeça, congestão e transtornos da sensibilidade cefálica, hiperestesia sensorial, à qual se vincula a maioria das sensações desagradáveis e variadas das quais se queixavam os doentes. Descreveu transtornos do humor (hiperemotividade, humor pessimista e depressivo),

[16] De Louyer-Villermay, *Traité des maladies nerveuses ou vapeurs et particulièrement d l'hypocondrie et de l'hysterie* (1816), citado por Paul Bercherie, op. cit., p. 34.

[17] Considerado o mais brilhante discípulo de Esquirol.

transtornos do caráter e perturbações intelectuais cuja essência era a fatigabilidade (ideação lenta e difícil, preguiça intelectual, lacunas na memória) e transtornos motores com debilidade muscular.

Essa última descrição já é uma descrição muito precisa do que *Beard* denominará "neurastenia", com uma ênfase particular posta nos sintomas de depressão e de astenia psíquica e muscular, sintomas que formam a base de uma entidade que será clássica. A originalidade de Beard foi sua incorporação na neurastenia dos "medos mórbidos" ou fobias.

Quando descreve a hipocondria como medo infundado de uma doença, configurando uma espécie de fobia, diz:

> "Na maioria dos casos existe uma doença real que é a base do transtorno mental e que, com freqüência, é a neurastenia".

Supõe que esta última provinha de pensar muito e sentir demasiadas emoções. Sobre essa base, a prescrição era: menos tensão e dormir mais.

A descrição que Georget faz da hipocondria é de grande perspicácia, mas não logrou influir em seus contemporâneos e não vai ser retomada até meio século depois. Entretanto, continua sendo obscura a relação entre os transtornos funcionais e esse caráter quase delirante das queixas que o hipocondríaco apresenta. Ao aumentar os conhecimentos acerca das doenças orgânicas, o hipocondríaco aparece cada vez mais como um "doente imaginário" obsessivado por seus transtornos, ávido de tratamento e indócil em relação ao médico. Recordemos que Molière havia escrito *El enfermo imaginário* [O doente imaginário] em 1660.

II.2.7. Dissociação da hipocondria em relação à histeria

A evolução da hipocondria se conclui com uma dissociação da entidade em relação ao conjunto que formava com a histeria.

Dubois d'Amiens descreve-a da seguinte maneira:

> "Pode-se considerar essa doença como uma monomania clara e distinta, posto que está caracterizada por uma preocupação dominante, especial e exclusiva, quer dizer, por um medo excessivo e contínuo de doenças

extravagantes e imaginárias, ou pela íntima persuasão de que as doenças, verdadeiramente reais, mas sempre julgadas de modo errôneo, só podem terminar de uma maneira funesta"[18].

"A hipocondria depende de um modo de pensar"[19].

II.2.8. O "estado nervoso"

Em 1842, *Cerise*[20], em sua obra *Des functions et des maladies nerveuses*, se interessa, de forma mais filosófica que psicológica, pela "superexcitação nervosa" e, sobretudo, pelas relações entre o físico e o moral no homem. Do ponto de vista de nosso estudo, interessa sua descrição do que nomeia como "neuropatia proteiforme" acerca da histeria e da hipocondria. Essa neuropatia corresponde ao estado de predisposição às diversas neuroses e compreende tanto transtornos da impressionabilidade como transtornos da inervação, cortejo inseparável dos temperamentos chamados nervosos ou melancólicos e, também, daqueles que constituem a doença vaga e indeterminada que se chama histerismo. Esta doença seria o caráter comum de histeria e hipocondria.

Como vemos, estamos novamente ante esse fundo neuropático que é comum à histeria e à hipocondria, transtornos que se elevam sobre um fundo, um terreno "nervoso".

Assim, há uma parte comum à hipocondria e à histeria que é essa síndrome multiforme que associa transtornos nervosos de todo tipo, funcionais, mas reais. Quando a hipocondria se mostra pura, se revela mais como uma doença mental do que como uma doença nervosa.

Sandras, em 1851, retoma-a com o que nomeou "estado nervoso". Descreve-o da seguinte maneira:

> "Esse estado doentio é, inquestionavelmente, o mais comum dos transtornos que se apresentam nas funções nervosas; são poucas as pessoas que não afete acidentalmente; quase toda a espécie humana se vê sub-

---

[18] E.F. Dubois d'Amiens, *Histoire philosophique de l'hypocondrie et de l'hysterie* (1833), citado por Paul Bercherie, op. cit. p. 37.

[19] Ibidem.

[20] Cofundador, com Baillarger, dos *Annales médico-psychologiques*.

metida a ele, pelo menos em certos momentos da vida. (...) É impossível ocupar-se das doenças nervosas sem observar que quase todas essas doenças têm certa semelhança entre si, vínculos de família, se assim posso dizer, e, quando se olha de perto, vê-se que esses vínculos, essas semelhanças resultam, quase sempre, do estado nervoso sobre o qual se superpõe a maior parte dessas doenças"[21].

Sandras associa a esse "estado nervoso" o estado mental constituído por irritabilidade, susceptibilidade, emotividade extrema, tristeza, taciturnidade com os sintomas físicos que afetam a totalidade do corpo.

Como a maior parte dos autores, considera que há um estado de debilidade nervosa cuja conseqüência é a hiperirritabilidade. Essa doutrina vai ser sistematizada por *Beard* trinta anos mais tarde.

Com anterioridade *Bouchut* vai retomar, com o nome de "nervosismo", a descrição de Sandras, a doença vai ser descrita por diversos autores privilegiando um ou outro aspecto e atribuindo-lhe diversas denominações, até que Beard impõe a denominação "neurastenia", que vai ser, finalmente, a universalmente aceita. Sua descrição vai ser similar às que examinamos, mas com a ênfase posta nos sintomas de depressão e astenia psíquica e muscular. A hipocondria, então, consistirá em um medo infundado de uma doença. Na maioria dos casos haveria uma doença real como base do transtorno mental e, com freqüência, essa doença real é a neurastenia.

Outra direção, na explicação da neurastenia, foi encontrada nas perturbações do sêmen. Textos britânicos reiteraram, em um período de 40 anos que começa em 1857, a afirmação de que a força do esperma prevenia a neurastenia. Portanto, como o antecedente bíblico de Sansão e Dalila, acreditou-se que a atividade sexual roubava energia dos esforços mentais e psíquicos. Menninger, em 1944, afirmou que a fadiga neurótica não provinha de um déficit energético, mas antes de uma energia mal dirigida. Sua analogia é a de um automóvel que se quer fazer andar com o freio puxado[22].

---

[21] C. M. S. Sandras, *Traité pratique des maladie nerveuses*, citado por P. Bercherie, op. cit. p. 41.

[22] Devo essas últimas referências a Marité Colovini em sua contribuição à Fabricação do caso Sibylle.

II.3. George Miller Beard, o inventor da neurastenia

George Miller Beard (1839-1883) foi professor na Universidade de Nova York, célebre, sobretudo, por suas obras *La neurastenia* [A neurastenia] ("Doença de Beard") e *La nervosidad americana* [A nervosidade americana], foi também um promotor de *La influencia del espíritu en la aparición e la evolución de las enfermedades em general* [A influência do espírito na aparição e na evolução das doenças em geral], antecipando as discussões atuais sobre a influência do psiquismo em questões tais como a imunidade.

Beard tornou-se célebre com 30 anos, separando a neurastenia ou "debilidade nervosa" em um artigo publicado no *Boston Medical and Surgical Journal.* Em 1880, publicou, com Wood, o *Tratado práctico sobre a debilidad nerviosa* [Tratado prático sobre a debilidade nervosa], tratado que consagra a que foi conhecida como "a doença de Beard". Desenvolve suas concepções em um livro dedicado a *La Nervosidad americana* (Nova York, 1881), que obteve um grande êxito. Antes disso, escreveu *La influencia del espíritu en el determinismo e la cura de las enfermidades* [A influência do espírito no determinismo e na cura das doenças] (Nova York, 1881). Defendia ali uma teoria sobre o poder das esperanças frustradas, teoria que trata das influências do psiquismo sobre a imunidade e que, na atualidade norte-americana, influiu no que se desenvolveu como uma técnica de afirmação do Eu em psicoterapia.

O termo neurastenia foi introduzido por Beard em seu livro *Nervosidad americana*, significando a falta de força nervosa. Beard acreditava que era uma doença de pessoas de nervos muito vulneráveis. Vinculava-o aos cidadãos americanos porque pensava que estes estavam submetidos às tensões de uma grande sociedade capitalista. A especulação acerca da debilidade dos nervos sustentava-se na crença em um esgotamento celular; as células haviam esgotado seus nutrientes. Isso, por sua vez, provinha de pensar muito e sentir demasiadas emoções. Sobre essa base, a prescrição era "menos tensão e dormir mais".

Os sintomas da esfera genital não estavam, contudo, ausentes das primeiras descrições, mas é em *La neurastenia sexual* [A neurastenia sexual] (1884) que são detalhados, ou interrogados, seja como efeitos ou como causas de uma série de transtornos.

Beard sustenta que a neurastenia não é somente a doença do momento, mas que, também, como a histeria, é uma doença proteiforme que expõe o médico a graves erros de diagnóstico, já que adquire a máscara das mais diversas doenças orgânicas do sistema nervoso. É por isso que se dedicará, em seus livros, a dar a conhecer a neurastenia sob suas múltiplas expressões, propondo-se a tratar as relações controvertidas entre a neurastenia e as perturbações sexuais.

II.3.1. A natureza das neurastenias

Em relação à natureza das neurastenias, Beard estabelece que a neurastenia é uma doença nervosa funcional crônica, que se baseia em um empobrecimento da *força nervosa*, em uma ausência de reserva de força nervosa, o que conduz a uma debilitação rápida e, por conseguinte, a freqüentes chamados para pôr novamente em jogo a força nervosa. Dali resultam uma ausência do poder inibidor físico e moral, uma debilitação e uma instabilidade da ação nervosa, uma sensibilidade e uma irritabilidade excessivas e a aparição de uma série de sintomas diretos e reflexos.

A fadiga e o sofrimento que acompanham temporariamente um trabalho excessivo, ou a privação de alimento ou de repouso, são sintomas de neurastenia aguda, em relação à qual as formas crônicas só se diferenciam pela continuidade e pelo grau. O que usualmente se conhece como "nervosidade" não é mais do que uma falta de força nervosa.

Os sintomas variáveis e múltiplos que acompanham a neurastenia são, em grande parte, o resultado de irritações reflexas que não ocorrem somente nos nervos motores e sensitivos, mas também nos nervos simpáticos e vasomotores. Podem provir de uma parte do corpo e serem transmitidas a outra parte. Os principais centros dessas irritações são: o cérebro, o aparelho digestivo e os órgãos genitais, onde encontramos a possibilidade de estases locais passivas ou congestões da fonte nervosa. A variabilidade e a correlação dos sintomas, a maneira bizarra como vão e vêm e a substituição de um sintoma por outro se devem à circulação geral entre esses sistemas.

A inervação é a função à qual toda circulação está subordinada. Isso que se chama irritação cérebro espinhal, olho irritável, orelha irritável, estômago irritável (dispepsia nervosa), coração irritável, útero irritável, ovário irritável, próstata irritável não é mais do que manifestação local de um estado neurastênico geral.

É assim que Beard vai tratar os defeitos de tolerância aos transtornos circulatórios, a tolerância para as doenças, etc., para dizer, por exemplo, que um neurastênico vai suportar mal um estado congestivo ou anêmico porque nele a circulação não reencontra seu equilíbrio por si mesma. Vai dizer também que a faculdade que o organismo possui de tolerar os estados mórbidos provém, em parte, de nossa organização física, mas, também, em parte, de nossa organização moral. Assim, um indivíduo com uma constituição física robusta suportará melhor os fenômenos nervosos que destruiriam um outro. Igualmente no terreno moral.

Tendo em conta que os nervos simpáticos são considerados como o traço de união que estabelece comunicação entre as duas partes do corpo, Beard considera que a neurastenia tem uma grande relação com o sistema simpático.

II.3.2. Classificações clínicas da neurastenia

Em relação às classificações clínicas da neurastenia, todas as partes do corpo humano podem ser o ponto de partida de ações reflexas. Certas classificações clínicas da neurastenia tomam, então, sua denominação do órgão ou da série de órgãos que estão afetados, seja como causa, seja como efeito, e que exigem um cuidado e um tratamento especiais. Propõe a seguinte classificação de neurastenia:

- *Neurastenia cerebral* (debilitação cerebral)
- *Neurastenia espinhal* (debilitação espinhal)
- *Neurastenia digestiva* (dispepsia nervosa)
- *Neurastenia sexual* (debilitação sexual)
- *Neurastenia traumática* (debilitação traumática)
- *Hemi-neurastenia* (semidebilitação)
- *Neurastenia histérica* (debilitação histérica)

Beard acha que, às vezes, existe toda uma série de sintomas que consistem em uma sensação de explosão na parte posterior da cabeça que sobrevém no momento de dormir, e cita um caso em que se encontravam esses sintomas juntamente com outros, tais como: perda da vontade, micções freqüentes, uma voz neurastênica. Neste caso, durante dois meses houve acessos de alcoolismo, em relação aos quais Beard comenta sobre sua insistência acerca da facilidade de que o alcoolismo se produza como uma manifestação do estado neurastênico.

Os sintomas da neurastenia cerebral manifestam-se sob a forma de medos, impulsões, insônia, cefalalgia, transtornos da memória, debilitação das faculdades intelectuais e volitivas. Ao contrário, na neurastenia espinhal podemos ter sintomas de irritação espinhal com sensibilidade e dor que não se acompanhem, necessariamente, de insônia, de depressão ou de sintomas digestivos. Assim, os neurastênicos espinhais não poderão nem caminhar, nem permanecer parados e, contudo, as funções cerebrais estarão intactas.

A neurastenia digestiva é o que se descreve sob o nome de dispepsia nervosa.

Beard aplica o nome de neurastenia traumática à debilitação nervosa ocasionada por traumatismos físicos, como acidentes de trem ou de carro, como, também, emoções morais, como as emoções causadas por más notícias. Nesses casos, freqüentemente se vê sobrevirem fenômenos histéricos e dispépticos acompanhados de debilidade e facilidade para o choro.

Os acidentes que determinam a neurastenia traumática são, freqüentemente, seguidos por um processo e o estado neurastênico se mantém durante todo o tempo em que este se desenvolve e finaliza quando os doentes cobraram sua indenização.

Com respeito à histeroneurastenia encontramos a seguinte observação: encontra-se essa forma com uma freqüência muito maior nas mulheres do que nos homens, ainda que os dois sexos sejam suscetíveis de serem afetados. Quando a neurastenia e a histeria coexistem no mesmo indivíduo, ocorre que é tanto a neurastenia que vem desenvolver-se sobre um fundo histérico, como o inverso, é a histeria que vem se unir à neurastenia preexistente. A maioria das mulheres que permanecem em seu leito pertence a essa categoria. Apresentam todos, ou, pelo menos, a maior parte dos sintomas da neurastenia geral ou local e, por outro lado, têm convulsões histéricas, acessos de riso e de lágrimas, globo histérico, debilidade moral, poliúria e os outros sintomas comuns de histeria.

Diz Beard que a histeria deve ser dividida em duas categorias: a física e a moral. A histeria física é o resultado de causas gerais ou locais puramente físicas; habitualmente é uma doença genital que vem juntar-se ao estado neurastênico ou anêmico. É uma doença de debilidade. A histeria moral é produzida por causas psíquicas que exercem sua ação sobre um temperamento emotivo e supersticioso.

A neurastenia é a grande porta por onde penetra a histeria física, diz Beard,

> "... mas a porta é tão grande e o vestíbulo tão amplo que é impossível dizer, de uma maneira precisa, quando uma mulher neurastênica torna-se histérica, e há muitas que passam, alternadamente, de um estado a outro"[23].

Em relação ao estudo físico da neurastenia, Beard diz que todos aqueles que estudaram a neurastenia ficam sempre perplexos ante o estado mental grave que os neurastênicos apresentam, muitas vezes durante grande parte de sua existência.

II.3.3. Etiologia

Como vemos, até aqui nos deparamos com um estudo descritivo que faz da neurastenia uma entidade muito ampla e proteiforme. Quanto à etiologia, as idéias são de uma grande simplicidade quanto à articulação causa-efeito. Mas, quando Beard se livra do intento de dar explicações mais gerais, seus desenvolvimentos se tornam altamente especulativos.

É assim que diz que o corpo humano é um reservatório de forças constantemente postas em jogo e constantemente renovadas por um centro comum: o sol. Um indivíduo neurastênico não tem mais que uma quantidade muito pequena de força nervosa em reserva, e essa reserva é, muitas vezes, rapidamente esgotada. A provisão a que pode recorrer é duvidosa e será facilmente esgotada sob a influência de emoções, ou de um trabalho físico ou intelectual. O processo de esgotamento e renovação das forças se faz muito mais rapidamente em um indivíduo nervoso do que em um indivíduo saudável. Assim, em um curto espaço de tempo o primeiro trabalha muito mais

---

[23] George Beard, *La neurasthénie sexuel* (1884), Paris, L'Harmattan, 1999, p. 34.

e põe em jogo mais força, conseqüentemente deve comer mais freqüentemente e escolher sua alimentação, de tal forma que possa ser digerida com o mínimo de gasto vital possível; da mesma forma lhe será impossível suportar a privação do sono. Dito isso, pode-se dizer que o indivíduo nervoso pode ser mais trabalhador e mais ativo do que aquele que não o é, contanto que o esgotamento não seja levado a um grau extremo. Se a neurastenia torna a vida insuportável, em compensação ela não a diminui e, muitas vezes, não impede de empregar a existência de uma maneira útil. Beard considera que excelentes obras foram feitas por neurastênicos. Nomeia: George Elliot, Darwin, Heine, Herbert Spencer, Edwards, Kant, Bacon, Montaigne, Joubert, Rousseau, Schiller.

II.3.4. A neurastenia sexual

Quanto ao estudo da neurastenia sexual, esta comporta para Beard um ensino filosófico que se pode resumir em uma série de proposições:

1) Existe um tipo de neurastenia totalmente especial, que constitui uma forma clínica muito freqüente à qual dá o nome de neurastenia sexual (debilitação sexual)[24]. Essa neurastenia pode ser a causa ou o efeito de outras formas de neurastenia e, igualmente, coexistir com elas, posto que havia neurastenias cerebrais, espinhais, estomacais, etc.

Contudo, quando alcança o seu desenvolvimento máximo deve-se diferenciá-la destas, da mesma forma que a neurastenia geral deve ser distinguida da histeria, da hipocondria e de outras doenças nervosas.

2) Os estados de debilidade genital que se observam no homem são sintomas, pois nunca são encontrados isolados, mas associados, cedo ou tarde, a manifestações locais ou gerais da neurastenia sexual. A congestão passiva da próstata e a próstata irritável, com catarro prostático, são análogas à dispepsia nervosa ou ao catarro estomacal.

Da mesma forma, o aumento de temperatura ou os fenômenos congestivos podem ser comparáveis aos que se produzem em outros órgãos.

---

[24] Recordemos que Beard escrevia isso antes de sua morte, em 1883, e que o livro sobre a neurastenia sexual foi publicado em 1884, enquanto Freud começava a ligar a neurastenia a transtornos da vida sexual nos anos de 1892-1893.

A impotência, em seus diferentes graus, é a mesma coisa que os transtornos digestivos resultantes da paralisia estomacal.

3) As causas da neurastenia sexual são muito complexas. Pode se tratar de maus hábitos, de excessos venéreos, do tabaco, do álcool, de todas as fontes de excitação que conduzem à debilitação, incluindo o clima. Entretanto, todas as causas de excitação devem ser consideradas banais na presença daquela que domina todas as demais: a cultura.

Daí Beard deduz porque a neurastenia é mais freqüente na América do Norte do que em outros países. Atribui essa freqüência ao ar seco e às diferenças de temperatura, como também a uma civilização nascente que busca desenvolver-se em um mundo ainda novo e em um imenso continente. O autor não se preocupa em explicar por que causas tão diversas podem produzir resultados iguais.

4) O tratamento é complexo. Deve compreender, simultaneamente, uma medicação geral e local, um tratamento psíquico, uma profilaxia especial, mas tendo cuidado de excluir toda prescrição farmacológica.

5) Beard se opõe ao que considera um tratamento ilógico: tratar do sintoma isolado. Diz que, se alguém tenta fazer desaparecer esses sintomas, depois de um certo tempo a debilidade nervosa da qual são as manifestações, que subsistiu o tempo todo, se revelará de novo, seja da mesma maneira, seja de outra forma.

Portanto, o princípio que deve dominar todo o tratamento pode resumir-se em uma frase que, segundo Beard, se parece um pouco com uma parábola bíblica:

> "É inútil cortar os galhos, é preciso cortar a árvore pela raiz"[25].

Mais adiante vai deter-se em uma surpreendente diferença. No caso das mulheres, na medida em que, durante muito tempo e ainda no momento em que escreve seu livro, os sintomas são mal conhecidos e mal compreendidos, todo bom clínico deve suspeitar de neurastenia somente depois de ter o relato da história da doente e antes ainda de ter feito o menor exame, e não deverá indicar um tratamento antes de saber o estado dos órgãos genitais.

---

[25] George Beard, op. cit., p. 10.

No homem, ao contrário, não ocorre o mesmo. A história do doente não nos permite suspeitar de neurastenia sexual.

Cinqüenta anos antes, diz-nos Beard, quando as mulheres consultavam o seu médico por dores nas costas, disúria, sensações de peso, dor de cabeça, insônia, mal-estar, depressão, incapacidade para o trabalho, quase sempre se chegava ao diagnóstico de histeria. Hoje, continua Beard, seria preciso iniciar fazendo um exame do útero, exame que revelaria, na maioria dos casos, um estado mórbido desse órgão: congestão, deslocamento, etc. Seria absolutamente ilógico instituir um tratamento qualquer antes de proceder a esse exame que permite dar a medicação local conveniente.

Ao invés disso, nesse momento, as doenças nervosas do homem estavam no mesmo ponto que as doenças uterinas há cinqüenta anos atrás. Se um indivíduo apresenta sintomas de depressão, fobia, palpitações, abulia, dores de cabeça e outras neuralgias, é tratado como hipocondríaco, e se está muito longe de pensar as origens desses sintomas ligados aos órgãos genitais que, portanto, são muitas vezes deixados de lado.

Beard propõe que deverá se tornar hábito, nesses casos, considerar o diagnóstico de hipocondria tão inexato como o de histeria no caso das mulheres. Nesses casos, então, deve-se pensar que, se o tratamento geral deve dominar toda a terapêutica, é necessário, contudo, recorrer a medicações locais, sobretudo no que se refere à parte prostática da uretra que é, freqüentemente, o ponto de partida dessas doenças.

Tanto no homem como na mulher, um grande número de sintomas nervosos não existe como uma entidade mórbida, mas somente como manifestação de um estado patológico dos órgãos genitais. As relações das funções genitais do homem com o sistema nervoso são muito estreitas, muito complexas, e devem ser estudadas com o maior cuidado por todos aqueles que se ocupam das doenças nervosas. À diferença de Freud, a atenção que é necessário prestar à sexualidade, no caso das doenças nervosas, é uma atenção dirigida ao estado dos órgãos genitais, mais do que à qualidade da sexualidade.

II.3.5. O pensamento de Beard

A ideologia evolucionista de Beard é evidente. Sobre a base dessa ideologia evolucionista propõe que quando o sistema nervoso é atingido por uma doença debilitante são as funções cuja evolução se realizou em último lugar que são primeiramente atingidas, isto é, as faculdades intelectuais e reprodutoras, e, muitas vezes, observa-se esse fato antes que haja outro transtorno funcional e ainda antes que o doente tome consciência por si mesmo.

Quando qualquer doença atinge o organismo, são as funções desenvolvidas em último lugar que sentem os primeiros efeitos do mal. É assim que elabora uma ordenação das funções segundo a ordem em que são afetadas: 1) relaxamento da maneira de ser e, sobretudo, dos costumes; 2) diminuição das faculdades de fabricar idéias; 3) diminuição da faculdade de assimilar idéias; 4) diminuição da memória dos acontecimentos recentes; 5) diminuição da memória dos acontecimentos antigos. Teoricamente, a neurastenia pode existir muito tempo antes de o doente ser classificado como um neurastênico manifesto. O doente não tem consciência do grau de sua doença até que esta tenha feito progressos seguindo sua marcha habitual, marcha que na concepção jacksoniana de Beard vai de cima a baixo e atinge, então, os órgãos essenciais. É então que se observam a insônia, a depressão, a debilidade geral e os transtornos digestivos, mas, muito antes que esses sintomas apareçam, as funções intelectuais e reprodutoras já foram afetadas de forma séria. A debilitação da memória, que se torna incerta e duvidosa, não é somente o primeiro, mas, também, o mais freqüente de todos os sintomas das doenças nervosas.

É de acordo com esse esquema que Beard concebe a evolução e o desenvolvimento dos fenômenos neurastênicos, e nos dá a explicação de tal evolução. Assim, por exemplo, nos diz:

> "O fato de que o sistema genital seja o primeiro a ser afetado pelos transtornos do sistema nervoso, tal como é a cima de uma árvore que mostra, desnudando-se, que as raízes recebem uma nutrição insuficiente"[26].

É esse mesmo esquema de pensamento que fundamenta sua crença na relação entre a neurastenia e as circunstâncias próprias da vida moderna. Diz Beard:

---

[26] Op. cit., p. 47.

"Nos indivíduos em que a sensibilidade está muito apurada, esse limite (refere-se ao grau de debilidade sexual) é alcançado muito mais rápido do que naqueles que são apáticos; pois quanto mais a constituição é robusta maior é a resistência à condução de impressões nervosas, e mais tempo faltará para transformar os transtornos locais em uma doença geral. Os indivíduos que ajustam sua vida às velhas idéias estão mais expostos às doenças locais graves, enquanto aqueles que, ao contrário, vivem a modernidade, como os americanos, contraem mais facilmente doenças gerais pouco graves.

Isso explica, em primeiro lugar, o desenvolvimento crescente que tomam todas as variedades de neurastenia e, imediatamente, sua freqüência relativa muito maior nos Estados Unidos; enfim, a aparição e o crescimento recente da neurastenia na Europa.

Isso explica, também, a existência e a persistência da impotência genital, em um grau muito perceptível nas pessoas robustas e fleumáticas, e sua raridade nas pessoas nervosas e delicadas. Em um organismo dotado de uma grande sensibilidade, as vibrações nervosas se transmitem tão rapidamente que não podem permanecer localizadas, mas, ao contrário, expandem-se por todo o corpo, enquanto nos indivíduos cuja sensibilidade é menor transmitem-se tão lentamente que não podem vencer a resistência que as fibras nervosas opõem, retornam sobre si mesmas e gastam sua força no ponto de partida"[27].

Como havíamos expressado anteriormente, para Beard os três grandes centros de irritações reflexas são: o cérebro, o estômago e o sistema genital, onde o autor situa uma trindade que não tem nada a invejar à trindade do cristianismo ou, ainda, à trindade do nó borromeano:

"Três em um, um em três; não se pode separá-los"[28].

---

[27] Op. cit., p. 49.
[28] Op. cit., p. 49.

II.3.6. Relações da neurastenia com as outras doenças

Beard é de opinião que a neurastenia deve ser considerada mais como um estado mórbido do que como uma doença especial bem delimitada. Esse estado mórbido englobaria um certo número de outros estados patológicos, aos quais se dão os nomes de *hipocondria, histeria* e *perversão sexual.* A neurastenia não deve ser estudada isoladamente e deve-se cuidar de suas relações com os estados que acabamos de nomear. Trata-se de ver como esta se comporta em relação àqueles, seja enquanto causa, seja enquanto efeito, seja como doença concomitante, seja, ao contrário, como doença de proteção em relação a outros estados mórbidos. Beard considera a neurastenia tão zelosa como uma mulher, já que não admite rivais. Quando se instalou em um organismo conserva suas posições, apesar dos ataques de outras doenças rivais. Então, quem está afetado pela neurastenia está ao abrigo de outras doenças. Quando outra doença consegue atingir um neurastênico, seu desenvolvimento é totalmente modificado e subordinado absolutamente à neurastenia. A sífilis é atenuada, as inflamações são menos violentas e menos graves. Os neurastênicos atravessariam as epidemias sem serem afetados, pois a debilitação nervosa coloca-os ao abrigo das doenças febris e inflamatórias. Cito Beard:

> "Esses doentes dizem, freqüentemente, que nunca estiveram doentes, que nunca perderam um dia na cama. É justamente porque estão sempre doentes que eles não adoecem nunca. A doença que têm os coloca ao abrigo de outras"[29].

Em seguida Beard vai deter-se nas relações da neurastenia com uma série de outras doenças como a malária, a sífilis, a cistite, etc. Vou deter-me somente nas relações com a hipocondria, porque a concorrência com esta doença, como vimos, é histórica.

Como outros autores, Beard considera que há poucos termos que tenham sido empregados tão incorretamente e com tanta freqüência como

---

[29] Op. cit. p. 53.

o da hipocondria. É aplicado a quase todas as doenças de que se queixa um indivíduo e que o médico põe em dúvida ou não vê. A hipocondria consiste, efetivamente, no temor infundado de uma doença. Quando um médico emprega essa expressão, é para expressar a idéia de que a doença que atingiu um indivíduo não existe realmente e que o temor é puramente imaginário. Assim entendida, Beard considera que a hipocondria é uma forma de fobia e, como todas as fobias, é um sintoma de doença nervosa. Propõe, então, a denominação de "hipocondria" ou "patofobia" para esse estado mórbido que considera muito menos freqüente que outras fobias.

Não obstante, Beard observa que essa expressão também é aplicada incorretamente às doenças reais, sobretudo às doenças nervosas funcionais; seria uma espécie de saco de onde se tiram todos os casos que não foram descritos nos tratados clássicos. Diz Beard:

> "Outorgam-se à hipocondria todos os sintomas que não podemos perceber através dos nossos sentidos, tudo que não podemos nem ver, nem escutar, nem tocar e sobre a realidade dos quais se é obrigado a ater-se à fala do doente ou a certos exames, como o de urina ou o da uretra"[30].

A verdadeira hipocondria, por outro lado, isto é, a "patofobia", como as outras fobias, não pode desaparecer simplesmente fazendo o doente raciocinar. O hipocondríaco sabe muito bem que seu temor é sem fundamento e deseja muito livrar-se dele, mas não poderá fazê-lo enquanto seu sistema nervoso estiver debilitado, porque a fobia de que sofre é uma conseqüência dessa debilitação[31]. O temor hipocondríaco é totalmente análogo ao delírio dos alienados; não se pode corrigir por nenhum raciocínio. Nada pode fazê-lo desaparecer, nem a cura da doença da qual depende e da qual é resultado.

---

[30] Op. cit. p. 57.

[31] O que não se vê, o que não se toca é, para Beard, causado, certamente, por uma debilitação do sistema nervoso.

II.3.7. A ação do moral sobre o físico

Em certos casos a doença física pode ser o resultado da doença mental, já que o moral exerce sobre o físico uma ação nociva, podendo inclusive conduzir a lesões perceptíveis pelos sentidos.

Beard vai se deter nesse tema: a ação do moral sobre o físico. Ele diz:

> "A ação do moral sobre o físico, tanto no estado de saúde como no estado de doença, é um tema dos mais dignos de interesse, mas cujo estudo não é ainda mais do que um projeto"[32].

Considera que, a esse respeito, é necessário prestar atenção ao êxito dos charlatões de toda espécie, como os que estiveram em moda em sua época: magnetizadores, sonâmbulos, etc., já que os mesmos desenvolviam uma ação moral que poderia curar a doença física.

II.3.8. Relação com a loucura

Quanto às relações da neurastenia com a loucura em geral, o autor considera que a neurastenia não conduz à loucura, salvo nos casos em que a masturbação foi praticada durante um tempo demasiado prolongado, e que aqueles que se livram dela sejam de uma constituição robusta, pelas razões anteriormente expostas. *A loucura a que se pode chegar nesses casos seria a que se manifesta sob a forma melancólica.*

Beard diz que nos asilos se conta com um certo número de melancólicos que foram neurastênicos e alguns deles, depois de recuperar a razão, não recuperam sua plena força nervosa, mas retornam à neurastenia que, então, sob certas influências excitantes, pode voltar a lançá-los na loucura.

Vai considerar depois *as doenças que estão na fronteira*, para fazer entrar nessa categoria toda uma classe de nervosos: hipocondríacos, neurastênicos, histéricos, epiléticos, dipsômanos, que são, em certos momentos, verdadeiros alienados, mas que, contudo, não se tornam loucos nunca. Sua responsa-

---

[32] Op. cit., p. 60.

bilidade moral está mais ou menos atenuada pela doença, mas não tanto como para justificar o diagnóstico de loucura. Na maior parte do tempo, conservam certa dignidade em suas relações com o exterior, nunca vão cometer crimes, mas, freqüentemente, causam transtornos a sua família e a seus amigos. São doentes que chegam, muitas vezes, até a fronteira da alienação e, freqüentemente, pergunta-se se não a franquearam. Não obstante, em geral, ainda nos casos mais graves, esses doentes não franqueiam o limite. Observam-se, muitas vezes, sintomas que fazem pensar na loucura e que, simultaneamente, não têm nada em comum com ela, como irritabilidade, impaciência, condutas bizarras, extravagâncias, ao mesmo tempo que uma grande depressão que tende à melancolia.

II.3.9. Indicações e contra-indicações

Continuando com sua descrição, Beard diz que esses doentes têm, habitualmente, um grau de integridade intelectual suficiente para sustentar contratos, ocupar-se de seus negócios e, ao mesmo tempo, o caráter suficiente para dominar seus impulsos; contudo, não podem lutar contra suas fobias. Diz, com a mesma concepção jacksoniana que havíamos constatado:

> "Sua natureza moral, ainda que tendo sofrido uma perturbação, não apresenta, de forma alguma, um retorno à animalidade, à infância, ao estado selvagem, como se vê no alienado"[33].

II.3.10. Tratamento

Para finalizar, me deterei no que Beard aconselha como tratamento da neurastenia.

Considera que se deverá ter em conta um aspecto geral e um aspecto local. Dentro do tratamento geral, inclui a profilaxia e o tratamento moral. É de opinião, e isso dá conta de sua ideologia em relação à doença sobre a

[33] Op. cit., p. 64.

qual escreve, que o tratamento geral deverá compreender três quartos das medidas a adotar, enquanto ao local corresponderá o quarto restante.

Dentro das medidas gerais inclui aspectos da vida como o trabalho, as viagens e o matrimônio, dando sobre esses tópicos conselhos de absoluto sentido comum, ou seja, absolutamente decididos a partir dos ideais que o próprio Beard compartilha.

Diz do trabalho que se trata de um fator importante para o tratamento. Esses doentes têm sofrimentos muito especifícos e muito reais. Sua debilidade, sua depressão, suas fobias não são imaginárias e podem agravar-se se a atenção estiver dirigida para o mesmo objeto, enquanto poderiam ser atenuadas produzindo uma diversificação nas idéias. Portanto, deve-se empenhar esses doentes em continuar se ocupando de seus assuntos sempre que forem atrativos, ou em criar ocupações se não as tiver. É de opinião que, também, pode-se lhes determinar férias mais ou menos longas, já que o importante para eles é ter um ponto sobre o qual possam fixar suas idéias. Diz Beard:

> "Um dos maiores erros que pode cometer um médico é o de levar os doentes a abandonar sua profissão e viajar. Quantos desgraçados eu vi que, presas da desesperança, atravessaram os mares, subiram as montanhas, percorreram continentes, sacrificaram para isso sua fortuna, sua felicidade doméstica, com a esperança de uma cura que se lhes prometeu e que não encontraram nunca"[34].

Considera que o trabalho habitual de um doente, aquele a que consagrou sua vida, em geral não lhe demanda mais que um esforço cerebral muito pequeno e, conseqüentemente, debilita muito menos o sistema nervoso do que um trabalho novo ao qual não está habituado.

Em relação às viagens, pensa que para obter prazer delas deve-se estar em condições para realizá-las, ou seja, é fundamental um estado de saúde excelente.

Da mesma forma em relação ao matrimônio. Muitas vezes lhe é aconselhado de uma forma totalmente banal, sem se ocupar das necessidades e

[34] Op. cit., p. 94.

das idiossincrasias do indivíduo. Existem aqueles que podem obter benefícios do casamento, inclusive a cura, e outros a quem, ao contrário, essa medida é prejudicial.

No mais, Beard inclui todas aquelas medidas que foram tão populares no século passado para o tratamento das doenças nervosas: banhos, massagens, sedativos, tonificação, etc.

II.4. Em nossos dias

Pelo lado da evolução que sofreram as concepções sobre esse quadro vemos que, ao centrar o conceito da síndrome no esgotamento mais do que no eretismo nervoso, Beard preparou o terreno para a posterior dissociação do conglomerado neurastênico em neurose estrita e neurose de angústia, de Freud. Todo esse processo vai se concluir com a descrição que Janet faz da psicastenia. A passagem que se produziu pode-se ler literalmente: da "astenia nervosa" à "astenia psíquica". Vemos, também, que desse conglomerado é possível realizar derivações para a fobia e para a melancolia ou depressão.

Atualmente, encontramos a "Síndrome de Fadiga Crônica". Com a Síndrome de Fadiga Crônica (SFC) continua sendo um problema definir com precisão o diagnóstico, já que as características da síndrome se superpõem às que caracterizam a depressão maior, assim como a outras doenças de etiologia orgânica tais como infecções virais, fibromialgias. De qualquer maneira, as discussões diagnósticas referem-se, fundamentalmente, ao diagnóstico diferencial entre a SFC e a depressão, como disse anteriormente.

III

A neurastenia de Freud

...Como não posso fazer outra coisa senão analisar e como não estou totalmente ocupado, me aborreço todas as noites. Das minhas aulas participam onze alunos, que estão ali sentados, esgrimindo papel e lápis, e maldita a coisa que aprendem comigo. Eu jogo diante deles o investigador científico especializado em neuropatologia e comento Beard; mas não dou a menor importância ao assunto.
Sigmund Freud, Viena, 5-11-97.

Quando o fundador da psicanálise começa a interessar-se pela histeria, a neurastenia não lhe era desconhecida. Strachey comenta que o interesse de Freud pelos trabalhos de Beard já datava de algum tempo atrás; as obras dele haviam sido traduzidas para o alemão em 1893 (Beard, 1881 e 1886). Entre 1894 e 1896, Freud referiu-se repetidamente à concepção de Beard sobre a neurastenia e, ainda em *La moral sexual cultural y la nerviosidad moderna** (1908), criticou a opinião de que a neurastenia seria, como Beard afirmava, uma nova doença nervosa, desenvolvida especialmente nos Estados Unidos.

Freud abordará a neurastenia com os instrumentos conceituais desenvolvidos em sua relação com Fliess e em sua investigação acerca da etiologia da histeria e da neurose em geral. Como veremos, a questão da etiologia é fundamental para Freud porque, desde o início, considerava-a um elemento central para a construção do que mais adiante se constituiu como nosografia psicanalítica.

---

* Nossa tradução das citações referentes à obra de Freud, ao considerar que a tradução para a língua portuguesa deriva da inglesa (Imago), enquanto para a língua espanhola deriva do texto original em alemão (Amorrortu), e que, assim sendo, são significativas as diferenças em certos pontos, respeitará o que foi utilizado no texto da autora. (NT)

Sua tese inicial – e nunca abandonada totalmente – discute o ponto de vista etiológico de Beard: Freud sustenta a etiologia *atual e sexual* da neurastenia.

Assim, no "Rascunho A"[35] diz que os simples excessos e o esgotamento pelo trabalho não constituem fatores etiológicos e que não existe nenhuma neurastenia, nem neurose análoga sem transtorno da função sexual. Esse transtorno da função sexual pode exercer um efeito causal direto ou predispor à ação de outros fatores, mas sempre de tal forma que, sem a sua intervenção, os demais fatores não poderiam provocar a neurastenia. Além disso, considera que, em virtude de sua etiologia, a neurastenia do homem estará sempre acompanhada pela impotência relativa e que a neurastenia da mulher é a conseqüência direta da neurastenia masculina, através da diminuição da potência que ela causa no homem.

III.1. O método clínico de Freud

Antes de penetrar na análise das primeiras formulações de Freud, vou me deter no que podemos considerar o método com que constrói sua clínica.

Assim, o "Rascunho B" [08-02-93] parte da consideração que, segundo sua experiência, a neurastenia é a conseqüência, freqüente, de uma vida sexual anormal. Porém a afirmação que sustenta e que quer verificar, mediante observações clínicas, é que a neurastenia é *sempre e unicamente uma neurose sexual.* Sublinho que, a essa altura do desenvolvimento da teoria freudiana, sexual quer dizer genital. Mais adiante a sexualidade não vai ser equivalente a genitalidade, e isso será um elemento que dificultará a compreensão não só da neurastenia, mas, também, das neuroses atuais em geral, ao mesmo tempo que esclarecerá a função da sexualidade nas psiconeuroses.

Freud sustentava uma concepção similar a respeito da histeria. Ainda que reconheça que a histeria traumática já era bem conhecida, sua novidade é afirmar que toda histeria não hereditária é traumática. A isso acrescenta, em relação à neurastenia, que toda neurastenia tem que ser sexual. Em relação à neurastenia hereditária, Freud prefere questionar se não se deveria distinguir,

---

[35] Sigmund Freud, "Manuscrito A.", em *Fragmentos de la correspondencia con Fliess* (1892 – 1899), O. C., Buenos Aires, 1990, Tomo I, p. 215.

frente à neurastenia, o que denomina o *status nervosus* dos casos hereditários e, simultaneamente se pergunta que significado têm os sintomas correspondentes da infância e outros similares.

Com essas considerações decide restringir sua afirmação à neurastenia adquirida. E é a partir disso que desenvolve as pontuações que são necessárias a sua clínica. Diz ele:

> "Assim sendo, a tese enunciada quer dizer algo que, também, admite outra versão: Na etiologia de uma doença nervosa cabe distinguir: 1) a condição necessária sem a qual o estado não pode surgir e 2) os fatores desencadeantes. Pode-se representar do seguinte modo a relação entre eles: se a condição necessária tem ingerência suficiente, a doença se instala como conseqüência inevitável; se não tem ingerência suficiente, o resultado de sua influência é, em primeiro lugar, uma predisposição para essa doença, que deixa de permanecer latente tão logo vem se somar uma quantidade suficiente de um dos fatores secundários. Portanto, o que falta à primeira etiologia para o efeito pleno pode ser substituído pela etiologia de segunda ordem; porém a etiologia de segunda ordem pode faltar, a de primeira ordem é indispensável"[36].

Como vemos, já é um esboço do que mais adiante se configurará como "séries complementeares"[37], já que ordena a etiologia do ponto de vista do dispensável e do indispensável, produzindo o que chama "fórmula etiológica".

III.1.1 Resultados da aplicação da "fórmula etiológica"

Aplicando essa fórmula etiológica, verifica que o esgotamento sexual pode provocar por si só a neurastenia, mas, se não chegasse a causá-la por si só, exerceria sobre o sistema nervoso um efeito de predisposição tão podero-

---

[36] Sigmund Freud, "Manuscrito B. La etiología de las neurosis" em *Fragmentos de la correspondencia con Fliess*, op. cit., p. 218.

[37] Ver a esse respeito: Sigmund Freud, "Conferencia XXII. Algunas perspectivas sobre el desarrollo y la regressión. Etiología", em *Conferencias de introducción al psicoanálisis*, (1917[1916-17]), O.C., Buenos Aires, Amorrortu, 1990, Tomo XVI.

so que o indivíduo já não poderia tolerar as doenças físicas, os afetos depressivos ou os excessos de trabalho sem cair na neurastenia. Discutindo implicitamente Beard, Freud considera que, não obstante, nenhum desses fatores seria capaz de engendrar uma neurastenia a menos que exista um esgotamento sexual. É possível que levem a um cansaço normal, a uma tristeza normal ou a uma debilidade física normal; mas só demonstrarão com isso "até que ponto um homem normal pode suportar essas influências nocivas"[38].

Observa que a neurastenia masculina é adquirida na época da puberdade e se manifesta entre os vinte e os trinta anos, e que sua fonte é a masturbação, cuja freqüência é absolutamente paralela à freqüência da neurastenia no homem. Comprovou que os homens que foram precocemente seduzidos por uma mulher costumam escapar da neurastenia.

Se esse fator causal, a masturbação, não foi suficientemente grave, exerce – de acordo com a precedente fórmula etiológica – uma ação predisponente, de modo que ao sobrevir um dos fatores desencadeantes se produz a neurastenia, apesar de esses últimos fatores não chegarem a provocá-la por si mesmos. Assim, o trabalho intelectual pode levar à neurastenia cerebral; o esforço sexual normal, à neurastenia medular, e assim sucessivamente. É de se destacar que "neurastenia cerebral" e "neurastenia medular" são, como vimos, termos de Beard.

Nos casos de gravidade mediana trata-se da típica neurastenia juvenil, iniciada e acompanhada por dispepsia, etc., que desaparece com o matrimônio.

Considera, além disso, um segundo fator causal: o *onanismos coniugalis*, a cópula incompleta com finalidade de prevenir a concepção. Esse fator afeta o homem de maior idade, atuando sobre um sistema nervoso que se encontra intacto ou predisposto à neurastenia em virtude da masturbação. Seu efeito é manifesto no segundo caso, onde reanima a neurastenia juvenil e cria novos sintomas. Freud diz que os diferentes métodos aplicados para a anticoncepção parecem atuar de maneira similar no caso do homem: com intensidade variável, de acordo com a predisposição de cada sujeito, mas, na

---

[38] Sigmund Freud, "Manuscrito B. La etiología de las neurosis" em *Fragmentos de la correspondencia con Fliess*, op. cit., p. 213.

verdade, sem diferenças qualitativas de seu efeito. Os gravemente predispostos e os neurastênicos crônicos não toleram nem sequer o coito normal, aumentando sua intolerância frente ao emprego do preservativo, do coito extravaginal e do coito interrompido.

Cabe recordar que o problema da anticoncepção foi uma preocupação constante para Freud no plano pessoal e no científico, como podemos constatar em sua correspondência com Fliess. Ele diz, a esse respeito, que um homem são toleraria qualquer dessas formas de relação durante um período considerável, ainda que não ilimitado, pois pouco a pouco reagiria da mesma maneira que o predisposto. Sua única vantagem em relação ao masturbador reside em que o período de latência é mais prolongado, ou em que a ocorrência do transtorno depende, em todo caso, das causas desencadeantes:

> "Comprova-se que o coito interrompido é a *noxa* mais grave e que produz seu efeito característico mesmo em sujeitos não predispostos"[39].

Em relação à neurastenia feminina, considera que normalmente a adolescente se mantém livre da neurastenia que tampouco afeta a jovem casada, apesar dos múltiplos traumas sexuais desse período. Em sua forma pura, a neurastenia é relativamente rara nas mulheres casadas e nas solteiras de certa idade, devendo-se considerá-la como produzida espontaneamente e da mesma forma que no homem. Com freqüência muito maior, a neurastenia de uma mulher casada provém da neurastenia do marido ou é produzida simultaneamente a esta. Nesse caso, quase sempre aparece *combinada com a histeria*, constituindo a *neurose mista* comum nas mulheres.

Diz Freud a esse respeito:

> "A neurose mista da mulher deriva da neurastenia masculina, em todos os freqüentes casos em que o homem, sendo neurastênico sexual, perdeu uma parte de sua potência. O elemento histérico concomitante é o resultado direto da retenção de excitação no ato sexual. Quanto menor a potência do homem mais predominante será a histeria da mulher; conse-

---

[39] Ibidem.

qüentemente, o neurastênico sexual é mais apto a tornar sua mulher histérica do que neurastênica"[40].

Como vemos, nesse momento concebe a histeria segundo o mecanismo de retenção de Breuer.

Continuo com a citação:

"A neurose mista origina-se, junto com a neurastenia masculina, durante a segunda aparição das *noxas* sexuais, que é muito mais importante para a mulher, supostamente indene até esse momento. Assim, encontramos um número maior de homens nervosos no primeiro decênio após a puberdade, e com mais mulheres nervosas no segundo. Nessas condições, a neurose é o resultado das *noxas* devidas ao emprego dos recursos anticoncepcionais. Não seria fácil classificá-los segundo sua nocividade, mas, em termos gerais, nenhum pode ser considerado totalmente inócuo para a mulher, de modo que ainda no caso mais favorável, ou seja, com o uso do preservativo, a mulher, mais suscetível que o homem, dificilmente escapará a uma ligeira neurastenia. Naturalmente, muito depende das duas predisposições seguintes: 1) se a própria mulher já era neurastênica antes do matrimônio; 2) se se tornou histeroneurastênica durante o período de relações pré-conjugais"[41].

Como vemos, é com relação à neurastenia feminina que Freud apela para a noção de neurose mista, noção que, como veremos mais adiante, se esforçava em descartar, pelas mesmas razões que o levaram a sustentar tão firmemente a diferença entre neurastenia e histeria segundo sua diferente etiologia. Mais adiante, resolverá a relação da neurastenia do homem com a neurose feminina como conseqüência da noção que ele cunha de "neurose de angústia".

III.2. A neurose mista

Considero interessante deter-me no tema das neuroses mistas, já que permitirá apreender uma articulação importante no pensamento de Freud.

---

[40] Ibidem.

[41] Ibidem.

A *Gemischte Neurose* (neurose mista) implica voltar a encontrar reunidas entidades nosológicas que, como vimos no capítulo em que tratei o tema geral "neurastenia", constituíam um conglomerado indiferenciado, onde custou muito começar a identificar quadros diferentes não só em sua apresentação sintomática, mas, fundamentalmente, em sua determinação etiológica.

Freud considerava, então, que, se ante essa mistura clínica deixássemos de reconhecer em cada uma das neuroses o caráter de uma unidade independente, teríamos, também, que renunciar, conseqüentemente, à separação, tão trabalhosamente lograda, da histeria e da neurastenia. Mas esse argumento em prol da discriminação clínica é acompanhado do interesse em reivindicar a utilização, com fins terapêuticos, do que, então, era conceitualizado como método catártico, já que esse método era apropriado para as psiconeuroses e não para as neuroses atuais. Este último esclarece, também, a importância que Freud dava ao ponto de vista etiológico: ao se tratar um conflito psíquico nas psiconeuroses, se teria que atacar o elemento etiológico correspondente, ou seja, o próprio conflito. Nesse momento, tratava-se de sua "ab-reação".

Vejamos como Freud o expõe em *Sobre la justificación de separar de la neurastenia un determinado síndrome en calidad de "neurosis de angustia"* [Sobre a justificativa para retirar da neurastenia uma determinada síndrome na qualidade de "neurose de angústia"] (1895):

> "Para a análise das 'neuroses mistas' posso sustentar essa importante tese: *toda vez que se apresenta uma neurose mista, pode-se demonstrar uma contaminação entre várias etiologias específicas.*
> Semelhante multiplicidade de fatores etiológicos, condição de uma neurose mista, pode produzir-se primeiro por acaso; por exemplo, se um novo influxo nocivo acrescenta seus afetos aos de um preexistente. Assim, uma senhora que foi desde sempre histérica ingressa, em certo período de seu casamento, no *coitus reservatus* e adquire, então, além de sua histeria, uma neurose de angústia"[42].

---

[42] Sigmund Freud, *Sobre la justificación de separar de la neurastenia un determinado síndrome en calidad de "neurosis de angustia"*, O.C., Buenos Aires, Amorrortu, op. cit., Tomo III, pp. 112 e 113. O itálico é meu.

Em *Estudios sobre la histeria* [Estudos sobre a histeria] acrescenta:

"Não queria que me entendessem mal; não é que eu não queira admitir a histeria como uma doença neurótica independente, ou a conceba como mera exteriorização psíquica da neurose de angústia, ou lhe atribua meros sintomas "ideogênicos" e transfira para a neurose de angústia os sintomas somáticos (pontos histerogênicos e anestesias). Nada disso. Em minha opinião, a histeria liberada de qualquer mistura pode ser tratada de forma autônoma em todos os aspectos, salvo na terapia. Efetivamente, na terapia estão em jogo metas práticas, a eliminação do estado patológico em sua totalidade, e se a histeria se apresenta, em geral, como componente de uma neurose mista, o caso, sem dúvida, é parecido com o das infecções mistas, onde a conservação da vida, que nos é imposta como tarefa, não coincide com a luta contra os efeitos de um único agente patológico.
Então, separar nos quadros das neuroses mistas a parte da histeria da parte das neurastenias, da neurose de angústia, etc., é muito importante para mim, porque depois da separação posso dar uma expressão precisa do valor terapêutico do método catártico. Eu me atreveria a afirmar que este – em princípio – é perfeitamente capaz de eliminar qualquer sintoma histérico, ao passo que, como facilmente se verifica, é inteiramente impotente frente aos fenômenos da neurastenia e só raramente, e por vias indiretas, influi sobre as conseqüências psíquicas da neurose de angústia. Por isso, sua eficácia terapêutica dependerá, no caso singular, de que os componentes histéricos do quadro clínico possam reclamar para si um lugar de relevância prática, em comparação com os outros componentes neuróticos"[43].

A esse respeito, recordemos que a indicação que, é de se supor, Freud tinha dado para a Irma do sonho da "injeção em Irma"[44], sonho

[43] Sigmund Freud, *Estudios sobre la histeria* (1893-1895), O.C., Buenos Aires, Amorrortu, 1990, Tomo II, pp. 268 e 269.

[44] Sigmund Freud, *La interpretación de los sueños* (1900[1899]), O. C., Buenos Aires, Amorrortu, 1990. Tomo IV.

fundador, como sabemos que foi, precisamente, regularizaria sua abstinência sexual[45].

III.3. As psiconeuroses

O esforço de Freud na determinação das diferenças clínicas leva-o à criação do termo "psiconeurose". O termo "psiconeurose" aparece pela primeira vez em 1895, no *Proyecto de una psicología para neurólogos* [Projeto de uma psicologia para neurologistas] e, com esse termo já cunhado, Freud ordena suas observações da seguinte maneira em *Estúdios sobre la histeria* no item intitulado *Psicoterapia da Histeria*:

> "Partindo do método de Breuer, ocupei-me, pois, da etiologia e do mecanismo das neuroses em geral. Tive a ventura de chegar, em um tempo relativamente breve, a alguns resultados viáveis. Em primeiro lugar, se me impôs essa compreensão: até onde se podia falar de uma causa determinante da *aquisição* das neuroses, sua etiologia devia ser buscada em fatores *sexuais*. A isso seguiu-se a descoberta de que, universalmente, diferentes fatores sexuais produziam quadros, também diversos, de aquisição de neuroses. E então, na medida em que essa relação era corroborada, era possível atrever-se a empregar a própria etiologia para uma caracterização das neuroses e traçar uma distinção nítida entre seus respectivos quadros clínicos. Isso era lícito enquanto as características etiológicas coincidissem sistematicamente com as clínicas.
> Dessa maneira, cheguei à conclusão de que a *neurastenia* correspondia, na verdade, a um quadro clínico monótono no qual um "mecanismo psíquico", como as análises demonstravam, não desempenhava nenhum papel. Da neurastenia separou-se, contundentemente, a *neurose obsessiva*, a neurose das autênticas representações obsessivas, onde se pôde distinguir um complexo mecanismo psíquico, uma etiologia semelhante à histérica e uma ampla possibilidade de reduzi-la pela psicoterapia"[46].

---

[45] Ver capítulo "O sonho da injeção aplicada em Irma. O saber suposto a Fliess".

[46] Sigmund Freud, *Estudios sobre la histeria*, op. cit., p. 265. Os itálicos são de Freud. O sublinhado é meu.

III.4. A neurose de angústia

Também corresponde ao interesse que Freud tinha em separar entidades clínicas diferentes e que correspondiam a etiologias diferentes o que muito cedo ele separou da neurastenia como outra neurose atual que pensava ter descoberto, a neurose de angústia. Diferenciava-as segundo sua sintomatologia e segundo sua etiologia. Na neurastenia predomina a astenia e deve-se a uma excessiva masturbação o que afeta o montante da excitação sexual disponível como um "a menos". Na neurose de angústia predomina a angústia, devido a práticas sexuais que impedem uma adequada descarga ("coitus interruptus", impotência), o que afeta a soma de excitação sexual como "a mais".

Diz Freud:

> "Em sua essência interna, a neurose de angústia mostra as mais interessantes concordâncias e diferenças em relação às outras grandes neuroses, em particular a neurastenia e a histeria. Com a neurastenia partilha essa característica capital: que a fonte da excitação, a causa da perturbação, reside no âmbito somático e não, como na histeria e na neurose obsessiva, no psíquico. Porém, por outro lado, pode-se distinguir certa oposição entre os sintomas da neurastenia e os da neurose de angústia, que talvez se expressassem sob esses títulos: *acúmulo de excitação – empobrecimento da excitação*. Essa oposição não impede que as duas neuroses se misturem entre si, mas revela que as formas mais extremas são também, em ambos os casos, as mais puras"[47].

Esse lugar diferenciado que dá à neurastenia e à neurose de angústia, em relação às psiconeuroses, está muito claramente exposto em um escrito muito posterior, *Psicoanálisis y teoría de la libido* [Psicanálise e teoria da libido] (1922). Diz ali Freud:

> "Assim, o trauma sexual substituiu o trauma comum e este último devia seu valor etiológico à sua referência associativa ou simbólica para com o

[47] Sigmund Freud. *Sobre la justificación de separar de la neurastenia un determinado síndrome en calidad de "neurosis de angustia"*, op. cit., p. 114.

primeiro, que o havia precedido. Simultaneamente, empreendeu-se uma investigação de casos de neurose comum, classificados como *neurastenia* e *neurose de angústia*. Através dela chegou-se a saber que essas perturbações podiam ser remontadas a *práticas ruins* na vida sexual *contemporânea* e podiam ser eliminadas abolindo-se estas últimas. Parecia lógico concluir então que as neuroses eram, em geral, a expressão de perturbações na vida sexual: *as chamadas neuroses atuais, de danos atuais (por agente químico), e as psiconeuroses, de danos produzidos em um passado distante (por transformação psíquica) nessa função* tão importante no terreno biológico, que até esse momento havia sido gravemente negligenciada pela ciência. Nenhuma das teses que a psicanálise formulou despertou um ceticismo tão obstinado, nem uma resistência tão furiosa quanto essa, que afirma o preponderante valor etiológico da vida sexual para as neuroses. Mas, também, há de se observar expressamente que a psicanálise, em sua evolução até os dias de hoje, não encontrou razão alguma para retratar-se dessa afirmação"[48].

O termo "libido" foi utilizado pela primeira vez em *La neurastenia y la neurosis de angustia* [A neurastenia e a neurose de angústia] (1894). A introdução do conceito de libido como "a energia psíquica das pulsões sexuais" permite captar muito melhor os problemas que aqui trata o autor. É também assim que, para a psicanálise, a adoção desse termo que em latim significa desejo, inveja, está ligada a um para além do genital do conceito de sexualidade, o que permite gestar a idéia de uma determinação sexual também no caso das psiconeuroses com a descoberta da sexualidade infantil. A determinação das psiconeuroses a partir da sexualidade infantil é um elemento importante na diferença que Freud sempre vai sustentar entre neuroses atuais e psiconeuroses.

Não obstante, é em relação à questão do substrato orgânico que podia ser outorgado à libido que situaremos diferentes interpretações que afetam a própria idéia que os freudianos puderam fazer das causas e dos processos das neuroses atuais.

---

[48] Sigmund Freud, *Dos artículos de enciclopedia*: "*Psicoanálisis*" y "*Teoría de la libido*" (1922), O. C., Buenos Aires, Amorrortu, 1990, Tomo XVIII, p. 239. Os itálicos são meus.

III.5. Freud contra Beard

Vou me deter, agora, na discussão que Freud levou adiante com as teorias de Beard nesses tempos fundadores.

Em *La sexualidad en la etiología de las neurosis* [A sexualidade na etiologia das neuroses] (1898), Freud apela para a experiência contra aqueles que, mesmo se achando dispostos a ter em conta em seus doentes neurastênicos a etiologia sexual, se inclinariam a julgar sua teoria sobre a origem sexual da doença unilateral, ao ver que não convida o médico a cuidar, também, dos demais fatores citados pelos tratadistas como causas da neurastenia. Freud diz que está muito longe de sua intenção substituir totalmente os ditos fatores pela etiologia sexual e negar-lhes, desse modo, toda influência. Limita-se a afirmar que a todos os fatores etiológicos reconhecidos pelos tratadistas na gênese da neurastenia devem acrescentar-se os sexuais, desconsiderados até então. Mas acrescenta:

> "Minha opinião, antes, é que a todos os fatores etiológicos para a gênese da neurastenia, já reconhecidos pelos autores – e provavelmente reconhecidos com justiça –, somam-se os sexuais, que até agora não foram suficientemente apreciados. E, por outro lado, estimo que esses últimos merecem que se lhes conceda uma posição particular dentro da série etiológica. Com efeito, só eles nunca estão ausentes nos casos de neurastenia, só eles são capazes de produzir a neurose sem nenhum auxílio, de modo que aqueles outros fatores parecem ser rebaixados ao papel de uma etiologia auxiliar e complementar; só eles permitem ao médico discernir os vínculos certos entre sua diversidade e os múltiplos quadros clínicos. Por outro lado, se confronto os casos em que, supostamente, se contraiu a neurastenia por excesso de trabalho, irritação emocional, ou depois de uma febre tifóide, etc., não noto nada em comum em seus sintomas, e não criaria expectativa alguma sobre seus sintomas a partir da natureza da etiologia, assim como, inversamente, do quadro clínico não poderia inferir a etiologia eficaz"[49].

---

[49] Sigmund Freud, *La sexualidad en la etiología de las neurosis* (1898), O. C., Buenos Aires, Amorrortu, 1990, Tomo III, p. 264.

Afirma mais adiante:

"A neurastenia (em suas duas formas) está entre as doenças que qualquer um pode facilmente adquirir, mesmo que esteja isento de uma carga hereditária. Se fosse de outro modo, seria inconcebível o seu enorme crescimento, do qual os autores se queixam. No que se refere à civilização, entre cujos pecados costuma-se, freqüentemente, inscrever a causa da neurastenia, é bem possível que os autores estejam certos (embora seja provável que isso se produza por outros caminhos além daqueles que eles imaginam). Isto posto, o estado de nossa civilização – clara alusão à teoria de Beard – é, por assim dizer, inalterável para o indivíduo. Além disso, esse fator, que é de valor universal para os membros de uma mesma sociedade, nunca poderia explicar por que certos indivíduos contraíram a doença e outros não. Sem dúvida, o médico que não é neurastênico está tão exposto à mesma influência dessa sociedade supostamente insana quanto o doente neurastênico a quem deve tratar. O valor das influências estafantes subsistem com a limitação indicada anteriormente, mas certamente abusa-se excessivamente do fator *surmenage*, que tão freqüentemente os médicos indicam a seus pacientes como a causa da neurose. É completamente verdadeiro que, se alguém está predisposto à neurastenia por alguns influxos sexuais nocivos, suportará mal o trabalho intelectual e as exigências psíquicas da vida, mas ninguém se tornará neurótico apenas por efeito do trabalho ou da irritação. Antes, o trabalho intelectual é um meio de proteção frente a uma eventual doença neurastênica; justamente os trabalhadores intelectuais mais incansáveis permanecem a salvo da neurastenia, e aquilo que os neurastênicos acusam de "excesso de trabalho que os faz adoecer" não merece, em geral, nem por sua qualidade, nem por sua envergadura, ser reconhecido como um "trabalho intelectual". Os médicos terão que se acostumar a dar ao funcionário que se "esgotou" em seu escritório, ou à dona-de-casa para quem as tarefas domésticas tornaram-se pesadas demais, o esclarecimento de que não adoeceram porque tentaram cumprir com seus deveres, na verdade insignificantes para um cérebro civilizado, mas porque, entretanto, negligenciaram e estragaram grosseiramente sua vida sexual"[50].

[50] Ibidem.

É importante sublinhar a profunda distância que se interpõe entre essa proposição de Freud e a concepção, profundamente ideológica, que leva a pensar o trabalho como fator de esgotamento. Freud expõe aqui uma idéia que não vai abandonar nunca: o *quantum* de gozo alcançado pelo trabalho.

Em relação à terapia utilizada para a neurastenia, praticada usualmente, naquela época, em balneários, é de opinião que pode conseguir o alívio dos estados nervosos tonificando e tranqüilizando o paciente. Mas Freud lhe censura a desconsideração das condições sexuais do caso. Sua experiência o leva a desejar que os médicos diretores de tais estabelecimentos se dêem conta, claramente, de que seus doentes não são vítimas da civilização ou da hereditariedade, mas inválidos da sexualidade.

A explicação que dá então, tanto de seus êxitos como de seus fracassos, é a seguinte:

> "Se afastarmos de casa uma senhora neurastênica angustiada e a enviarmos a uma instituição hidropática, e se ali, livre de todas as obrigações, ela for levada a tomar banhos, fazer ginástica e comer abundantemente, certamente nos inclinaremos a atribuir a melhora (freqüentemente brilhante) alcançada em algumas semanas ou meses ao repouso de que a doente gozou e ao fortalecimento que lhe proporcionou a hidroterapia. É possível. Contudo, desse modo, desconsidera-se que seu afastamento de casa presumiu, para a paciente, uma interrupção das relações conjugais, e que somente esta remoção temporária da causa patogênica lhe oferece a possibilidade de recuperar-se com uma terapia adequada. A omissão desse ponto de vista etiológico é posteriormente vingado, quando o êxito terapêutico, aparentemente tão satisfatório, revela-se passageiro. Pouco tempo depois de a paciente se reintegrar a sua vida do dia-a-dia, os sintomas da doença reaparecem e a compelem, de tempos em tempos, a desperdiçar improdutivamente nessas instituições uma parte de suas esperanças de cura. É claro, então, que os trabalhos terapêuticos que a neurastenia requer devem ser abordados, não em instituições hidropáticas, mas dentro do contexto da vida dos doentes"[51].

[51] Sigmund Freud, *La sexualidad en la etiología de las neurosis*, op. cit., p. 267.

Vemos como, em sua oposição a Beard, Freud é inflexível na sustentanção de sua descoberta: sustenta a absoluta proeminência da sexualidade como fator etiológico, outorgando aos demais fatores, aos quais Beard havia dado grande importância, o lugar de coadjuvantes. Assim, diz em *Sobre la justificación de separar de la neurstenia un determinado síndrome en calidad de "neurosis de angustia"* (1894):

> "Será difícil obter sobre a neurastenia enunciados de validade universal, enquanto esse rótulo nosológico significar tudo o que Beard incluiu nele"[52].

Ao contrário de Beard, propõe separar da neurastenia propriamente dita todas as perturbações neuróticas cujos sintomas, por um lado, mostravam um firme enlace recíproco maior do que com os sintomas neurastênicos típicos e, por outro, permitiam discernir em sua etiologia e seu mecanismo diferenças essenciais a respeito da neurose neurastênica típica. Assim se poderia obter uma imagem bastante uniforme da neurastenia. Então se conseguiria distinguir da neurastenia genuína, com maior nitidez do que até então, diversas pseudoneurastenias.

III.5.1. A determinação sexual

Vejamos como explica essa determinação sexual da neurastenia, juntamente com sua diferenciação em relatção ao que isolou e separou com o nome de "neurose de angústia": a neurastenia surge sempre que a descarga adequada (ação adequada) é substituída por outra menos adequada, encontrando razões para a oposição que percebe nos sintomas desta e da neurose de angústia na antítese acúmulo-diminuição da excitação.

Dessa forma haveria na neurose de angústia acúmulo, enquanto na neurastenia se notaria diminuição, aparentemente porque o indivíduo, ao notar o aumento da tensão, procederia a descarregá-la por ações inadequadas, o que acarretaria que nunca a excitação sexual chegasse a níveis que permitiriam seu enlace ao grupo psíquico. Ainda que Freud defenda esse grande avan-

---

[52] Sigmund Freud, *Sobre la justificación de separar de la neurastenia un determinado síndrome en calidad de "neurosis de angustia"*, op. cit., p. 91.

ço conseguido ao separar ambas as neuroses, recorda que a fonte da excitação se encontra nas duas, ou seja, o motivo da perturbação está no terreno somático e não no psíquico.

A gênese dos dois quadros continua sendo tóxica.

III.6. O tóxico

Vou me deter nessa determinação tóxica para sublinhá-la, já que será importante seguir o destino que isso tem na teorização freudiana, porque o que Freud pensa a esse respeito é representativo de sua posição no que se refere à relação da psicanálise com a biologia.

Na reunião de 20 de janeiro de 1909 da "Sociedade psicológica das quartas-feiras"[53] o Dr. Hitschmann faz uma apresentação intitulada "Neurose e toxicose".

Em um breve resumo da ata dessa reunião[54], direi que o autor propõe que as únicas doenças que podem ser nomeadas neuroses são a histeria, a neurastenia, a neurose obsessiva, a neurose de angústia e a neurose traumática.

Originalmente considerava-se neurose tudo o que era passageiro, não fatal, nem de causas claramente identificáveis. Mas já se dizia então que todos esses fenômenos nervosos emanavam, como reflexos, dos órgãos genitais.

Depois de se referir às diferentes determinações, Hitschmann vai referir-se ao fator tóxico na neurastenia e na neurose de angústia. Diz que o próprio Freud falou desse fator tóxico e que ele mesmo encontra uma grande semelhança entre a neurose de angústia e a doença de Basedow; do mesmo modo, a neurastenia tem certa semelhança com a doença de Addison, ambas doenças das glândulas endócrinas. Isso o leva a considerar ditas neuroses como doenças das glândulas endócrinas e a buscar sua origem em uma doença da próstata no homem e do útero na mulher. Diz que parece que a neurastenia provém de um excesso de secreção, isto é, que seria o produto de uma secreção anormal, enquanto a neurose de angústia seria devida a uma espécie de acumulo de secreção.

---

[53] *Las reuniones de los miércoles. Actas de la Sociedad Psicoanalítica de Viena*, Buenos Aires, Nueva Visión, Tomo II, pp. 105-114.

[54] As atas eram redigidas por Otto Rank.

As elucubrações de Hitschmann me parecem responder à pergunta, pergunta implícita, sobre o que é que se descarrega, qual é a matéria da energia sexual. Freud havia criado o termo "libido", mas ainda não havia terminado de determinar qual era seu conteúdo, sobretudo quando subjazia certo requisito materialista. Isso pode ser comprovado na discussão que se segue à exposição de Hitschmann, onde Freud mostra sua expectativa de poder detectar substâncias que respondam à questão da essência da sexualidade.

O autor não descarta, com essa hipótese, a explicação pela via dos abusos sexuais, mas propõe uma análise que permita remontar às duas causas. Trata então de demonstrar de que modo os sintomas psíquicos da neurastenia podem ser explicados em relação aos órgãos doentes por intoxicação. Diz ter encontrado um tipo de personalidade onanista, cujos traços característicos são um profundo abatimento causado por fracassos sexuais depois de ter abandonado a masturbação, hipocondria resultante da leitura de certas histórias sobre as terríveis conseqüências da masturbação, timidez, desvalorização, auto-reprovação, sensações olfativas subjetivas, desgosto pelo trabalho, etc. Considera que os sintomas neurastênicos podem ser explicados em função de suas toxinas e das doenças, tanto primárias como secundárias, de seus órgãos. Assim, segundo Hitschmann, não se deve descuidar de nenhum flanco e, portanto, se aplicará uma terapia de desintoxicação no que se refere às toxinas, uma terapia psicanalítica, uma terapia local e uma geral e profilática. Substituindo "tratamento moral" por "terapia psicanalítica", a posição de Hitschmann se aproxima muito da que tinha Beard.

Como vemos, da idéia de Freud de uma toxidade decorrente de práticas sexuais nocivas Hitschmann passa para a idéia de uma toxidade atribuível não somente a essas práticas, mas, também, e fundamentalmente, a uma doença dos próprios órgãos.

O curioso é que Freud parece não discuti-lo. Sua discussão é com Stekel, que é quem prefere descartar toda referência ao somático em favor de uma explicação inteiramente centrada em fatores psíquicos. Stekel está firmemente convencido de que a origem primária da doença nervosa é de natureza psíquica.

Quando Freud toma a palavra vemos que se inclina, indubitavelmente, a favor de Hitschmann e contra Stekel. Interessa-se pelas substâncias dessas intoxicações e diz que, se a neurastenia, ocasionada por um processo de empobrecimento, é mais parecida com as intoxicações, a neurose de angústia, ocasionada por uma descarga insuficiente, guarda uma maior semelhança com os sintomas da abstinência. É isso que o coloca diante da necessidade de supor uma "anti-substância". Porém, ao não contar com o material disponível, Freud se vê obrigado a se deter ali. Outra razão é que a complexidade do problema o impede de tratar de decifrá-la nesse momento.

Diz que, se os sintomas podem ter tido sua origem em uma insuficiência "primária" do psiquismo, há que se perguntar então se esta é a causa original ou se se trata um efeito tóxico direto das substâncias. Uma terceira possibilidade é que certo número de sintomas é desencadeado por ações reflexas normais das vias nervosas. É de opinião que se produzem interações muito intensas entre o somático e o psíquico, mas encontra ali um novo problema: há uma teoria que permita conceber a transformação de um estímulo tóxico em um psíquico e, de maneira análoga, a desintoxicação do estimulante tóxico pela atividade psíquica?

Freud diz que até o momento se contentou em elaborar sua teoria da excitação sexual e da libido, que, para começar, *deixam totalmente de lado o orgânico.*

A posição de Freud não é a de Hitschmann, Freud não abandona a possibilidade de que o avanço da ciência lhe ajude a dirimir as relações entre o psíquico e o somático, entretanto se resguarda de se deixar levar a supor fatores somáticos que não pode provar. *Na minha opinião, a hipótese da toxidade vai desembocar na elaboração do conceito de pulsão.* O termo pulsão é introduzido em 1905 em *Tres ensayos de teoría sexual* [Três ensaios sobre a teoria da sexualidade] e o conceito de pulsão como conceito fronteiriço entre o anímico e o somático é apresentado em 1915 em *Pulsiones y destinos de pulsión* [Pulsões e destinos da pulsão][55].

III.6.1. A hipótese sobre a toxidade

Vejamos o destino da hipótese da toxidade na obra freudiana.

Em *La moral sexual cultural y la nerviosidad moderna*, adjudica um caráter tóxico aos sintomas da neurastenia ou neurose propriamente dita,

---

[55] Sigmund Freud. "Pulsiones y destinos de pulsión", em *Trabajos sobre metapsicologia* (1915), O. C., Buenos Aires, Amorrortu, 1990, Tomo XIV, p. 117.

voltando a sublinhar uma etiologia ligada às anormalidades da vida sexual, mas incorpora uma idéia que pareceria levemente diferente e que, não obstante, inclui uma verdadeira novidade: a idéia de uma "luta contra a sensualidade" como fator esgotador. Diz Freud:

> "(...) na enorme maioria dos casos, a *luta contra a sensualidade consome a energia disponível* do caráter, e isso justamente em uma época em que o jovem necessita de todas as suas forças para conquistar uma participação e um lugar na sociedade"[56].

Em *Contribuiciones para un debate sobre el onanismo* [Contribuições para um debate sobre o onanismo], e continuando sua discussão com Stekel, diz Freud:

> "Sobre o problema da relação entre o onanismo e as poluções, por um lado, e a causação da chamada "neurastenia", por outro, encontro-me, como muitos dos senhores, em oposição a Stekel e sustento contra ele o que já venho assinalando, com uma limitação que depois mencionarei. Não vejo nada que nos force a renunciar à distinção entre "neuroses atuais" e psiconeuroses, e não posso deixar de considerar tóxica a gênese dos sintomas nas primeiras. Creio que o colega Stekel realmente aumenta muito a psicogênese. Eu continuo vendo as coisas como me apareceram no início, há mais de quinze anos: as duas neuroses atuais – neurastenia e neurose de angústia (e quiçá devêssemos acrescentar, como a terceira neurose atual, a hipocondria em sentido estrito) – fornecem a causa somática para as psiconeuroses, *lhes oferecem o material de excitação, que depois é psiquicamente selecionado e revestido*, de maneira que, falando em termos gerais, o *núcleo do sintoma psiconeurótico* – o grão de areia no centro da pérola – é formado por uma exteriorização sexual somática. Isso, sem dúvida, é mais nítido para a neurose de angústia e sua relação com a histeria do que para a

[56] Sigmund Freud, *La moral sexual"cultural" y la nervosidad moderna* (1908), O. C., Buenos Aires, Amorrortu, 1990, Tomo IX, pp. 175 e 176.

neurastenia, sobre a qual ainda não foi empreendido nenhum questionamento psicanalítico cuidadoso.

[...]

Nosso colega Stekel partilha com muitos autores situados fora da psicanálise a inclinação a desprezar e confundir sob o mesmo título – o da psicastenia [57], por exemplo – as diferenciações morfológicas que estatuímos dentro do emaranhado das neuroses. Nisso o contradissemos muitas vezes e nos ativemos à expectativa de que as diferenças morfológico-clínicas se revelarão valiosas como indicadores, que ainda não compreendemos, de processos de essência diversa. Se nos apresenta – e com razão – que nos chamados "neurastênicos" encontrou regularmente os mesmos complexos e conflitos de outros neuróticos, este argumento não é pertinente para a questão em litígio. Há muito tempo sabemos que também devemos esperar tais complexos e conflitos nas pessoas sadias e normais. E inclusive acostumamo-nos a atribuir a todo homem de cultura um certo grau de repressão de moções perversas, de erotismo anal, de homossexualidade, etc., assim como um fragmento de complexo paterno e complexo materno, e de outros complexos ainda, tal como na análise dos elementos de um corpo orgânico esperamos pesquisar com segurança carbono, oxigênio, hidrogênio, nitrogênio e traços de enxofre. O que distingue os corpos orgânicos uns dos outros é a proporção em que se misturam esses elementos e a constituição das combinações que formam. Do mesmo modo, a diferença entre pessoas normais e neuróticas não reside na existência de tais complexos e conflitos, mas em que estes tenham se tornado ou não patogênicos e, nesse caso, que mecanismos seguiram para isso"[58].

Freud sustenta que o essencial de suas teorias sobre as neuroses atuais está na afirmação, baseada em sua experiência, de que seus sintomas não podem ser analiticamente decompostos, como os psiconeuróticos. É de opi-

[57] "Psicastenia" é um termo cunhado por Janet.

[58] Sigmund Freud, *Contribuiciones para un debate sobre el onanismo* (1912), O. C., Buenos Aires, Amorrotu, 1990, Tomo XII, pp. 257 e 258. Os itálicos são meus.

nião que a constipação, a cefaléia, a fadiga dos denominados neurastênicos *não permitem a redução histórica ou simbólica a vivências efetivas, não podem ser concebidas como satisfações sexuais substitutivas, como acordos entre moções pulsionais opostas*; em suma, que não podem ser interpretadas como os sintomas psiconeuróticos, por mais que estes se manifestem de forma similar a elas. Não acredita que essa regra chegue a ser refutada através da psicanálise.

Não obstante, aceita algo em que antes não acreditava: que um tratamento analítico chegue a ter também, indiretamente, influência terapêutica sobre os sintomas atuais, se serve para colocar o indivíduo doente na situação de furtar-se à nocividade atual, modificando seu regime sexual.

III.7. Psiconeurose versus neuroses atuais

Podemos compreender a esta altura o que é que Freud concebe como psiconeurose e como neurose atual para depois passar a situar as complicações teóricas pelas quais o tema das neuroses atuais ainda espera voltar a ser considerado.

Quando Freud afirma que os sintomas das neuroses atuais não permitem a redução histórica ou simbólica a vivências efetivas, não podem ser concebidos como satisfações sexuais substitutivas, como transações entre moções pulsionais opostas, situa suas diferenças com as psiconeuroses: estas permitem a redução histórica ou simbólica a vivências efetivas e podem ser concebidas como satisfações sexuais substitutivas, como um acordo entre impulsos instintivos opostos. Em resumo: podem ser tratados psicanaliticamente e os sintomas podem ser dissolvidos pelo trabalho analítico e pela interpretação.

Ele diz em *Presentación autobiográfica* [Apresentação autobiográfica] (1924):

> "Assim, me vi levado a considerar as neuroses, universalmente, como perturbações da função sexual: as chamadas *neuroses atuais, como expressão tóxica direta, e as psiconeuroses, como expressão psíquica de tais perturbações*"[59].

---

[59] Sigmund Freud, *Presentación autubiográfica*, O.C., p. 24. Os itálicos são meus.

Destaco: expressão tóxica direta para as neuroses atuais e expressão psíquica dessas perturbações para as psiconeuroses. Diz Freud:

> "Para evitar mal-entendido, quero destacar que estou muito longe de desconhecer a existência do conflito psíquico e dos complexos neuróticos na neurastenia. Minha tese limita-se a asseverar que os sintomas desses doentes não estão determinados psiquicamente, nem a análise pode resolvê-los, mas que devem ser concebidos como conseqüências tóxicas diretas da química sexual"[60].

Na teorização posterior à segunda tópica[61], o tratamento do tema das neuroses atuais vai se aproximar da temática do fator somático e a toxidade da problemática das neuroses traumáticas, neuroses que atraíram a atenção dos psicanalistas a partir da primeira guerra mundial.

Em *Inibición, síntoma y angustia* [Inibição, sintoma e angústia] (1926), vai diferenciar as neuroses atuais das psiconeuroses, segundo se trate de *processos que ocorrem no eu ou que ocorrem no isso*. Hoje diríamos: acontecimento pulsional *sem a mediação do inconsciente*. Porém o que seria um acontecimento pulsional sem compromisso psíquico?

O problema não se encerra em vários níveis. O primeiro é aquele que Freud aborda quando trata do lugar da neurose de angústia em sua nova teoria da angústia.

Vejamos como apresenta essa questão.

> "Não é agradável reparar isso, mas de nada vale desmenti-lo: muitas vezes sustentei a tese de que por obra do recalque a agência representante da pulsão é desfigurada, deslocada, etc., enquanto a libido da moção pulsional é transformada em angústia. Porém o questionamento das fobias, que seriam as chamadas, por excelência, a demonstrar essa tese, não

[60] Ibidem.

[61] Em *El yo y el ello* (1923), sem abandonar a primeira tripartição do aparelho psíquico em Inconsciente, pré-consciente e consciente, Freud vai propor uma nova tripartição: eu, isso, e supereu.

a corrobora e, inclusive, parece contradizê-la diretamente. A angústia das zoofobias é a angústia da castração do eu; a da agorafobia, estudada com menor profundidade, parece ser angústia de tentação, que, geneticamente, deve estar vinculada, sem dúvida, com a angústia de castração. A maioria das fobias, até onde se pode observar no momento, remonta a uma angústia do eu como a indicada, frente às exigências da libido. Nelas, a atitude angustiada do eu é sempre primária e é a impulsão para o recalque. A angústia nunca provém da libido recalcada. Se eu me tivesse conformado em dizer que, após o recalque, surge certo grau de angústia no lugar da exteriorização da libido que era de se esperar, não teria hoje de me retratar de nada. Essa descrição é correta e, efetivamente, dá-se a correspondência entre o vigor da moção a reprimir e a intensidade da angústia resultante. Mas confesso que acreditava estar proporcionando algo mais que uma mera descrição. Supunha ter diferenciado o processo metapsicológico de uma transformação direta da libido em angústia; hoje não posso prosseguir sustentando-o. Além do mais, não pude indicar, então, o modo como se consumaria uma transformação assim"[62].

O estudo das neuroses atuais é o que lhe havia sugerido essa transformação direta da libido em angústia, em uma época em que ainda se encontrava muito longe de distinguir entre processos no eu e processos no isso. Volta a reiterar que a experiência lhe havia mostrado que certas práticas sexuais como o *coitus interruptus*, a excitação frustrada e a abstinência forçada produziam explosões de angústia e uma predisposição geral para a mesma, surgindo esses fenômenos sempre que a excitação fica limitada, detida ou desviada de seu curso para a satisfação. Como a excitação sexual é a expressão de impulsos libidinais, não lhe parecia demasiado atrevido supor que a libido se transformava em angústia sob o influxo de tais perturbações. Considera que essa observação continua sendo válida, mas, por outro lado, acredita que não se pode negar que a libido dos processos do isso experimenta uma perturbação sob os efeitos do impulso ao recalque. Assim, pode continuar sendo correto que no recalque a angústia se forma

62 Sigmund Freud, *Inibición, síntoma y angustia*, O.C., op. cit., Tomo XX, p. 104.

às expensas da carga de libido das pulsões. Ali se situa um problema que tenta dirimir sem maior êxito. Diz Freud:

> "Mas como harmonizar esse resultado com o outro, a saber, que a angústia das fobias é uma angústia egóica, que nasce no eu e não é produzida pelo recalque, mas provoca-o? Parece uma contradição e solucioná-la não é coisa simples. Não é fácil reduzir essas duas origens da angústia a uma única. Pode-se tentar com a suposição de que o eu, na situação do coito perturbado, da excitação suspensa ou da abstinência, fareja um perigo frente ao qual reage com angústia. Mas não vamos adiante com isso. Por outro lado, a análise das fobias, tal como empreendemos, não parece admitir uma correção. '*Non liquet!*'"[63].

III.8. Relação com as neuroses traumáticas

Ali surge a aproximação das neuroses traumáticas, neuroses que, já em *Más-allá del principio del placer* [Além do princípio do prazer] (1919-1920), havia abordado com a noção de trauma como ruptura das barreiras protetoras. Diz Freud:

> "Se a angústia é a reação do eu ao diante do perigo, parece evidente que a neurose traumática, tão freqüentemente seqüela de um perigo mortal, deve ser concebida como uma conseqüência direta da angústia de sobrevivência ou de morte, deixando de lado as dependências do eu e da castração"[64].

Essa teoria foi sustentada a partir das observações feitas das neuroses traumáticas da Grande Guerra. Essas observações foram apresentadas como provas de que o grave perigo corrido por um suposto instinto de conservação podia engendrar uma neurose, sem participação dos fatores sexuais nem de nenhuma das hipóteses da psicanálise. A isso Freud responde:

---

[63] Ibidem.

[64] Sigmund Freud, *Inibición, síntoma e angustia*, op. cit., p. 122.

"Depois de tudo o que sabemos acerca da estrutura das neuroses mais simples da vida cotidiana, é altamente improvável que uma neurose sobrevenha apenas por causa do fato objetivo de um perigo mortal, sem que participem os estratos inconscientes mais profundos do aparelho anímico. Porém no inconsciente não há nada que possa dar conteúdo ao nosso conceito da aniquilação da vida. A castração torna-se, por assim dizer, representável através da experiência cotidiana da separação em relação ao conteúdo dos intestinos e da perda do seio materno vivenciada na raiz do desmame. Mas nunca se experimentou nada semelhante à morte, ou melhor, como é o caso do desmaio, não deixou atrás de si nenhuma marca registrável. Por isso, me atenho à conjectura de que a angústia de morte deve ser concebida como um análogo da angústia de castração e de que a situação frente à qual o eu reage é a de ser abandonado pelo supereu protetor – os poderes do destino –, com o que expiraria esse seguro para todos os perigos. Além disso, é fato que por causa das experiências que levam à neurose traumática é quebrada a proteção contra os estímulos externos e, no aparelho anímico, ingressam volumes excessivos de excitação; de sorte que aqui estamos diante de uma segunda possibilidade: a de que a angústia não se limite a ser um sinal-afeto, mas que seja, também, produzida como algo novo a partir das *condições econômicas* da situação"[65].

Como vemos, para Freud continua vigente a possibilidade de uma transformação direta do afeto, ao modo de um afeto que não pôde ser ligado psiquicamente, mas a solução do problema se deslocou levemente de uma hipótese sobre o tóxico para uma sobre o econômico, da suposição de substâncias tóxicas à concepção dos montantes de excitação que rompem a estabilidade da economia psíquica.

Implica o abandono de uma explicação pelo tóxico? Veremos que não e, portanto, terá que se interrogar se o excesso de excitação não ligada seria o fator tóxico de que vinha falando.

---

[65] Ibidem. O itálico é meu.

Por outro lado, em *Inibición, Síntoma y Angustia* encontramos uma tentativa de resolver metapsicologicamente a questão. No capítulo VIII, Freud diz:

> "Vemos, agora, que não precisamos desvalorizar nossas elucidações anteriores, mas apenas pô-las em conexão com compreensões mais recentes. Não é descartável que, em caso de abstinência, de perturbação abusiva do curso da excitação sexual e de desvio desta de seu processamento psíquico, seja gerada diretamente angústia a partir da libido, vale dizer, se estabeleça aquele estado de desamparo do ego frente a uma *tensão hipertrófica da necessidade*, estado que, como no nascimento, desemboca em uma geração de angústia. E, com relação a isso, é de novo uma possibilidade indiferente, mas que nos é sugerida como que naturalmente, que seja o *excesso de libido não aplicada* que encontre sua descarga na geração da angústia. *Vemos que sobre o terreno dessas neuroses atuais se desenvolvem com particular facilidade as psiconeuroses*, assim: o eu tenta poupar-se à angústia, que aprendeu a manter em suspenso por algum tempo, e ligá-la mediante uma formação de sintoma. A análise das neuroses traumáticas de guerra (designação que, além do mais, abarca doenças de origens diversas) provavelmente teria apresentado o resultado de que certo número delas participa das características das neuroses atuais.
>
> Quando expúnhamos o desenvolvimento das diferentes situações de perigo a partir do arquétipo original do nascimento, estávamos longe de afirmar que cada condição posterior de angústia simplesmente destituía a anterior. Os avanços do desenvolvimento egóico certamente contribuem para desvalorizar e impelir para o lado a situação anterior de perigo, de forma que se pode dizer que uma determinada etapa do desenvolvimento recebe, como se fosse a adequada, certa condição de angústia. O perigo de desamparo psíquico se adéqua ao período da imaturidade do eu, assim como o perigo da perda de objeto à falta de autonomia dos primeiros anos de vida, o perigo de castração à fase fálica e a angústia frente ao supereu ao período de latência. Porém todas essas situações de perigo e condições de angústia podem continuar vivendo lado a lado e levar o eu a certa reação de angústia ainda em épocas posteriores àquelas em que foi adequada; ou várias delas

podem exercer, simultaneamente, uma ação eficaz. É possível que também existam vínculos mais estreitos entre a situação de perigo operante e a forma subseqüente da neurose"[66].

Entretanto, como adiantei, apesar dessa solução em termos econômicos, Freud não abandona a hipótese da toxidade, como mostra um parágrafo de um texto tão tardio como *El malestar en la cultura* [O mal-estar na cultura] (1930), onde diz:

> "Entretanto, em nossa própria química devem existir, deste modo, substâncias que têm um fim análogo (se refere às substâncias embriagantes), pois conhecemos pelo menos um estado patológico – a mania – no qual se produz semelhante conduta, similar à embriaguez, sem incorporação de qualquer droga. Também em nossa vida psíquica normal, a descarga de prazer oscila entre a facilitação e a restrição e, paralelamente, diminui ou aumenta a receptividade para o desprazer. É muito lamentável que esta *aparência tóxica dos processos mentais* tenha escapado, até agora, à investigação científica"[67].

Encontramos o melhor exemplo de como trata esse problema nas *Conferencias de Introducción al Psicoanalisis* [Conferências Introdutórias sobre Psicanálise] (1916-1917). Diz Freud na "Conferência XXIV":

> "Agora, tenho que lhes chamar a atenção para a decisiva diferença entre os sintomas das neuroses atuais e os correspondentes às psiconeuroses, de cujo primeiro grupo, o das neuroses de transferência, tanto nos ocupamos até aqui. Em ambos os casos, os sintomas provêm da libido e são, portanto, empregos anormais dela, um substituto da satisfação. Mas os sintomas das neuroses atuais – a pressão intracraniana, uma sensação dolorosa, um estado de irritação de um órgão, a debilitação ou a inibição de uma função

[66] Sigmund Freud, *Inibición, síntoma y angustia*, op. cit., pp. 133 e 134. Os itálicos são meus.

[67] Sigmund Freud, *El malestar en la cultura* (1930[1929]), Buenos Aires, Amorrortu, 1990, Tomo XXI, p. 68. O itálico é meu.

– não têm "sentido" algum, carecem de significado psíquico. Não só se manifestam predominantemente no corpo (como também fazem, por exemplo, os sintomas histéricos), mas eles próprios *são processos inteiramente corporais*, em cuja gênese faltam todos os complexos mecanismos anímicos que já conhecemos. Então, eles são realmente o que por tanto tempo se acreditou serem os sintomas psiconeuróticos.

Mas, sendo assim, como podem corresponder a empregos da libido que, segundo sabemos, é *uma força que opera no psíquico*? Bem, senhores, é muito simples. Permitam-me recordar uma das primeiras objeções que se esgrimiram contra a psicanálise. Naquele tempo, dizia-se que ela se empenhava em obter uma teoria puramente psicológica dos fenômenos neuróticos e que isso não oferecia perspectiva alguma, porque as teorias psicológicas jamais poderiam explicar uma doença. Preferiu-se esquecer que a função sexual não pertence *somente à alma, como tampouco é meramente somática*. Influi tanto sobre a vida do corpo como sobre a da alma. Se, nos sintomas das psiconeuroses, conhecemos as manifestações da perturbação em seus efeitos psíquicos, não nos assombrará descobrir nas neuroses atuais as conseqüências somáticas dos transtornos sexuais.

A clínica médica nos proporciona, acerca dessas últimas, uma valiosa pista, que foi levada em conta, afinal, por diversos investigadores. Pelos detalhes de seus sintomas, mas também por sua propriedade de influenciar todos os sistemas orgânicos e todas as funções, as neuroses atuais testemunham uma inequívoca semelhança com os estados patológicos gerados pela *influência crônica de substâncias tóxicas estranhas e de uma suspensão brusca delas*, vale dizer, com as *intoxicações* e os *estados de abstinência*. Todavia, estes se aproximam dos grupos de doenças pela mediação de certos estados, como a doença de Basedow, que aprendemos a atribuir à ação de substâncias tóxicas, porém não a toxinas que se introduziriam no corpo como agentes estranhos, mas engendradas pelo próprio metabolismo. Em minha opinião, segundo essas analogias, não podemos deixar de ver *nas neuroses algumas conseqüências de perturbações no metabolismo sexual*, seja porque essas toxinas sexuais se produzam em maior quantidade do que a pessoa pode metabolizar, seja porque as circunstâncias internas, e até mesmo psíquicas, prejudiquem o emprego correto dessas substâncias. Desde sempre, a alma dos povos tem rendido tributos a hipóteses dessa espécie sobre a natureza do apetite sexual; chama 'embriaguez' ao amor e crê que as pessoas se enamoram por obra de uns filtros de amor, com os quais, de certa maneira, exteriorizam o agente eficaz. Em nosso caso, isso daria motivo para pensar nas *zonas erógenas e na afirmação de que a excitação sexual pode originar-se nos mais diversos órgãos.* Mas, quanto ao resto, as expressões 'metabolismo sexual' ou 'química da sexualidade' não são senão rótulos sem conteúdo; nada sabemos sobre eles; nem sequer podemos decidir se devemos supor a existência de duas substâncias sexuais, que seriam a 'masculina' e a 'feminina', ou limitaríamos a *uma única* toxina sexual na qual reconheceríamos o veículo de todos os efeitos estimulantes da libido. O edifício da doutrina psicanalítica, que criamos, é, na realidade, uma superestrutura que está destinada a receber, em algum momento, seu fundamento orgânico, mas ainda não o conhecemos"[68].

Freud esperava que fosse a ciência biológica que trouxesse os conhecimentos necessários para a determinação dessa base orgânica. Isso ainda não ocorreu.

É com o recurso a outras disciplinas – a lingüística, a matemática, a topologia – que Jacques Lacan dará um novo impulso aos conceitos freudianos e trará aqueles com os quais Freud não contava: o objeto *a*, a dimensão do real, a enodação borromeana das dimensões que habitam o ser falante[69], etc.

É a partir do ensino de Lacan que retomarei a problemática das neuroses atuais no ponto em que Freud a deixou.

III.9. A melancolia

Antes de passar ao próximo capítulo, quero deixar sublinhado que a melancolia aparece muito próxima da neurastenia nos primeiros escritos freudianos e que, desde o começo, o trabalho de teorização de Freud se dirige a, reconhecendo sua proximidade, poder diferenciar esses dois quadros que,

---

[68] Sigmund Freud, "Conferencia XXIV. El estado neurótico común", em *Conferencias de introducción al psicoanálisis* (1917[1916-17]), O.C., Buenos Aires, 1990, Tomo XVI, pp. 352 e segs. O itálico é meu.

[69] Com respeito a esses termos ver capítulos VII, VIII e X.

primeiramente, se mostraram tão complicados que pareciam equivalentes, como demonstra a descrição de um caso.

Trata-se do "Rascunho F." de 18 de agosto de 1894. Freud diz que se trata de um caso leve, mas muito característico de distimia periódica ou melancolia. Os sintomas são apatia, inibição, pressão intracraniana e transtornos do sono, o que o leva a escrever "um quadro completo". Acrescenta:

> "Inequívoca semelhança com a neurastenia, também com a etiologia desta. Eu tenho dois casos inteiramente análogos: são onanistas (senhor A.), junto a eles pessoas com um peso hereditário. Os von F. são reconhecidamente psicopatas. Eis aqui, então, melancolia neurastênica; aqui se tem que juntar a teoria da neurastenia.
> É bem possível que o ponto de partida de uma melancolia dessa índole seja sempre um coito. Exagero da asserção filosófica: '*Omne animal post coitum triste*'. As diferenças de tempo harmonizariam. Ao homem qualquer tratamento lhe faz bem, qualquer ausência, ou seja, qualquer liberação do coito. Certamente, como ele afirma, é fiel a sua mulher. O uso do *condom* é testemunho de uma potência débil; sendo algo análogo ao onanismo, prolonga a causa dessa melancolia"[70].

Freud se perguntava sobre as razões para incluir preferencialmente na melancolia as diversas neuroses que então se denominavam neurastenia. É no "Rascunho G."[71] (1895?) que inicia sua diferenciação.

---

[70] Sigmund Freud, "Manuscrito F." em *Fragmentos de la correspondencia com Fliess*, op. cit., p. 238.

[71] Sigmund Freud, "Manuscrito G. Melancolia." em *Fragmentos de la correspondencia com Fliess*, op. cit., pp. 239 e seg.

ESQUEMA SEXUAL

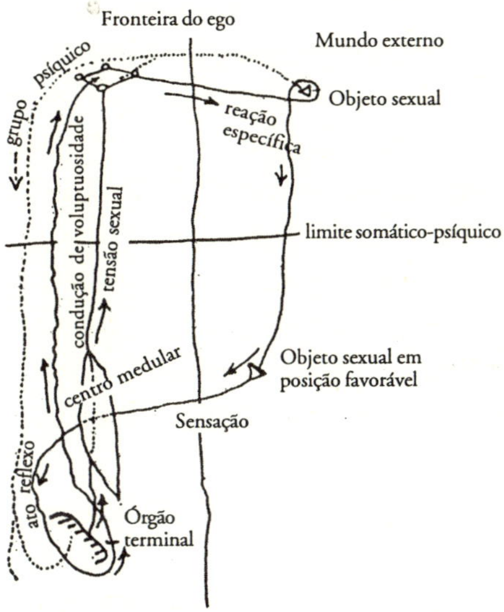

O rascunho G. inclui um esquema muito interessante que parecia conter uma das mais avançadas teorizações de Freud até esse momento.

Podemos reconhecer aí o traçado de dois eixos, um vertical e outro horizontal. O vertical constitui o limite do eu e o horizontal, o limite somatopsíquico que separa na metade superior o psiquismo e na metade inferior o soma, lugar sobre o qual forjará depois o conceito de pulsão. Estão incluídos ali elementos de um circuito. Diz a esse respeito:

> "Essa excitação visceral aumentará, certamente, de maneira contínua, mas só a partir de certo nível inicial será capaz de vencer a resistência oposta pelos condutos nervosos até o córtex cerebral; e de manifestar-se como excitação psíquica".

É isso que explica o caráter cíclico e intermitente dessa última. De modo que, quando o grupo sexual psíquico se encontra sob tensão,

> (...) produz-se um estado psíquico de tensão libidinal, acompanhado do pensamento que tende a suprimir essa tensão, (o que) só é possível pela via que eu designaria como ação específica ou adequada".

Trata-se de levar "o objeto sexual (...) a tomar uma posição favorável", o que permite "o ato reflexo medular" e, portanto, a queda da tensão sexual somática; as "sensações voluptuosas" são a manifestação psíquica da supressão da "excitação visceral". Precisemos que o conjunto do processo pode ser posto em movimento no sentido inverso quando a percepção do objeto sexual estimula o grupo sexual psíquico e o órgão sexual terminal em si (ver a linha pontilhada do esquema).

A partir desse modelo geral, Freud pode formular uma interpretação fisiopatológica de um certo número de síndromes neuróticas, cujos sintomas não têm como conseqüência nenhuma significação psicológica:

1. A neurose de angústia sobrevém quando entram em jogo "fatores que impedem a elaboração psíquica da excitação sexual somática" e conduzem, assim, a uma descarga substitutiva "subcortical" experimentada como angústia.

2. A neurastenia tem "uma etiologia completamente diferente e, inclusive, no fundo, inversa", posto que se trata do caso em que "a descarga (a ação) adequada é substituída por uma menos adequada (...) por uma masturbação ou uma polução espontânea. (...) a excitação somática é dissipada por curto-circuito". De modo que os sintomas neurastênicos correspondem a um "empobrecimento de excitação", oposto ao acúmulo ansioso.

3. A melancolia, por sua vez, corresponderia a um verdadeiro esgotamento da excitação sexual somática. A perda de excitação sofrida pelo grupo sexual psíquico acarretaria "uma aspiração (...) um efeito de chamado à quantidade de excitação presente no psiquismo"; daí a inibição psíquica, o empobrecimento, o sofrimento que Freud compara com uma "hemorragia interna (...) que se manifesta no seio dos outros instintos e das outras funções".

Podemos sublinhar aqui que parece que as diferenças entre neurastenia e melancolia foram apenas de grau, a menos que nos interroguemos sobre o que quer expressar Freud quando diz que na melancolia havia um "verdadeiro esgotamento" da excitação somática. Outra via de interrogação seria possível a partir do que poderia enunciar-se como "percepção do empobrecimento libidinal", cuja conseqüência seria então o estado melancólico.

4. A mania constituiria "o caso inverso (...) onde uma excitação excedente se comunica a todos os neurônios associados".

Diz ali sobre a melancolia:

"A melhor descrição seria esta: *Inibição psíquica com empobrecimento pulsional e dor por isso.* (...) Como se por hemorragia interna se produzisse um empobrecimento da torrente de excitação – isto é, da reserva livre – que se faz sentir nos demais instintos e funções. Esse processo de invaginação tem ação inibidora e atua como uma ferida, de forma análoga à dor"[72].

Aqui se apresenta a semelhança com a neurastenia; na neurastenia gera-se um empobrecimento similar pelo fato de que a excitação escapa como por um furo, mas nesse caso é bombeada no vazio somático, enquanto na melancolia o furo está no psíquico. Não obstante, o empobrecimento neurastênico pode transbordar sobre o psíquico, e, além disso, os fenômenos são de fato tão semelhantes que, em muitos casos, é preciso ter cuidado para separá-los.

Vemos como reencontramos aqui os problemas que nos foram estabelecidos a partir das últimas elaborações de Freud.

A análise de um caso – o caso Sibylle – diagnosticado como melancolia, mas do qual também se disse que, no século passado, ter-se-ia pensado que era uma neurastenia, nos permitirá voltar ao problema.

[72] Ibidem. O itálico é de Freud.

IV

A neurastenia segundo os pós-freudianos

IV.1. Sintoma clínico direto

No capítulo X de sua *Teoría psicoanalítica de las neurosis* [Teoria psicanalítica das neuroses] (1945), capítulo intitulado "Síntomas clínicos directos del conflicto neurótico", Otto Fenichel aborda o tema das neuroses atuais. Do ponto de vista de nossa investigação, importa a maneira como apresenta os temas que trata nesse capítulo, juntamente com a razão do título do mesmo. Diz:

> "O conflito neurótico ainda não é uma neurose. Porém a ação desse conflito se manifesta em certos fenômenos patológicos que muitas vezes, contudo, também são chamados neuróticos"[73].

Até aqui, essa concepção correspondente à expressão "sintomas clínicos diretos" parece equivaler à concepção freudiana da angústia como "angústia neurótica", por exemplo, quando Freud diz:

> "Em um indivíduo, a angústia será provocada pela magnitude do perigo ou pela ausência de ligações afetivas (investimentos libidinais); isso é o que ocorre na angústia neurótica. Do mesmo modo, o pânico surge pelo

[73] Otto Fenichel, *Teoría psicoanalítica de las neurosis* (1945), México, Paidós, 1999, p. 197.

aumento do perigo que afeta a todos, ou pelo fim das ligações afetivas que mantêm unida a massa, e esse último caso é análogo à angústia neurótica"[74].

De qualquer modo, recordemos que até 1926 (*Inibição, sintoma e angústia*) Freud não revisa sua concepção da angústia, concepção a partir da qual a angústia é considerada, primeiro, como manifestação direta dos impulsos libidinais recalcados e, depois, mais amplamente, como medo da libido.

Mas, a partir dessa primeira formulação do que seriam os sintomas clínicos diretos, Fenichel os especifica dizendo que são: a expressão direta da atividade das forças defensivas (manifestações das contracatexias), ou sintomas que surgem da insuficiência relativa do eu no estado de estancamento.

É assim que vai desenvolver diferentes subtemas tratando, em cada um, de diferentes tipos de inibições como manifestações da atividade das defesas. As neuroses atuais vão se situar dentro de um subtema intitulado "Neuroses atuais. Sintomas de inibições não específicas".

IV.2. Inibições

Vejamos como apresenta o tema. Diz:

"Todo mecanismo de defesa que faz uso de uma contracatexia origina, necessariamente, certo empobrecimento da personalidade. O paciente se vê obrigado a medidas estéreis de defesa, empobrecendo-se assim nas atividades racionais da vida. Conseqüência disso são as múltiplas inibições das funções do eu e uma fadiga crônica, ou pelo menos, uma propensão ao cansaço"[75].

Convém recordar aqui a hipótese freudiana acerca da "luta contra a sensualidade".

---

[74] Sigmund Freud, *Psicología de las masas y análisis del yo* (1921), O.C., Buenos Aires, Amorrortu, 1990, Tomo XII, pp. 92 e 93.

[75] Otto Fenichel, op. cit., p. 216.

As energias necessárias para a luta defensiva são tiradas de outras funções. Assim, *a fadiga crônica seria de indubitável caráter físico, já que se deveria a uma alteração das atitudes musculares em estados de "stress"* (sic). Mas, Fenichel se baseia em investigações fisiológicas para dizer que não se trata de uma relação direta entre fadiga e "estresse" muscular, mas que *a fadiga depende do estado mental em que foi realizada a tarefa*. As pessoas em conflito tendem a se cansar mais depressa do que as tem têm a mente livre. O dar-se conta desse empobrecimento e dessa fadiga crônica faz parte dos sintomas neuróticos de inferioridade. Diz Fenichel:

> "Os pacientes se tornam apáticos e mal-humorados. Alguns deles sentem, ao mesmo tempo, a paralisante fadiga devida ao empobrecimento e à tensão e à inquietude originadas nos impulsos rechaçados que exigem descarga. Sentem a necessidade de um alívio e, ao mesmo tempo, uma falta de entusiasmo e interesse em tudo aquilo que pudesse servir de alívio. Querem que lhes digam o que devem fazer (porque os verdadeiros fins são inconscientes) e repudiam toda sugestão (porque não têm substitutos)"[76].

IV.3. Alguns problemas

Até aqui, poderíamos nos perguntar o que é que diferencia os chamados "sintomas neuróticos diretos" de qualquer sintoma neurótico, como, também, o que diferencia as queixas às quais o autor alude no parágrafo anteriormente citado das queixas neuróticas mais comuns. Finalmente, o que é que especifica o grupo em que se situam as neuroses atuais?

No parágrafo seguinte a concepção do autor parece esclarecer-se, mas o que se complica é a idéia do que é a neurastenia segundo essa concepção. Diz ali:

> "As perturbações neurastênicas da capacidade de concentração, que constituem o motivo principal de queixa de tantos neuróticos, são da mesma

[76] Ibidem.

natureza. A primeira razão pela qual esses pacientes não podem concentrar-se em uma tarefa consciente está na preocupação inconsciente derivada de uma tarefa interna mais importante, sua luta defensiva"[77].

Portanto, como vemos, os transtornos neurastênicos, por exemplo, a perturbação da capacidade de concentração, fazem parte de qualquer neurose e seria a parte da neurose correspondente aos efeitos da luta defensiva. Trata-se da "esgotante luta defensiva".

Não obstante, Fenichel, uma linha mais adiante, continua falando das neuroses atuais como de uma entidade separada, ao dizer:

> "Os neurótico-atuais são hipersensíveis e irritáveis porque seu estado de relativa insuficiência do controle do eu os faz reagir aos estímulos leves como se fossem intensos"[78].

Finalmente essa contradição é eliminada com um critério que podemos qualificar de quantitativo: há quadros em que domina a inibição geral e outros em que não. Diz:

> "A inibição neurótica geral devida ao *empobrecimento quantitativo* é uma característica presente em todos os tipos de neurose. Toda repressão pode se manifestar objetivamente em forma de inibição. Não obstante, existem estados patológicos nos quais a inibição geral domina o quadro clínico, às vezes de uma forma aguda, outras de forma crônica. As formas agudas iniciam-se quando uma situação atual exige uma medida defensiva imediata e contundente; desaparece quando essa exigência foi cumprida ou a situação foi modificada. A forma crônica aparece como uma tentativa, que dura toda a vida, de manter dominado algum impulso "perigoso", às expensas do desenvolvimento da personalidade total. Essas pessoas parecem viver de uma maneira menos intensa que as demais. São notórias por sua apatia, sua indiferença e sua falta de iniciativa. Por

[77] Ibidem.
[78] Ibidem.

seu conteúdo inconsciente, as formas crônicas representam, geralmente, defesas contra impulsos agressivos e sádicos"[79].

Fenichel vai se referir ao estado de estancamento quando, no ponto seguinte, trata da neurose de angústia. Refere dito estado de estancamento à insuficiência no controle normal do eu. É de opinião que os primeiros sintomas das neuroses atuais são muito similares aos estados neuróticos traumáticos, já que o neurótico, empenhado em uma intensa defesa interna, se torna inquieto, agitado, transtornado; sente a necessidade de alguma mudança sem saber de que mudança se trata. Produzem-se, então, sintomas sob a forma de "descargas de emergência", ao modo de ataques emocionais imotivados, crises de angústia, perturbações nas funções fisiológicas, perturbações que, como pensa Fenichel, são em parte inibições e em parte equivalentes de angústia. Seguindo Freud, de algum modo considera a diferença entre a interrupção do curso da excitação devida a defesas internas e a interrupção do coito na qual a perturbação é externa. Considera válido, ainda, o conselho de Freud: diante desses sintomas a primeira coisa que se deve fazer é perguntar pela vida sexual. A angústia, nesses casos, como a angústia nas neuroses traumáticas, é uma expressão direta e automática do estado de estancamento: inundação de quantidades incontroláveis de excitação e descargas vegetativas de emergência de caráter involuntário.

IV.4. "Sintomas neurastênicos positivos"

Diz a esse respeito:

"Quando um estado de neurose atual se caracteriza não tanto pela angústia como por outras descargas de emergência, combinadas com os diversos sintomas antes descritos, fala-se habitualmente de neurastenia. Psicanaliticamente esse estado não está definido com precisão. *Uma definição mais exata será, possivelmente, o resultado de futuras investigações fisiológicas sobre as transformações químicas na excitação, na satisfação, na frustração e no estado de estancamento.*

---

[79] Otto Fenichel, op. cit., p. 217. O itálico é meu.

> "Os sintomas positivos da neurose atual, como descargas vegetativas, apesar de tudo, se produzem quando as outras formas de descarga foram bloqueadas – representam um verdadeiro desafio à fisiologia. Uma satisfação instintiva normal significa uma modificação fisiológica (química) na fonte instintual. Se uma necessidade instintiva não é satisfeita adequadamente, a modificação química vinculada à gratificação do impulso não se produz, e isso dá lugar a perturbações na química do organismo. A excitação e os afetos sem descarga implicam anormalidades na quantidade e na qualidade dos hormônios e, conseqüentemente, alteração das funções fisiológicas.
> Freud inclinava-se, em um momento, a acreditar que os sintomas da neurastenia eram o resultado de uma masturbação excessiva. Provavelmente seria mais correto dizer que a neurastenia é o resultado de um orgasmo deficiente. Produz-se quando a masturbação se fez insuficiente, quer dizer, quando as angústias e os sentimentos de culpa perturbam o caráter satisfatório da masturbação"[80].

Como vimos, o autor se atém à hipótese da toxidade que Freud[81] já havia formulado. Contudo, não a articula à hipótese que havia sustentado, até agora, em relação à generalidade na qual incluía a neurastenia, ou seja, os "sintomas neuróticos diretos" cuja causa era a luta defensiva, salvo a que considero uma articulação conceitualmente fraca: a diferença entre a interrupção do curso da excitação devida a defesas internas e a interrupção do coito na qual a perturbação é externa. Isso fica muito claro quando, ao tratar a "neurastenia crônica", retoma a hipótese da luta defensiva em detrimento do ocasionado por perturbações externas. Diz:

> "Quando uma neurose atual não se deve a uma mera perturbação externa da economia libidinal, mas a uma luta defensiva, o estado de estancamento é objeto, comumente, depois de um certo tempo, de uma elaboração ulterior. Alguns casos, contudo, mantêm-se no nível da neurastenia"[82].

---

80 Otto Fenichel, op. cit., p. 219.

81 Ver cap. "A neurastenia de Freud".

82 Otto Fenichel, op. cit., p. 223.

A explicação de por que ocorreria esse último parece sustentar-se pelo critério de reservar para a neurastenia a masturbação como critério etiológico. A excitação que não pode encontrar seu alívio é, nesses casos, de caráter exclusivamente pré-genital.

Fenichel considera que os efeitos produzidos por uma perturbação da economia das exigências instintivas[83] terão a probabilidade de ser tão mais persistentes quanto menos apta for a pessoa para enfrentar ativamente suas dificuldades, ou seja, quanto mais inclinada estiver para realizar anelos passivos receptivos. Isso o leva a ligar a neurastenia e, sobretudo, a neurastenia crônica às necessidades narcísicas; por isso as pessoas com predisposição às depressões seriam, ao mesmo tempo, neurastênicos crônicos.

Além disso, considera que os sintomas físicos da neurastenia devem ser muito dolorosos, mas que, ao não se poder localizar o fator causal orgânico, esses doentes costumam ser diagnosticados como hipocondríacos. Fenichel considera que, na realidade, nem sempre existe uma clara linha de demarcação entre ambos os quadros.

IV.5. Os sintomas neuróticos atuais nas psiconeuroses

Com respeito à relação dos sintomas neuróticos atuais com as psiconeuroses, este autor considera que eles constituem o núcleo de todas as psiconeuroses. Diz:

> "Uma ansiedade inespecífica, uma irritabilidade geral e mau-humor, são sempre encontrados no início de uma psiconeurose. Os sintomas neuróticos atuais podem reaparecer, também, ao final de uma psiconeurose: quando a psicanálise consegue liberar as energias sexuais reprimidas de um paciente, enquanto a situação externa o impede de achar uma oportunidade de encontrar a satisfação de que agora é capaz, os sintomas psiconeuróticos podem ser substituídos, novamente, por sintomas neuróticos atuais"[84].

[83] Fenichel se atém à tradução inglesa da obra de Freud, expressando-se em termos de "instinto(s)" ao invés de "pulsão".

[84] Otto Fenichel, op. cit. p. 224.

O que esta idéia de substituição implica?

Trata-se da hipótese da existência de uma neurose atual como neurose de base de uma psiconeurose, hipótese sustentada na idéia de que uma psiconeurose é uma complicação dos sintomas neuróticos diretos das neuroses atuais.

É essa idéia de complicação em relação ao campo das psiconeuroses que sustenta as considerações do autor acerca do tratamento, e possível evolução, de uma neurose atual. Diz Fenichel:

> "No que se refere à terapia, aqueles tipos de neurose atual que se devem a um regime infeliz de vida sexual não necessitam outra terapia que uma mudança de dito regime. Do mesmo modo, os estados agudos de "nervosidade" que se devem a alguma experiência específica e que transtornam o equilíbrio entre forças defensivas e os instintos rechaçados são, muitas vezes, apenas temporários e desaparecem espontaneamente quando se estabelece um novo equilíbrio. Os casos de neuroses agudas que podem ser tomados *in status nascendi*, sempre que os sintomas neurótico-atuais ainda estiverem mais em primeiro plano do que os sintomas psiconeuróticos, são muitas vezes rapidamente acessíveis à psicanálise, e quanto aos estados de ansiedade que podem ser tomados antes que a ansiedade fique finalmente fixada em um objeto pode se fazer um prognóstico especialmente favorável. O prognóstico é pobre, ao contrário, em casos de neurastenia crônica e de hipocondria"[85].

É de se assinalar que Fenichel faz a diferença entre neuroses atuais e sintomas neurótico-atuais, o que deixa pensar que os sintomas neurótico-atuais são formações de um possível início de uma psiconeurose por um fator causal atual, enquanto uma neurose atual seria uma formação determinada pelo fator tóxico antes aludido, fator determinado por "um infeliz regime de vida sexual". Contudo, esse critério discriminante não tem alcance, quando anteriormente o autor propôs que o regime sexual sozinho não basta, mas sua nocividade depende de fatores concomitantes, fatores concomi-

[85] Ibidem.

tantes que só podem ser considerados neuróticos. É o caso da angústia e da consciência de culpa que acompanham a masturbação, por exemplo, quando Fenichel diz:

> "... quando as angústias e os sentimentos de culpa perturbam o caráter satisfatório da masturbação"[86].

IV.6. As "organoneuroses"

A dificuldade, que já vimos em Freud, de sustentar as neuroses atuais como quadros separados das psiconeuroses, em razão de sua especificidade definida pelo atual em oposição ao conflito, conflito que conta com a determinação do infantil, vai se especificar como problema próprio das neuroses atuais quando Fenichel aborda as "organoneuroses", já que nesse caso vê-se obrigado a incluir a questão do narcisismo entre os fatores causais.

Por ser um campo não apenas próximo, mas com limites imprecisos em relação àquele de que estamos tratando – como o próprio Fenichel declara quando diz que não encontra uma linha clara de demarcação em relação à hipocondria –, vou me deter na maneira como o autor trata o tema das chamadas "organoneuroses", nas quais inclui, precisamente, a hipocondria. Por outro lado, seu tratamento desse tema interessa porque é ali que vai procurar esclarecer a diferença entre as causas tóxicas e a manifestação orgânica de um afeto ou de um conflito. Vou me deter, então, no capítulo XIII do tratado de Fenichel *Teoria psicanalítica das neuroses*.

O autor diz nesse capítulo que nem todas as alterações somáticas de caráter psicogênico podem ser consideradas conversões, já que nem todas são a tradução de uma fantasia para a linguagem corporal. As funções orgânicas podem ser afetadas fisiologicamente por "atitudes instintivas inconscientes", sem que, necessariamente, essas mudanças assim produzidas tenham um significado psíquico.

---

[86] Otto Fenichel, *Teoria psicoanalítica de las neurosis*, op. cit., p. 219.

Fenichel recorre, nesse ponto, ao que Freud desenvolveu em *Concepto psicoanalítico de las perturbaciones psicógenas de la visión* [Conceito psicanalítico das perturbações psicogênicas da visão] no momento em que diz que, quando vemos que um órgão dedicado habitualmente à percepção sensorial se conduz, por intensificação de sua função erótica, como um genital, não se exclui a possibilidade de modificações tóxicas do mesmo. Porém Fenichel propõe diferenciar duas categorias de perturbações funcionais. Uma, de caráter físico, que consiste em alterações fisiológicas determinadas pelo uso inadequado da função da qual se trata. Outra, com significado inconsciente, é a expressão de uma fantasia em uma "linguagem corporal" e, portanto, é acessível à psicanálise. Com base nessa diferença, propõe chamar "organoneuróticos" aos sintomas do primeiro grupo e conversões, aos sintomas do segundo. Ele diz:

> "As mudanças funcionais devidas a causas tóxicas, isto é, a mudanças na química da pessoa insatisfeita, afetada por um estancamento, não são necessariamente idênticas às mudanças causadas por um uso inconsciente dessas funções a serviço de finalidades instintivas"[87].

A essas duas categorias Fenichel propõe acrescentar uma terceira possibilidade: os equivalentes de afetos.

IV.6.1. Equivalentes de afetos

Os afetos são exteriorizados por mecanismos motores ou de secreção. Essas reações físicas podem ser produzidas sem que as acompanhem as vivências psíquicas correspondentes e, portanto, sem que a pessoa se dê conta de sua significação psíquica. Ao ter os equivalentes de afeto um valor de descarga menor, em comparação com os afetos experimentados cabalmente, é mais fácil sua cronificação. É por isso que, na opinião de Fenichel, os sintomas criados por atitudes afetivas crônicas, sem descarga adequada, podem deixar de ser simples equivalentes de afetos para passar a fazer parte da categoria das perturbações químicas da pessoa insatisfeita.

---

[87] Otto Fenichel, op. cit., p. 273.

IV.6.2. Perturbações químicas da pessoa insatisfeita

Cito o autor nesse ponto:

"Ao nos ocuparmos da natureza dos sintomas das neuroses atuais, ficou claramente estabelecida a orientação física de expressões tais como fonte de um instinto, satisfação, frustração e estado de estancamento. Essas expressões referem-se a modificações tanto químicas como nervosas. O que constitui a *fonte* dos instintos é o estado hormonal do organismo. Desse estado hormonal depende a forma como são percebidos os estímulos e como se reage a eles, e o ato instintivo que põe fim à pulsão alcança este último mediante a modificação do estado químico causador da perturbação. O não realizar tal ato, seja por razão de circunstâncias externas, ou, como ocorre nas psiconeuroses, por inibições internas, prejudica necessariamente a química natural dos processos de excitação e de gratificação".

Como vemos, a concepção que Fenichel desenvolve tanto em relação ao que é a fonte como ao que se entende por finalidade da pulsão[88] é evidentemente diferente da de Freud, sendo isso mesmo que o leva a avançar em um terreno onde Freud havia deixado uma incógnita que, esperava, pudesse revelar-se no futuro[89].

Avançando desse modo no terreno da fisiologia do que Freud denominava pulsões (*Triebe*) e que o autor chama instintos, propõe as seguintes pontuações:

"Enquanto os sintomas neurótico-atuais demonstram ser expressões gerais e inespecíficas do estado de estancamento, os sintomas que derivam da alteração química de uma pessoa cuja economia instintiva está per-

[88] Que o autor se expresse em termos de "instinto" tem, sem dúvida, conseqüências em sua conceitualização, como veremos mais adiante.

[89] Desenvolvo a crítica à concepção de Fenichel no capítulo "A metapsicologia freudiana (do metabolismo orgânico ao metabolismo do significante)", no qual abordo precisamente o tema da pulsão.

turbada podem ser também de caráter mais específico. Além disso, outros fatores intermediários podem ser intercalados entre a pulsão original e os sintomas finais. Especialmente aqueles casos de propensão inconsciente para elaborar afetos específicos que têm sua origem em repressões alteram, certamente, as funções físicas do indivíduo e às vezes, inclusive, os próprios tecidos. Foi dado a eles o nome de afetos inconscientes. Nos equivalentes de afetos o conteúdo mental foi rechaçado, enquanto os correspondentes físicos do afeto continuam em vigor. Estamos falando aqui de estados nos quais inclusive a descarga física foi reprimida"[90].

IV.7. A base orgânica das psiconeuroses

Na opinião do autor, do ponto de vista da relação entre neuroses atuais e psiconeuroses, teoricamente, todas as neuroses poderiam ser descritas como uma subcategoria de sintomas que têm como causa a perturbação química do indivíduo em estado de estancamento. Considera que essa base orgânica das psiconeuroses continua sendo hipotética, enquanto alguns sintomas físicos dos afetos inconscientes já seriam acessíveis à investigação.

Sobre a questão da base orgânica das psiconeuroses Freud havia escrito a Fliess em 22 de setembro de 1898 o seguinte:

> "Porém de modo algum sou de opinião distinta da sua, não me inclino a manter em dúvida o psicológico sem base orgânica. Só que, por convicção própria, não sei mais, nem teoricamente, nem terapeuticamente e, por isso, não posso senão conduzir-me como se só tivesse para elaborar o psicológico. Por que não concordo, não tenho a menor idéia"[91].

Muitos anos depois, isso não mudou. Diz Freud em 1917:

---

[90] Otto Fenichel, *Teoría psicoanalítica de las neurosis*, op. cit., p. 275.

[91] Sigmund Freud, "Carta 177", em *Cartas a Wilhelm Fliess*, compilação de Jeffrey Moussaieff Masson, Buenos Aires, Amorrortu, 1990, p. 357.

> "... as expressões 'metabolismo sexual' ou 'química da sexualidade' não são senão rótulos sem conteúdo; nada sabemos sobre eles; nem sequer podemos decidir se devemos supor a existência de duas substâncias sexuais, que seriam a 'masculina' e a 'feminina', ou limitaríamos a *uma única* toxina sexual na qual reconheceríamos o veículo de todos os efeitos estimulantes da libido. O edifício da doutrina psicanalítica, que criamos, é, na realidade, uma superestrutura, que está destinada a receber, em algum momento, seu fundamento orgânico, mas ainda não o conhecemos.
>
> A psicanálise não se caracteriza como ciência pelo material de que trata, mas pela técnica com a qual trabalha. Sem violentar sua natureza, é possível aplicá-lo tanto à história da cultura, à ciência da religião e à mitologia, como à teoria das neuroses. Não se propõe nem alcança outra coisa que descobrir o inconsciente na vida da alma. Os problemas das neuroses atuais, cujos sintomas provavelmente são gerados por um dano tóxico direto, não oferecem à psicanálise pontos de abordagem. Em muito pouco pode contribuir para o seu esclarecimento e se deve abandonar essa tarefa para a investigação médico-biológica"[92].

Até a morte de Freud essa situação não havia mudado. Nos poucos anos que transcorreram até a publicação da obra de Fenichel, a investigação médico-biológica trouxe os elementos que Freud esperava para sustentar os desenvolvimentos desse autor? Creio que não e penso que suas hipóteses sustentam-se pela maneira como concebe, não só a pulsão, mas também os afetos e, em geral, o funcionamento psíquico. É uma metapsicologia que está em questão, metapsicologia cuja crítica abordarei mais adiante[93].

---

[92] Sigmund Freud, "Conferencia XXIV. El estado neurótico común", em *Conferencias de introducción al psicoanálisis,* op. cit., pp. 353 e 354.

[93] Ver capítulo "A metapsicologia freudiana (do metabolismo orgânico ao metabolismo do significante)".

IV.8. A hipocondria

Antes de abandonar, temporariamente, o texto de Fenichel, vou me deter em suas idéias sobre a hipocondria.

Considera a hipocondria uma "organoneurose" cuja causa fisiológica é ainda desconhecida. Trata-se, para ele, de um estado de estancamento e de retraimento narcísico – na realidade seria uma propensão a reagir ao estado de estancamento com um retraimento narcísico – que dá lugar a alterações orgânicas que, por sua vez, produzem as sensações hipocondríacas.

Propõe então distinguir duas situações teóricas:

- Uma, onde o grau de tensão foi elevado em certos órgãos, como conseqüência da falta de uma descarga adequada e que produz sensações dolorosas.
- Outra onde a retirada de catexia de objeto passa a carregar as idéias referentes aos próprios órgãos.

Diz Fenichel:

"As reações químicas e nervosas do estado de estancamento podem precipitar, às vezes, uma catexia intrapsíquica das representações de órgãos. Outras vezes os processos se produzem em uma ordem inversa: uma regressão ao narcisismo altera secundariamente as funções físicas dos órgãos"[94].

E mais adiante acrescenta:

"A relação entre catexia de representações de órgãos e processos físicos manifesta-se, também, no já citado narcisismo das pessoas doentes"[95].

Com respeito às relações da hipocondria com a neurastenia, pensa que a hipocondria raramente aparece isolada e a vê, muitas vezes, combinada com uma neurose de angústia ou com uma neurastenia. Ou seja, com respei-

[94] Otto Fenichel, op. cit., p. 300.
[95] Ibidem.

to à opinião do autor quanto às relações da neurastenia com a hipocondria, diríamos que a hipocondria implica, em relação à neurastenia, a junção do fator "retraimento narcísico".

V

A psicanálise freudiana no marco das ciências

V.1. Explicação psicanalítica e explicação científica

Freud começa sua epícrise do relato de Elisabeth Von R. com as seguintes palavras:

> "Nem sempre fui psicoterapeuta, mas fui educado, como outros neuropatologistas, em diagnósticos locais e eletroprognósticos, e por isso a mim me é singular que os relatos clínicos que escrevo sejam lidos como pequenos romances e deles esteja ausente, por assim dizer, o selo de seriedade que a ciência leva estampado. Por isso, tenho de consolar-me dizendo que a responsável por esse resultado é a própria natureza do assunto, mais do que alguma predileção minha; é que o diagnóstico local e as reações elétricas não desempenham um papel maior no estudo da histeria, ao passo que uma exposição pormenorizada dos processos anímicos, como as que estamos habituados a receber do poeta, me permitem, com o emprego de algumas poucas fórmulas psicológicas, ter uma espécie de compreensão sobre o andamento de uma histeria"[96].

São essas palavras que dizem de um conflito intelectual que acompanhou a evolução de suas idéias durante os anos de fundação da psicanálise, ou seja, durante a última década do século XIX. Por um lado, imaginava

[96] Sigmund Freud, *Estudios sobre la histeria*, op. cit., p. 174.

noções novas que lhe permitiriam formular os conflitos da vida psíquica em termos científicos e, ao mesmo tempo, o que seus pacientes lhe contavam o instava a fundar o entendimento desse novo território sobre as histórias subjetivas, reduzindo, assim, as histórias clínicas a sua tradição biográfica e fundando as explicações sobre a interpretação do conflito "tal como as que estamos habituados a receber do poeta".

Suas cartas demonstram que já nesses anos costumava descobrir o fundo subjetivo da elaboração dos temas literários: suas análises de dois contos de Conrad Ferdinand Meyer representam os primeiros ensaios dessa classe. Conhecemos sua atitude de anos posteriores ante a criação poética, a criação daqueles seres singulares dos quais dizia:

> "... crescem, sem trabalho, do torvelinho de seus próprios sentimentos, dos entendimentos mais profundos para os quais os demais, nós todos, temos de encontrar o caminho em meio a uma incerteza torturante e através de considerações perturbadoras"[97].

O contraste a que aqui se refere e que já o preocupou nos *Estudios sobre la histeria* é o que separa a interpretação psicanalítica da explicação científica. Trata-se de seguir as dificuldades acerca do partido que Freud iria adotar, se é que se tratava de tomar algum partido, ou se o caráter de sua descoberta exigia-lhe uma solução diferente. No início, sua passagem pela escola científica destinou-o a dedicar sua existência à fundação da nova psicologia sobre o alicerce dos métodos científicos. Nunca abandonaria esse ideal de ciência, mas sua própria descoberta implicou que, partindo da sustentação desse ideal de ciência, chegasse finalmente a deixar de sustentar a crença em uma ciência ideal[98].

V.2. A formação científica de Freud

Vou evocar brevemente o que se conhece sobre a formação científica de Freud, orientando-me, para isso, pelo estudo de Ernst Kris intitulado

---

[97] Sigmund Freud, *El malestar en la cultura*, op. cit., p. 129.

[98] Ver a esse respeito o capítulo I "Consideraciones sobre una obra" em *La obra clara* de Jean-Claude Milner, Buenos Aires, Manantial, 1996.

"Estudo preliminar" e que figura como prólogo de *Los orígenes del psicoanálisis* [*As origens da Psicanálise*][99]. As fontes são a sua autobiografia[100] e, também, seus trabalhos teóricos.

Em 1882, sendo ainda estudante no *Instituto de Fisiologia da Universidade de Viena*, depois de ter-se dedicado durante quase seis anos a ela, abandonou a biologia em favor da medicina. Essa mudança não foi fácil, posto que o fez de má vontade e cedendo aos conselhos de seu mestre, o fisiologista Ernst Brücke (1819-1892), que o convenceu com considerações de ordem prática. Ao escolher sua nova especialidade clínica, procurou continuar na direção de seus trabalhos biológicos anteriores. Estimulado por T. Meynert dedicou-se à neurologia e publicou, em 1884 e em 1885, seis monografias dedicadas à histologia, à farmacologia e à clínica, que lhe valeram a obtenção do título de *Docente privado* em neuropatologia, na primavera de 1885, quando contava vinte e nove anos.

Graças à gestão do mesmo Brücke obteve a bolsa de estudos que lhe permitiu ir a Paris e assistir à clínica de Charcot na Salpêtrière. Esteve ali meio ano, entre 1885 e 1886, e viajou depois a Berlim para estudar clínica pediátrica, já que em Viena não o aguardava nenhum posto na clínica neuropsiquiátrica, que então, como posteriormente, lhe manteve fechadas suas portas. Em compensação, o pediatra Max Kassowitz havia lhe oferecido o cargo de chefe do novo serviço de neurologia no *Primeiro Hospital Público Infantil*, uma instituição privada e independente da organização acadêmica. Freud ocupou esse cargo durante vários anos. Nos anos que se seguem ao seu regresso à Viena, anos nos quais realizou-se o seu casamento e o seu estabelecimento como médico, suas inquietudes científicas se orientaram para vários setores diferentes. Nos trabalhos publicados continuou dominando, inicialmente, o interesse neurológico, de modo que suas primeiras publicações representam continuações de seus trabalhos anteriores no campo da clínica, da histologia, da farmacologia e da anatomia.

---

[99] Sigmund Freud, *Los orígenes del Psicoanálisis*, Madrid, Biblioteca Nueva, Tomo III.

[100] Sigmund Freud, *Presentación autobiográfica* (1925[1924]), O.C., Buenos Aires, Amorrortu, 1990, Tomo XX.

Não obstante, em pouco tempo deixou-se guiar pelo interesse que lhe despertava o novo material clínico que tinha a sua disposição, através do qual desenvolveu uma série de estudos dedicados à neurologia infantil. Essa orientação clínica culminou em uma extensa exposição global das paralisias cerebrais infantis, escrito concluído em 1897, cumprindo assim, com atraso, o prometido muito tempo antes. As cartas nos revelam que Freud se sentia diante dessa tarefa "como Pégaso preso ao jugo"[101], já que teve que pospor por ela sua dedicação ao estudo dos sonhos, estudo que já havia capturado seu interesse. Não obstante, esse trabalho, que de 1895 a 1897 se apresentava a Freud somente como o cumprimento de uma obrigação, ocupa ainda, segundo o testemunho de R. Brun, no qual Kris se baseia, um lugar seguro na neurologia moderna. Atualmente, a monografia de Freud é considerada o mais completo e minucioso estudo que já foi escrito até hoje sobre as paralisias cerebrais da infância.

Nos anos que vão de 1886 ao inverno de 1892 a 1893 apareceram várias traduções feitas por Freud: os dois tomos das conferências de Charcot e dois livros de Bernheim. Em sua versão das *Leçons du mardi à la Salpêtrière*, de Charcot, incluiu numerosas referências à literatura clínica mais recente, assim como observações críticas, algumas das quais contêm as primeiras formulações de suas teorias no campo das neuroses. A aceitação geral que encontraram seus trabalhos sobre neurologia infantil não lhe produziu uma grande impressão, já que seu verdadeiro interesse se dirigia para outros dois campos de estudo – ou melhor, para duas manifestações de um mesmo problema –, que alternativamente ocuparam lugar proeminente em sua atenção: a anatomia do encéfalo e a investigação da histeria.

A idéia de formular suas opiniões sobre a anatomia cerebral lhe foi sugerida ao longo de sua colaboração no dicionário médico de Villaret. Kris diz que Freud é de opinião que seu artigo sobre anatomia cerebral fora excessivamente mutilado. Sua monografia sobre as afasias, publicada em 1891 e dedicada a Josef Breuer, pertence ao mesmo setor de estudos. Nela formulava, pela primeira vez, suas dúvidas a respeito da exatidão de

---

[101] Sigmund Freud, "Carta 50", *Orígenes del Psicoanálisis*, O. C., Madrid, Biblioteca Nueva, 1968, Tomo III, p. 738.

qualquer esquema de linguagem baseado essencialmente na localização de seus centros. Substituiu essa teoria localizadora por outra, onde se destaca a modalidade funcional dos centros cerebrais. A seu juízo, a teoria da localização não levaria em conta a interação de forças, a dinâmica do fenômeno, enquanto ele se inclinava a pôr em primeiro plano os centros dinâmicos, em contraste com os pontos de localização determinados, Bernfeld refere-se a esse trabalho sobre as afasias como o primeiro livro "freudiano".

V.2.1. A histeria

Seu interesse pela histeria vai ser despertado por Josef Breuer. Entre os anos de 1882 e 1883, Breuer o havia informado sobre uma paciente que tinha tratado de 1880 a 1882, paciente conhecida como a "Anna O." dos *Estudios sobre la histeria*. Foi esse o caso em que Breuer descobriu os princípios do tratamento catártico. Quando Freud comentou com Charcot sobre o comunicado por Breuer, este demonstrou muito pouco interesse.

Uma vez retornando de Paris, estando ocupado com a tradução das conferências de Charcot, Freud procurou discutir novamente o tema da histeria. Devia relatar ante a Sociedade Médica de Viena as experiências recolhidas em Paris e dedicou a comunicação, realizada em 1886, aos trabalhos de Charcot sobre a histeria masculina. Não obteve nenhum crédito e Meynert opôs à teoria de Charcot uma concepção anatômica que Freud considerou absolutamente inadequada. O confronto com Meynert pôs fim ao seu trabalho no *Instituto Neurológico da Universidade* e suas relações com a Faculdade de Medicina foram rompidas a partir daí.

Depois dessa comunicação puramente clínica do outono de 1886, durante mais de cinco anos Freud não voltou a publicar nada sobre a histeria. Contudo, seu interesse não tinha desaparecido. A partir do outono de 1887 começou a aplicar o tratamento hipnótico e, a partir da primavera de 1889, empregou sistematicamente o hipnotismo para a exploração de seus pacientes. Além disso, no verão do mesmo ano viajou a Nancy para completar sua experiência clínica com Bernheim, em seguida, também o interesse de Breuer por esse tema voltou a ser estimulado pela dedicação que o mesmo havia despertado em Freud.

Três anos mais tarde, em 1892, Freud e Breuer concordaram em publicar sua comunicação preliminar em conjunto, "O mecanismo psíquico dos fenômenos histéricos", que no início de 1893 se encontrava impresso e que, mais de dois anos depois, constituiria o capítulo inicial dos *Estudios sobre la histeria.*

O estudo do material clínico convenceu Freud sobre a necessidade de admitir fatores decisivos que Breuer não quis compartilhar, ou que só se resignou a admitir de má vontade: o reconhecimento do caráter defensivo dos sintomas e sua sobredeterminação. Simultaneamente modificou completamente sua técnica, abandonando a catarse que Breuer havia aplicado em favor do que chamou "técnica de concentração", técnica que descreveu nos *Estudos* e da qual pouco depois, entre 1895 e 1898, subtrairia os resíduos de elementos sugestivos, convertendo-a na técnica psicanalítica propriamente dita.

A parte clínica e técnica dos Estudos – quatro das cinco histórias clínicas e o capítulo sobre a técnica ("Sobre a psicoterapia da histeria") – foi escrita por Freud, enquanto Breuer subscreveu a parte teórica. Contudo, Kris é de opinião que grande parte do redigido por Breuer, em particular a concepção básica da qual partiu, era sem dúvida patrimônio intelectual de Freud ou pertencia a ambos.

V.2.2. A hipótese da constância

Em particular, Freud estabelece o postulado de que o sistema nervoso tem uma tendência a manter constantes suas condições funcionais, algo que cabe denominar soma de excitação, coisa que se alcança resolvendo de forma associativa todo aumento da excitação ou descarregando-o por meio de uma reação motora apropriada. Essa hipótese, adotada do campo das noções físicas, encontrou entrada na exposição de Breuer como "teoria da excitação intracerebral" e permitiu-lhe aplicar a analogia dos processos do sistema nervoso central com os de um circuito elétrico. No pensamento de Freud, por outro lado, dita noção chegou a diversas especulações que aparecem expostas nas cartas e, finalmente, às formulações sobre os mecanismos de regulação psíquica que, como o princípio de constância, fazem parte das hipóteses básicas da psicanálise. Strachey assinala a esse respeito que o conceito do princípio da constância preocupou Freud desde os seus primeiros trabalhos: como a tendência a manter constante a excitação intracerebral em "Estudos sobre a histeria" (1895), ou como inércia neuronal no *Proyecto de una psicología para neurólogos* (1895).

V.2.3. Influência de Brücke

Bernfeld demonstrou a origem dessas noções. Procedem diretamente das idéias fisiológicas de Brücke, entre cujos discípulos esteve também Breuer, e eram difundidas no círculo dos fisiologistas vienenses, entre cujas principais figuras diretivas encontram-se o próprio Brücke e seus assistentes. Isso permite compreender a que aludia Freud quando, já em idade avançada, qualificou Brücke como o mestre que havia exercido sobre ele a mais profunda impressão. A fisiologia de Brücke, firmemente assentada no terreno da física, com um ideal de mensuração de todos os processos, foi para Freud o ponto de partida sobre o qual apoiar as teorias psicanalíticas em um fundamento que acreditava científico. Brücke não se encontrava isolado entre os fisiologistas de sua época, mas fazia parte de um grupo de cientistas que compartilhavam pontos de vista similares, que tinham sido discípulos de Johannes Müller e que, no ano de 1845, se reuniram na Sociedade Física de Berlim. Nesse círculo, Helmholtz havia pronunciado, em 1847, sua conferência sobre o princípio da conservação da energia.

V.2.4. Fliess e os fisiologistas de Viena

As relações estreitas entre os fisiologistas de Viena e os de Berlim foi o fundo sobre o qual se afiançou o vínculo entre Freud e Fliess. Quando este se encontrava em Viena, visitava aqueles investigadores com os quais devia sentir-se, por força, intimamente vinculado. Seus trabalhos não deixam lugar para nenhuma dúvida a respeito de sua pertença à mesma escola daqueles. Tampouco foi por mero acaso que obsequiara Freud com as obras completas de Helmholtz. Nos trabalhos de Fliess parece ter-se imposto, cada vez mais, o ideal de uma biologia firmemente fundada em bases físico-matemáticas. Sua inclinação para as matemáticas exerceria grande influência sobre seus trabalhos ulteriores – a questão dos períodos de 28 e 23 dias, por exemplo –, inclinação que encontrou expressão no subtítulo de sua obra cardinal, *Der Ablauf des Lebens* (A duração da vida, 1906), sobre a qual esperava que se constituísse como fundamentação de uma biologia exata. A participação de Fliess nas investigações de Freud foi determinada precisamente por essa posição. Apoiou Freud em seus esforços para manter o contato entre as concepções psicológicas e físico-fisiológicas e concluiu por oferecer-lhe suas próprias hipóteses como fundamento para as comprovações daquele. Porém foi isso que, finalmente, conduziu à inevitável ruptura das relações.

V.2.5. O Projeto

Naqueles anos a idéia diretriz do pensamento de Freud era a de adotar os fenômenos fisiológicos e o fisicamente mensurável como fundamento de toda consideração psicológica, ou seja, buscava a estrita aplicação daquelas concepções que haviam fundamentado o enfoque de Helmholtz e de Brücke. Desde o início de 1895 havia se dedicado ao propósito de dar forma a tal concepção global e, nesse contexto, cabe recordar que Breuer, precisamente nessa época, estava ocupado em redigir a parte teórica dos *Estudios sobre la histeria*, na qual sustentava a opinião de que seria inadmissível relacionar a concepção psicológica com noções neurofisiológicas, pelo menos no estado em que se encontravam os respectivos conhecimentos. Porém tal propósito era justamente o que Freud se dispunha a empreender.

Assim, alguns, como Kris, por exemplo, são de opinião que Freud perseguiu um único objetivo intelectual, apesar de todas as dificuldades e objeções: fundir a teoria das neuroses e a psicologia normal com a fisiologia cerebral e este vai ser o programa com o qual encarou a redação do rascunho que hoje se conhece como *Proyecto de una psicología para neurólogos.* Cada parte de dito *Projeto*, seja a de fisiologia cerebral ou a de psicopatologia, a que trata da defesa e a que trata do pensamento, contém um acúmulo de novas observações e de novas hipóteses que, apenas em parte, encontraram lugar nos trabalhos ulteriores de Freud. Algumas delas já apontam para a evolução que a psicanálise haveria de seguir: assim, por exemplo, no Projeto, Freud desenvolve as hipóteses econômicas que nunca abandonaria.

Vejamos qual é a intenção que anima o *Projeto.* Diz Freud em seu primeiro parágrafo:

> "O propósito desse projeto é oferecer uma psicologia que seja ciência natural, a saber, representar os processos psíquicos como estados quantitativamente determinados de algumas partes materiais verificáveis, e fazê-lo de modo que esses processos se tornem perceptíveis e livres de contradição"[102].

Como diz E. Rodrigué, trata-se de uma "Profissão newtoniana de fé cientificista. Um positivismo radical depois de produzir dois ensaios matizados como *Sobre a afasia* e *Estudos sobre a histeria*"[103].

Concordamos com Rodrigué quando considera que:

> "As idéias mais promissoras do *Projeto* aparecerão no capítulo VII do "Livro dos sonhos", e ali podemos ver o que Freud buscava: um dispositivo que funcionasse como uma máquina, mas como uma máquina fictícia, um modelo para equipar, como diria Cortázar, sem relação com a trama neurológica. Dito artefato era necessário para o cálculo metapsicológico"[104].

Lacan dirá que se trata da metáfora do corpo humano como máquina. Diz no Seminário II:

> "A biologia freudiana não tem nada a ver com a biologia. Trata-se de uma manipulação de símbolos que visa resolver questões energéticas, como demonstra a referência homeostática, que permite caracterizar como tal não apenas o ser vivo, mas, também, o funcionamento de seus aparelhos principais. Em torno dessa pergunta gira toda a discussão de Freud: energeticamente, o que é o psiquismo? Aí reside a originalidade do que nele chamam pensamento biológico. Freud não era biólogo, não mais do que qualquer um de nós, mas pôs o acento sobre a função energética ao longo de toda a sua obra.

---

[102] Sigmund Freud, *Proyecto de una psicología para neurólogos* (1895), O.C., Buenos Aires, Amorrortu, 1990, Tomo I, p. 339.

[103] Emilio Rodrigué, *Sigmund Freud, el siglo del psicoanálisis*, Buenos Aires, Sudamericana, 1996, Tomo I, p. 339.

[104] Ibidem, p. 308.

Se soubermos revelar o sentido desse mito energético, veremos aparecer algo que desde a origem, e sem que se o compreenda, estava implicado na metáfora do corpo humano como máquina. Vemos manifestar-se aí certo para além da referência inter-humana, que é propriamente o para além simbólico. Isso é o que vamos estudar, e certamente poderemos compreender, então, essa espécie de aurora que constitui a experiência freudiana"[105].

De minha parte, inclino-me a pensar que essa aurora, como toda aurora, emerge das obscuridades que a antecedem. Interessa-me remarcar isso porque minha pergunta se dirige ao lugar que vai ocupar a neurastenia nessa passagem e que luzes poderia lançar sobre o caráter dessa entidade clínica, herdada por Freud da clínica psiquiátrica que antecedeu as suas elaborações.

V.3. O cientificismo de Freud

Em 1927, Freud reconhece Brücke como "a autoridade máxima que me influenciou"[106]. Brücke era um positivista convicto. Freud manteve a psicanálise dentro da *Naturwissenschaft* de sua época, já que temia que sua "psicologia científica" sofresse sob as tentativas de recuperação tanto da religião como da medicina.

Respondia Freud ao ideário do positivismo nascente em sua época?

Muitos[107] são de opinião que o cientificismo de Freud foi um assentimento dado ao ideal da ciência. O ideal da ciência encontra sempre em seu entorno uma representação daquilo que deve ser a ciência, mas essa representação aponta para configurar o que será uma ciência ideal e formar assim a concepção dessa ciência ideal. Então, temos um cientificismo do ideal da ciência e um da ciência ideal.

---

[105] Jacques Lacan, Seminario II, *El yo en la teoría freudiana y en la técnica psicoanalítica*, Buenos Aires, Paidós, 1992, p. 120.

[106] Sigmund Freud, *¿Pueden los legos ejercer el análisis?* (Epílogo) (1927), O.C., Buenos Aires, Amorrortu, 1990, Tomo XX, p. 237.

[107] Ver a esse respeito o excelente estudo de Christian Hoffmann, "Le scientisme de Freud?" em *La science au risque de la psychanalyse* de Roland Gori e Christian Hoffmann, Paris, Érès, 1999.

Em 1911, Freud firmou com A. Einstein, D. Hilbert, E. Mach, um "Convite" para a criação de uma Sociedade para a difusão da filosofia positivista.

O "Convite" diz assim:

> "Preparar uma vasta visão do mundo sobre a base de fatos positivos que cada ciência acumulou e propagar, primeiramente entre os investigadores, que os motivos aí comprometidos se transformaram em uma necessidade cada vez mais urgente, antes de qualquer coisa, para a ciência, mas, também, principalmente para nosso tempo que realizará assim a conquista do que possuímos.
> Esse objetivo não pode ser alcançado mais do que graças ao trabalho em comum de numerosos cientistas. É por isso que chamamos todos os investigadores que têm um interesse filosófico, seja qual for o domínio científico onde exercem sua atividade, e todos os filósofos no sentido mais estrito, que esperam chegar a uma doutrina sustentável unicamente pelo estudo profundo dos fatos positivos da própria experiência, a aderir a uma sociedade para uma filosofia positivista. Ela terá por objetivo pôr todas as ciências em contato, desenvolver em todas as partes conceitos idênticos e, assim, avançar para uma concepção unitária livre de toda contradição"[108].

Esse documento encontra-se em Berlim, onde a *Gesellschaft für positivistische Philosophie* foi fundada e onde publicava sua revista.

A psicanálise já havia alcançado reconhecimento internacional e acabava de fundar a *Associação Psicanalítica Internacional* com o objetivo de "cultivar e promover a ciência psicanalítica, tanto como psicologia pura como em suas aplicações à medicina e às ciências do espírito"[109].

O reconhecimento internacional do positivismo será alcançado em 1929 com a publicação do primeiro manifesto positivista, *La concepción ci-*

---

[108] Roland Gori y Christian Hoffmann, *La science au risque de la psychanalyse*, Paris, Érès, 1999, p. 83.

[109] Estatutos da Asociación Psicoanalítica Internacional, em Sigmund Freud y C.G. Jung (1910), *Correspondance, II*, Gallimard, Paris, 1975, p. 354.

entífica del mundo: El Círculo de Viena [A concepção científica do mundo: O Círculo de Viena], texto que integra a psicanálise freudiana em seu programa de investigação.

V.3.1. O anticientificismo de Freud

Não obstante, a psicanálise mostra, com uma crítica ao idealismo, que não sacrifica seu racionalismo crítico nem ao ideal da ciência, nem ao paradigma de uma ciência ideal.

Para Freud, a ciência ideal não existe e responde a anelos e a necessidades efetivas de obter um saber totalizador. Seu ceticismo a esse respeito é a antítese do manifesto firmado em 1911.

Freud era de opinião que:

> "Como ciência especializada, um ramo da Psicologia – psicologia profunda, ou psicologia do inconsciente – é completamente incapaz de formar uma cosmovisão própria; deve aceitar a da ciência. Mas a cosmovisão científica, já se distancia notavelmente de nossa definição (se refere à definição de *Weltanschauung*). É certo que ela também aceita a *unicidade* da explicação do mundo, mas apenas como um programa cujo cumprimento é adiado para o futuro. Ademais, distingue-se por características negativas: a limitação do que é possível verificar aqui e agora e o completo descrédito de certos elementos que lhe são estranhos. Afirma que não existe outra fonte de conhecimento do universo além da elaboração intelectual de observações cuidadosamente comprovadas, isto é, o que se chama "pesquisa"; e com ela não existe nenhum conhecimento por revelação, intuição ou adivinhação"[110].

Como também que:

> "Em si, efetivamente, toda ciência é unilateral. E deve sê-lo, pois se limita a determinados conteúdos, pontos de vista, métodos. É um contra-senso,

[110] Sigmund Freud, "Conferencia XXXV. El problema de la concepción del universo (Weltanschauung)", em *Nuevas conferencias de introducción al psicoanálisis* (1933 [1932]), O. C., Buenos Aires, Amorrortu, 1990, Tomo XXII, pp. 146 e 147.

no qual eu não queria participar, o de expor uma ciência contra a outra. A física não desvaloriza a Química, não pode substituí-la, mas, tampouco, pode ser sub-rogada por ela. A psicanálise é, sem dúvida, particularmente unilateral, enquanto a ciência do anímico inconsciente"[111].

Foi o cientificismo de Freud que lhe permitiu descobrir o inconsciente. O cientificismo de Freud necessita que se distinga o ideal da ciência, ao qual dá o seu assentimento, mantendo-o como ponto ideal exterior à psicanálise, da ciência ideal a que Freud não deu importância *não buscando fazer coabitar, ou fundar, a psicanálise com outra ciência.*

Koyré demonstra que a ruptura entre o mundo dos sentidos e o mundo real da ciência se realiza a partir de Galileu. O mundo real é o mundo que realiza a geometria pela qual a ciência, a nossa ciência, vai se fundar na física de Galileu e em sua interpretação por Descartes. Ciência racional, onde o Universo já não será um mundo fechado à escala do homem, mas à escala do espírito.

Diz Koyré:

> "Para conhecer o real, nos é necessário começar por fechar os olhos, tapar as orelhas, renunciar ao toque. A nós falta, ao contrário, voltarmo-nos para nós mesmos e buscar, em nosso entendimento, as idéias que forem claras para ele. É assim que se encontram os fundamentos da ciência natural e que se descobre a linguagem que fala a natureza. E é nessa linguagem – a das matemáticas – que a natureza responderá às perguntas que, em suas experiências, a ciência poderá propor-lhe"[112].

V.4. O saber da psicanálise

Produz a psicanálise outro saber em relação à razão clássica? Esse saber esclarece a noção de razão?

---

[111] Sigmund Freud, *¿Pueden los legos ejercer el análisis?* (Epílogo), op. cit., pp. 216 e 217.

[112] A. Koyré, "Entretiens sur Descartes", *Introduction à la lecture de Platon*, Paris, Gallimard, 1962, pp. 218 e 219.

Freud nunca se separou de seu cientificismo, o que lhe permitiu manter sua concepção de sujeito – inaugurada por Descartes – com firmeza. A introdução, por Descartes, da subjetividade no método científico abre para o sujeito uma relação com o real que já não sofre – como o indicam Koyré e Serres – da razão clássica totalizadora. A explicação matemática do real, ao incluir o indemonstrável e o indecidível, precisa a incompletude do saber. É quanto à aceitação desse impossível que Freud se separa da concepção científica do mundo, concepção que critica na "Conferência XXXV". A *Weltanschauung* científica, diz, não merece esse nome pomposo, já que não leva tudo em consideração, é muito incompleta e não pretende constituir um conjunto coerente e sistemático. A contribuição da psicanálise para a ciência, na extensão da investigação ao domínio psíquico, implica incluir a incompletude da ciência.

O inconsciente é o nome posto por Freud sobre uma lacuna do saber, lacuna aberta e, simultaneamente, recoberta pelo racionalismo e pelo positivismo, elevando o fato científico à dignidade de um "faitiche"[113]: a robusta certeza que permite, na prática, passar à ação sem nunca crer na diferença entre construção e achado, entre imanência e transcendência.

A sexualidade se transforma, em Freud, no operador graças ao qual a prática da psicanálise promove a castração à categoria de conceito dessa diferença. Diferença entre saber e verdade, que recorta sem cessar, mas sem confusão, a distância entre o Eu e o sujeito, entre a sexualidade e o sexuado.

Em uma carta a Fliess de 1998, Freud diz o seguinte:

> "Parece-me que com a teoria da realização de desejo só estava dada a solução psicológica, não a biológica, ou melhor, a metafísica. (Por outro lado, pergunto-lhe seriamente se para minha psicologia, que vai além da consciência, é lícito usar o nome de 'metapsicologia'.) Biologicamente, parece-me que a vida onírica deriva inteiramente dos restos do período pré-histórico da vida (um a três anos) – o mesmo que é a fonte do in-

[113] Termo neológico composto pelos termos *fait* e *fetiche* (fato e fetiche), proposto por Christian Hoffmann (*La science au risque de la psychanalyse*) para nomear o valor mágico outorgado aos fatos.

consciente e o único em que a etiologia de todas as psiconeuroses adere. Período para o qual, normalmente, existe uma amnésia análoga à da histeria.[114].

Esse parágrafo que acabo de citar e destacar me parece claro no que diz respeito àquilo em que se transformou a referência freudiana à biologia: referência a um período que designa como pré-histórico, origem etiológica de *todas* as neuroses e fonte do inconsciente. Esse período pré-histórico não alude à pré-história humana, mas à pré-história subjetiva e se situa entre um e três anos. A isso Freud faz referência com sua metapsicologia: uma psicologia que penetra para além da consciência.

---

[114] Sigmund Freud, *Fragmentos de la correspondencia con Fliess*, O. C., Buenos Aires, Amorrortu, op. cit., carta 84, p. 316. O itálico é meu.

VI

A metapsicologia freudiana do metabolismo orgânico ao metabolismo do significante

A psicologia – na realidade metapsicologia – tem me ocupado continuamente.
Sigmund Freud,
13-02-96.

Impus-me a tarefa de estender uma ponte entre minha germinante metapsicologia e a psicologia que me oferecem os livros...
Sigmund Freud, 26-08-98.

Tomemos a biologia por antífrase. A biologia freudiana não tem nada a ver com a biologia. Trata-se de uma manipulação de símbolos que visa resolver questões energéticas, como demonstra a referência homeostática, que permite caracterizar como tal não apenas o ser vivo, mas, também, o funcionamento de seus aparelhos principais. Em torno dessa pergunta gira toda a discussão de Freud: energeticamente, o que é o psiquismo? Aí reside a originalidade do que nele chamam pensamento biológico. Freud não era biólogo, não mais do que qualquer um de nós, mas pôs o acento sobre a função energética ao longo de toda a sua obra. Se soubermos revelar o sentido desse mito energético, veremos aparecer algo que desde a origem, e sem que se o compreenda, estava implicado na metáfora do corpo humano como máquina.

Jacques Lacan, Seminário II.

VI.1. A metapsicologia freudiana

Em uma carta a Fliess, datada em Viena em 12-12-97, Freud vai tratar a sua metapsicologia de "psicomitologia". Diz-lhe:

> "Podes imaginar o que são 'mitos endopsíquicos'? Pois o último embrião de minha gestação mental. A difusa percepção interna do próprio aparelho psíquico estimula ilusões do pensamento que, naturalmente, são projetadas para fora e – o que é característico – para o futuro e para um para além. A imortalidade, a expiação, tudo mais são outras tantas representações de nossa interioridade psíquica... psicomitologia"[115].

Nessa carta, Freud designa seus primeiros avanços no terreno da metapsicologia com o termo, entre irônico e depreciativo, '*dreckologia*', termo que compõe a partir da palavra iídiche *Dreck*, que significa "imundice", o que dá à *dreckologia* o estatuto de ciência do dejeto. Escreve-o em caracteres gregos: δρεκκολογιε[116].

A bruxaria, a *dreckologia*, a psicomitologia ou metapsicologia constituirá uma das escritas freudianas. A outra será a escrita que prosseguirá através dos mitos do pai.

A escrita da teoria e a escrita psíquica se mantêm disjuntas em Freud. A escrita da teoria (às vezes nomeada "fantasia" por Freud) e a escrita metapsicológica (essa espécie de escrita que pretende tornar visível o escrito psíquico) se entrecruzam, mas não se enlaçam. As duas modalidades freudianas de escrita da teoria psicanalítica, a escrita metapsicológica e a escrita dos mitos do pai, não se reúnem nunca. É essa distância que funda as tentativas posteriores de outro grande teórico da psicanálise, Jacques Lacan, de tomar em outra direção essa ruptura teórica: deixar cair a metapsicologia e os mitos e elaborar outras escritas capazes de tratar a fragmentação freudiana.

---

[115] Sigmund Freud, *Los orígenes del psicoanálisis, Cartas a Fliess, manuscritos, notas.* O. C., Madrid, Biblioteca Nueva, 1968, Tomo III, p. 797.

[116] Tomei esse dado de Solal Rabinovich, em seu livro *Ecritures du meurtre (Freud et Moïse: écritures du père 3)*, Paris, Érès, p. 20, já que nas diferentes traduções que consultei esse parágrafo não figura.

"Será necessário", na opinião de S. Rabinovich, "ler o mito com os olhos da bruxa e escrever a metapsicologia com a pena do aventureiro"[117].

Concordo, nesse ponto, com alguns autores[118] que consideram que na teoria freudiana existem partes distintas, com um estatuto epistemológico diferenciado. Freud, rechaçando o valor de sistema, sempre se negou a unificações forçadas, por isso torna-se imprescindível interrogar a que podem estar respondendo esses diferentes desenvolvimentos conceituais.

VI.2. Metapsicologia ou mitos?

Há um salto, especialmente no que concerne à metapsicologia, por um lado, e no que concerne ao pai[119], ao Édipo e à castração, ou entre a metapsicologia, o dramático e o sentido[120]. Em lugar de uma fictícia unidade, encontramos pontes. Por um lado, a metapsicologia é considerada uma especulação, uma "mitologia" que pode ser revisada a qualquer momento se a clínica o exige, mesmo que essas revisões nunca suprimam as versões anteriores; por outro lado, o que se refere ao pai e ao seu papel fundador da estrutura psíquica tem suas raízes no mito.

A evolução do pensamento freudiano parece adquirir desde o início um sentido unívoco: a injeção de uma proporção cada vez mais importante de significação psicológica, de sentido "dramático", no modelo físico-fisiológico do psiquismo que estruturou dita evolução desde a sua origem e que foi a base do olhar particular com que Freud considerou, desde o início, a clínica das neuroses. Porém também é necessário inverter a perspectiva: se o enriquecimento contínuo da clínica freudiana tornou incessantemente mais complexo o marco em que ela se inscrevia, forçando-a, ao mesmo tempo, a retroceder a modelos materializantes que marcavam seu limite, o recurso a uma

[117] Solal Rabinovich, op. cit., p. 25.

[118] Ver Paul Bercherie, *Gênesis de los conceptos freudianos*, Buenos Aires, Paidós, 1988. François Balmés, Le nom, la loi, la voix, Paris, Érès, 1997, Solal Rabinovich, *Escritures du meurtre, Freud et Moïse*, Paris, Érès, 1997, entre outros.

[119] Solal Rabinovich e François Balmès.

[120] Paul Bercherie.

conceitualização de estilo psicobiológico permitiu, ao longo do processo, pensar o enigma dos fenômenos examinados, o segredo de sua causalidade e de seu funcionamento, enquanto, em todos esses aspectos, eles não são fundamentalmente suscetíveis de uma compreensão simples.

Diz Bercherie:

> "Está ali o objeto paradoxal que Freud encontrou e cuja racionalidade, mais adiante, vai se esforçar por construir, mais ou menos habilmente, mas sem soltar jamais a presa. Os modelos que utilizava proporcionaram, ao mesmo tempo, um marco para o seu pensamento, orientações para as suas interrogações, um método para as suas investigações, até que os resultados obtidos o obrigaram a uma reestruturação"[121].

É no terreno da etiologia diferencial das psiconeuroses, por um lado, e das neuroses atuais, por outro, que se põe em jogo a dupla referência freudiana: a importância dos acontecimentos da história singular contra a determinação material objetiva ou objetivante.

VI.2.1. Dupla filiação de Freud

Em uma carta de 25 de maio de 1895, expôs a Fliess seu projeto:

> "Duas ambições me atormentam: primeiro, averiguar qual será a teoria do funcionalismo psíquico caso se introduza o enfoque quantitativo, uma espécie de economia da energia nervosa, e segundo, extrair da psicopatologia o que puder ser útil para a psicologia normal"[122].

Assim, anuncia-se a dupla filiação de Freud (a respeito da escola psicopatológica francesa e da tradição cientificista alemã), ao mesmo tempo que o reconhecimento de seu projeto de sempre:

---

[121] Paul Bercherie, op. cit., p. 310.

[122] Sigmund Freud, *Los orígenes del psicoanálisis*, op. cit., p. 694.

"Em minha juventude não conheci maior anelo que o do saber filosófico, anelo que estou a ponto de realizar agora, quando me disponho a passar da medicina para a psicologia. Cheguei a ser terapeuta contra minha própria vontade..."[123].

Dedicaremos um capítulo à questão de sua transferência com o saber delirante de Fliess, já que, enquanto sustentava seu diálogo epistolar com ele, não avançava apenas na construção de seu aparelho psíquico como, também, analisava seus sonhos e atravessava pelo "mais significativo acontecimento, a mais contundente perda na vida de um homem"[124], a morte de seu pai, acontecimento que Freud situa com relação à própria fundação da psicanálise, quando diz que *A interpretação dos sonhos* "representava minha reação frente à morte de meu pai"[125].

É no sentido dessa dupla referência e das vicissitudes de sua transferência com Fliess[126] que se enraízam os desenvolvimentos que colocam Freud diante de um retorno do destino: no ponto de partida está seu projeto de reduzir a metafísica, considerada filha da religião, à metapsicologia e, por fim, não pode fazer mais que enraizar a metapsicologia no mito.

VI.2.2. As duas leis

A distância teórica entre metapsicologia e mitos do pai se traduz no que se pode entender como lei em um desenvolvimento e no outro.

No nível metapsicológico trata-se de princípios de funcionamento de um aparelho; princípio do prazer e princípio de realidade pensados como leis naturais, já que respondem a um automatismo (princípio de constância) e não a princípios reguladores de uma conduta implicando uma escolha. Em uma carta a Breuer de 29-06-1892, menciona "o teorema da cons-

[123] Op. cit., p. 730.

[124] Sigmund Freud, *La interpretación de los sueños* (Prefácio à segunda edição). O. C., Buenos Aires, Amorrortu, 1990, Tomo IV, p. 20.

[125] Ibidem.

[126] Ver capítulo "O sonho da injeção aplicada em Irma. O saber suposto a Fliess" onde trato do sonho da injeção de Irma.

tância das somas de excitação"[127] como a primeira das teorias que elaboraram em conjunto, enquanto no primeiro rascunho de sua *Comunicação preliminar*, que foi redigido no final de novembro de 1892, essa idéia é exposta mais detalhadamente. Também temos, a esse respeito, a nota de Freud à tradução das conferências de Charcot. O princípio da constância (*Konstanzprinzip*) desempenha, desse modo, um importante papel no *Projeto* de Freud de 1895, onde é denominado "princípio de inércia". Mais tarde seria convertido em um dos princípios de regulação que a psicanálise concebe; o "princípio de prazer" (tendência do aparelho psíquico a manter a tensão constante) e o "princípio do nirvana" (tendência do aparelho psíquico a reduzir sua tensão a zero).

A "lei das quantidades constantes da energia psíquica" diz que a soma das tensões de todas as ondas moleculares existentes em um mesmo indivíduo, dentro de determinados limites de tempo, é aproximadamente constante. Já há alguns anos Freud vinha se ocupando do princípio de constância, princípio que vai se sustentar ao longo de toda a sua obra, mas sempre no terreno "da bruxaria, da metapsicologia".

Diz, por exemplo, em 1920:

> "Separemos função e tendência de maneira mais contundente do que até agora. O princípio de prazer é, então, uma tendência que está a serviço de uma função: a de tornar o aparelho anímico isento de excitação, ou a de manter constante ou tão baixo quanto possível o montante de excitação"[128].

Freud estabelece ali o postulado de que o sistema nervoso tem a tendência de manter constante, em suas condições funcionais, algo que cabe denominar soma de excitações. Esse sistema nervoso procura manter essa condição da saúde resolvendo, associativamente, todo incremen-

---

[127] Publicada em "Aportaciones a la comunicación preliminar de los Estudios sobre la histeria" em *Esquema del psicoanálisis*, O. C., Madrid, Biblioteca Nueva, 1968, Tomo III, p. 363.

[128] Sigmund Freud, *Más Allá del principio del placer* (1920), O. C., Buenos Aires, Amorrortu, 1990, Tomo XVIII, p. 60.

to sensorial da excitação ou descarregando-o por meio de uma reação motora apropriada.

O esquema mecânico tensão-descarga, que explica a fisiologia das vísceras, dá sustentação ao corte corpo-espírito e à idéia de uma "representação psíquica" (no sentido de um mandatário) dos processos somáticos, como torna presente o esquema do "Rascunho G", que é a base para a sua posterior definição da pulsão como "conceito limite".

Quando a lei, por outro lado, é sustentada pelo pai, já não se apresenta como uma lei natural que obriga, sem esperar, o assentimento de um sujeito, mas como interdição, e subjetiva-se como algo que se dirige a um sujeito que deve submeter-se a ela.

VI.3. Possibilidade de unificação

Uma das ambições constantes de Lacan, desde o início de seu ensino, será a de unificar, sob a égide de seu axioma do inconsciente estruturado como uma linguagem, os aspectos que em Freud permanecem disjuntos: a teoria do inconsciente e a da libido, e a teoria do Édipo e da castração. Diz a esse respeito François Balmès:

> "Aplicando *Totem e tabu*[129] sobre a metapsicologia e vice-versa, obtém-se essa dupla unificação entre princípio de prazer e princípio de realidade, por um lado (a lei e o desejo são idênticos como o anverso e o reverso de uma mesma superfície), e entre o princípio da cultura e o princípio do inconsciente por outro.
>
> Efetivamente, o que permite essa unificação entre a lei do inconsciente e a proibição do incesto como estruturas elementares do parentesco é a noção de significante. Através de Lévi-Strauss, a lei da interdição do incesto é comparável à introdução do homem no universo do significante e de sua combinatória; por sua vez, Lacan estabeleceu, a partir do axioma do inconsciente estruturado como uma linguagem, que a perda do objeto é idêntica à entrada no registro do significante"[130].

[129] Enquanto, justamente, estabelece que: interdição do incesto = desejo do incesto.

[130] François Balmès, op. cit., p. 68, Paris, Érès, 1997. A tradução é minha.

É importante ver como a dualidade de referências freudianas de que tratei é depois retomada pelos pós-freudianos.

VI.4. Discutindo Fenichel

Dizia em um capítulo anterior[131] que as hipóteses de Fenichel sustentam-se na maneira como concebe não apenas a pulsão, mas, também, os afetos e, em geral, o funcionamento psíquico. É uma metapsicologia que está em questão, metapsicologia cuja crítica é o momento de abordar, à espera de que nos permita avançar na investigação das chamadas neuroses atuais, em geral, e da neurastenia em particular.

Efetivamente, como vou tratar de demonstrar, Fenichel, glosando Freud, acrescenta, de sua própria safra, comentários que orientam de tal maneira sua leitura dos textos que não pode menos que desembocar no que, ideologicamente, precedia e ordenava sua leitura antes de começar: para ele os fenômenos psíquicos são o resultado da ação recíproca entre as necessidades físicas primitivas – arraigadas na estrutura biológica do homem e desenvolvidas através da história biológica – e das influências do ambiente sobre essas necessidades. Trata-se de uma espécie de sincretismo ecumênico, que nada explica a não ser pela inter-relação de forças instintivas "primitivas" que esperam o esclarecimento das ciências biológicas acerca de sua essência e funcionamento, por um lado, contra defesas que se opõem a seu desenvolvimento, por outro.

Meu método de leitura aponta antes para uma exegese, já que se trata da disciplina do comentário atento às dificuldades do texto, mais do que a suas eventuais respostas. Apoio-me em Lacan, que, referindo-se precisamente a Fenichel e a Freud, diz:

> "Há que se considerar atentamente o texto de Freud. O precioso dos textos de Freud, nessa matéria onde decifra, é que, à maneira dos bons arqueólogos, deixa o trabalho de escavação no sítio, de forma que, inclusive, se fica inacabada, podemos saber o que querem dizer os objetos

---

[131] Capítulo "A neurastenia segundo os pós-freudianos".

desenterrados. Quando o senhor Fenichel passa por aí, atua como no passado. Recolhe tudo, mete tudo em sacolas e em vitrines, sem ordem, ou, pelo menos, em uma ordem completamente arbitrária, de tal modo que não se pode encontrar nada"[132].

Não é que Fenichel não retome hipóteses freudianas, mas, da maneira como as retoma e desenvolve, se confunde com sua tendência a encerrar os problemas e as interrogações, ignorando a exigência exegética de deter-se ali onde as questões subsistem para interrogar a que outras problemáticas, internas à teoria ou à prática, podem estar respondendo.

Por exemplo: de que se trata na referência de Freud à biologia? Por que Freud, tendo descoberto a importância da história e a função do pai nessa história, na determinação da estrutura psíquica e do sentido dos sintomas, manteve até o fim a hipótese da toxidade? Por que reteve essa dupla vertente explicativa? A oposição entre neuroses atuais e psiconeuroses não é uma maneira de manifestação desse duplo apoio freudiano?

Vimos que, procurando explicar as neuroses atuais, Fenichel apelava para duas hipóteses: produto do desgaste provocado pela luta defensiva e/ou efeito do estado de estancamento. Referia dito estado de estancamento à insuficiência no controle normal do eu. Assim, por exemplo, a angústia nas neuroses traumáticas seria uma expressão direta e automática do estado de estancamento, ou seja, uma inundação de quantidades incontroláveis de excitação e descargas vegetativas de emergência, de caráter involuntário. Era de opinião, também, que uma definição mais exata seria o resultado de futuras investigações fisiológicas sobre as transformações químicas na excitação, na satisfação, na frustração e no estado de estancamento. Por isso, acreditava que os sintomas positivos da neurose atual, como descargas vegetativas – descargas que se produzem quando as outras formas de descarga foram bloqueadas –, representam um verdadeiro desafio para a fisiologia.

A opinião de Fenichel sobre a "psicologia científica" à qual daria lugar a investigação psicanalítica, pode esclarecer-nos acerca do reducio-

[132] Jacques Lacan, Seminário XI, *Los cuatro conceptos fundamentales del psicoanlálisis*, Barcelona, Barral, 1977, p. 186.

nismo a que fica condenado esse autor pelo sincretismo geral de seu pensamento, pensamento que Lacan caracterizou como "de meio termo". Diz Fenichel:

> "A psicologia científica explica os fenômenos psíquicos como um resultado da ação recíproca entre as necessidades físicas primitivas – arraigadas na estrutura biológica do homem e desenvolvidas através da história biológica – e as influências do ambiente sobre essas necessidades. *Não cabe um terceiro fator*"[133].

Na tentativa de legitimar a psicanálise, outorgando-lhe uma base que entendia como científica, colocava-a nas ciências biológicas. Com um espírito pragmático e evolucionista desenvolve uma concepção através da qual a psicanálise se converteu em um ramo a mais da medicina:

Fenichel diz, por exemplo:

> "No que diz respeito à estrutura biológica, uma psicologia científica deve, antes de tudo, enquadrar-se dentro da biologia. Os fenômenos psíquicos só têm lugar nos organismos vivos; são um caso especial dos fenômenos biológicos. As leis gerais, válidas para esses fenômenos biológicos, são também aplicáveis aos fenômenos psíquicos; a isso será necessário *acrescentar* as leis especiais, válidas unicamente no plano dos fenômenos psíquicos"[134].

Como vemos, Fenichel se alinha claramente dentro do que havíamos caracterizado como a passagem de um ideal de ciência à concepção de uma ciência ideal, onde cada ciência encontra seus princípios mais gerais de explicação na ciência em que vem inscrever-se em sua particularidade.

Nesse ponto, devemos nos perguntar se no caso dos fenômenos psíquicos que a psicanálise estuda trata-se, simplesmente, de "acrescentar" leis

---

[133] Otto Fenichel, *Teoría psicoanalítica de las neurosis*, op. cit., p. 19. O itálico é meu.
[134] Ibidem.

especiais às leis biológicas que regem todos os organismos vivos. A questão da pulsão – conceito limite entre o físico e o psíquico – pode ser uma boa ocasião para responder a essa questão.

VI.4.1. Pulsão ou instinto?

Fenichel observa que o termo freudiano *Trieb* não significa exatamente o mesmo que o termo *instinct*[135], que é como se o traduziu, freqüentemente, para o inglês, e, contudo, é o termo que utiliza com importantes conseqüências em sua teorização.

Na língua alemã existem duas palavras: *Instinkt* e *Trieb*. O termo *Trieb* é de raiz germânica, utiliza-se há muito tempo e continua conservando o matiz de impulso (*treiben* é impulsionar); o acento recai mais em uma orientação geral do que em uma finalidade precisa e sublinha mais o caráter irrepreensível do impulso do que o da importância do objeto.

A palavra *Instinkt*, ao contrário, refere-se a um comportamento hereditariamente determinado, apto a sua finalidade biológica, e que se realiza de maneira quase idêntica em todos os indivíduos da espécie.

O termo "pulsão" não faz parte da linguagem corrente, mas tem o mérito, que não tem o termo instinto, de adequar-se à especificidade de seu campo em psicanálise, ou seja, o campo da sexualidade no caso dos seres falantes. Foi Jacques Lacan que debateu, com a *Standard Edition* inglesa, a tradução de *Trieb* como *instinct*. Ele diz:

> "O que vemos surgir é o fundo, esse algo que se perfila para além do exercício do inconsciente. É ali que nos convida a exploração freudiana, nos incita a reconhecer o ponto por onde se desmascara a *Trieb* e não o instinto, o algo. Pois a *Trieb* não está longe desse campo de *das Ding* onde os incito esse ano a renovar o modo como se propõe para nós o problema"[136].

---

[135] *Instinct*, em inglês, é equivalente a instinto em castelhano.

[136] Jacques Lacan, Le Séminaire, livre VII, *L'éthique de la psychanalyse*, Paris, Seuil, 1986. A tradução é minha.

No seminário sobre a angústia, reitera:

> "Tudo o que permite compreender de imediato que a pulsão nada tem a ver com o instinto. Não tenho objeção a formular para a definição de algo que pode ser chamado instinto, e inclusive, como se faz habitualmente, por que não chamar assim a necessidade que têm os seres vivos de se alimentar, por exemplo. Bem, já que se trata da pulsão oral, acaso não lhes seja patente que o termo "erogenidade" aplicado ao que chamam pulsão oral é algo que, imediatamente, nos leva a esse problema: por que não se trata mais do que da boca? E por que não, também, da secreção gástrica, já que, recentemente, falamos dos cães de Pavlov? E inclusive, por que, mais especialmente, se examinamos a coisa mais de perto, até certa idade somente os lábios e, passando esse tempo, o que Homero denomina o recinto dos dentes?"[137].

Em castelhano, López-Ballestero e Ludovico Rosenthal traduziram *Trieb* por "instinto" e Etcheverry, por "pulsão". De minha parte, optei por utilizar a tradução de Etcheverry, por considerar que pulsão é o termo que mais se adéqua, não somente ao termo alemão, *Trieb*, como, também, ao próprio conceito que esse termo nomeia.

VI.5. Descrição da pulsão

Em *Tres ensayos de teoría sexual*, Freud introduz o termo *Trieb* e as distinções entre fonte, objeto e finalidade. Continuará utilizando sempre essa distinção.

Baseando-se no estudo das perversões e da sexualidade infantil Freud chega à noção de pulsão parcial. Com respeito ao fim último da reprodução, as pulsões são pulsões parciais. Por outro lado, refuta a concepção segundo a qual a sexualidade teria um fim e um objeto específico. Absolutamente ao contrário, o objeto é variável e contingente e as escolhas são tramadas na

---

[137] Seminário X, *A angústia*, 06/05/64, inédito, Versão "Chollet". A tradução é minha.

história do sujeito. Por outro lado, as finalidades são sempre parciais. As pulsões parciais não se subordinam à zona genital até o final de uma complexa evolução, que não depende nem é garantida pela evolução biológica.

O impulso da pulsão é concebido como o fator quantitativo econômico, uma "exigência de trabalho imposta ao psíquico".

Em *Pulsiones y destinos de pulsión* Freud agrupa esses quatro elementos (impulso, fonte, objeto e finalidade) e dá uma definição completa da pulsão. Ele diz:

> "Se agora, de um ponto de vista biológico, passamos à consideração da vida anímica, a "pulsão" nos aparece como um conceito fronteiriço entre o anímico e o somático, como um representante (*Repräsentant*) psíquico dos estímulos que provêm do interior do corpo e alcançam a alma, como uma medida da exigência de trabalho que é imposta ao anímico em conseqüência de sua ligação com o corporal"[138].

Por fonte (*Quelle*) da pulsão entende que se trata de um processo somático, que se desenvolve em um órgão ou em uma parte do corpo e é representado na vida anímica pela pulsão. Diz que ignora se esse processo é de natureza química ou pode corresponder, também, ao desenvolvimento de outras forças, por exemplo, forças mecânicas. Considera que o estudo das fontes da pulsão já não corresponde à psicologia. Mesmo que o fato de nascer de fontes somáticas seja, na realidade, o decisivo para a pulsão, esta nos é dada a conhecer na vida anímica apenas por suas finalidades ou metas.

Por urgência (*Drang*) de uma pulsão entende-se seu fator motor, ou seja, a soma de forças ou a quantidade de exigência de trabalho que representa. Esse caráter urgente é uma qualidade geral das pulsões e constitui a essência delas. Cada pulsão é uma magnitude de atividades e quando se fala de pulsões passivas faz-se referência a pulsões de finalidade passiva.

A finalidade ou meta (*Ziel*) de uma pulsão é a satisfação, satisfação que só pode ser alcançada pela eliminação do estado de excitação da fonte da

---

[138] Sigmund Freud, "Pulsiones y destinos de pulsión", O.C., Buenos Aires, Amorrortu, op. cit., p. 117.

pulsão, o que Freud caracterizou perfeitamente ao assinalar a diferença entre meta externa e meta interna[139]. No que se refere à meta externa, se o fim último da pulsão é invariável, pode haver diversos caminhos que conduzem a ele, de forma que para cada pulsão podem existir diferentes fins próximos, suscetíveis de serem combinados ou substituídos entre si. A experiência conduz Freud a falar, também, de pulsões "limitadas em sua finalidade" ou "pulsões inibidas em sua finalidade": processos aos quais se permite avançar até um certo ponto para a satisfação da pulsão, mas que, depois, experimentam uma inibição ou um desvio. Acha-se enlaçada a tais processos uma satisfação parcial.

O objeto (*Objekt*) da pulsão é aquele no qual, ou através do qual, a pulsão pode alcançar a sua satisfação. É o elemento mais variável da pulsão e não está ligado a ela originalmente, mas é conseqüência de ser adequado ao logro da satisfação. Não é necessariamente algo exterior ao sujeito, mas pode ser uma parte qualquer de seu próprio corpo e é suscetível de ser substituído indefinidamente por outro. Esse deslocamento da pulsão desempenha um importante papel. Pode ocorrer que um mesmo objeto sirva à satisfação de várias pulsões ao mesmo tempo. Freud fala de fixação quando uma pulsão aparece ligada de um modo íntimo e estreito a um objeto.

Um tema central na construção do conceito de pulsão é o que se refere ao caráter constante de seu impulso, já que é esse caráter que a diferencia de qualquer outro estímulo. Diz Freud:

> "Obtivemos agora material para distinguir os estímulos pulsionais e os outros estímulos (fisiológicos) que atuam na alma. Em primeiro lugar, um estímulo pulsional não provém do mundo exterior, mas do interior do próprio organismo. Por isso, também opera diferentemente sobre a alma, e diferentes ações são exigidas para eliminá-lo. Além disso, tudo que é essencial em relação ao estímulo está dito, se supusermos que opera de um só golpe; portanto, pode ser finalizado através de uma única ação adequada, cujo exemplo típico deve ser identificado na fuga motora diante da fonte do estímulo. Imediatamente, tais golpes po-

---

[139] Ver a esse respeito "Conferencia XXXII. La angustia e la vida pulsional", em *Nuevas conferencias de introducción al psicoanálisis*, op. cit., Tomo XXII.

dem ser repetidos e somados, mas isso em nada modifica a concepção do fato, nem as condições que presidem a supressão do estímulo. A pulsão, por outro lado, não atua como uma força de choque momentânea, mas sempre como uma força constante. Posto que não ataca de fora, mas do interior do corpo, uma fuga de nada pode valer contra ela. Será melhor que chamemos de 'necessidade' o estímulo pulsional. O que elimina essa necessidade é a 'satisfação'. Isso só pode ser alcançado através de uma modificação, apropriada à meta ('adequada'), da fonte interior do estimulo"[140].

VI.6. Pontuações de Jacques Lacan

É nesse ponto que Lacan vai se apoiar para sublinhar o caráter não apenas distintivo, mas, também, singular da *Trieb* freudiana. Diz no Seminário XI:

> "Perguntemo-nos agora o que aparece primeiro quando olhamos mais de perto os quatro termos enunciados por Freud, relativos à pulsão. Digamos que esses quatro termos só podem aparecer disjuntos.
>
> O impulso, em primeiro lugar, será identificado a uma pura e simples tendência à descarga. Essa tendência se produz por causa de um estímulo, a saber, a transmissão da parte admitida, no nível do estímulo, do suplemento de energia, a famosa quantidade do Qn do *Entwurf*[141]. Freud nos faz, sobre isso, e de saída, somente uma observação que chega muito longe. Sem dúvida, aqui também, há estimulação, excitação, para empregar o termo que Freud usa nesse nível, *Reitz*, a excitação. Mas o *Reiz* em questão no que concerne à pulsão é diferente de toda estimulação proveniente do mundo exterior, é um *Reiz* interno. O que quer dizer isso?
>
> Temos, para explicitá-lo, a noção de necessidade, tal como se manifesta no organismo, em níveis diversos e, em primeiro lugar, no nível da fome, da sede. Isso é o que Freud parece querer dizer ao distinguir a excitação interna da excitação externa. Muito bem! Diga-se que, desde as primeiras linhas, Freud expõe, da maneira mais formal, que na *Trieb* não se

[140] Sigmund Freud, "Pulsiones y destinos de pulsión", op. cit., p. 114.

[141] Está se referindo ao *Proyeto de una psicología para neurólogos.*

> trata, absolutamente, da pressão de uma necessidade tal como o *Hunger*, a fome, ou o *Durst*, a sede.
> Efetivamente, para examinar o que ocorre com a *Trieb* refere-se Freud a algo cuja instância se exerce no nível do organismo em sua totalidade? Em seu estado conjunto, irrompe aqui o real? É o vivo que importa aqui? Não. *Trata-se sempre especificamente do próprio campo freudiano*, sob a forma mais indiferenciada que Freud lhe deu no início. O que está nesse nível – para nos referirmos à *Esquisse* – é o *Ich*, o *Real Ich*. O *Real Ich* é concebido como sustentado, não pelo organismo inteiro, mas pelo sistema nervoso. Tem um caráter de sujeito planificado, objetivado. Sublinho os caracteres de superfície desse campo ao tratá-los topologicamente e ao tentar ensinar-lhes como tomá-lo sob a forma de uma superfície responde a todas as necessidades de seu manejo.
> Esse ponto é essencial, pois, quando o contemplamos mais de perto, veremos que é pelo *Triebreiz* que certos elementos desse campo são, diz Freud, *triebbesetz*, caracterizados pulsionalmente. Essa catexia nos situa no terreno de uma energia – e não de qualquer energia – de uma energia potencial, pois – Freud o articula de maneira mais estimulante – a característica da pulsão é ser uma *konstante Kraft*, uma força constante. Não pode concebê-la como uma momentane *Stosskraft*"[142].

Na pulsão não se trata de modo algum de energia cinética, não se trata de algo que vai ser regulado com o movimento. A descarga em jogo é de uma outra natureza e se situa em outro plano. A constância do impulso veda toda assimilação da pulsão a uma função biológica, a qual sempre tem um ritmo. A primeira coisa que diz Freud da pulsão é que não tem dia nem noite, nem primavera nem outono, subida ou descida. É uma força constante.

A citação de Lacan vem bem a calhar para pôr a trabalhar a enorme distância existente entre uma leitura do texto freudiano como a de Fenichel e outra como a de Lacan.

---

[142] Jacques Lacan, Seminário XI, *Los cuatro conceptos fundamentales del psicoanálisis*, op. cit., pp. 169-170. O itálico é meu.

VI.7. Questionamento da concepção de Fenichel

A fim de cotejar as diferentes leituras, vejamos, por exemplo, a maneira como Fenichel retoma os distintos componentes da pulsão.

Em relação à fonte diz que se trata do *status* físico-químico do organismo pelo qual um estímulo sensorial produz uma excitação, ao que acrescenta:

> "... as fontes instintivas são um problema puramente fisiológico, e nesse terreno nossos conhecimentos ainda são deficientes"[143].

Como vemos, em lugar da diferença, sublinhada por Freud, entre estímulo momentâneo e impulso constante da pulsão, Fenichel conjuga ambas as coisas caracterizando o estímulo como o que excita uma suposta base fisioquímica do organismo.

O passo seguinte será equiparar o estímulo com as mudanças químicas. Ele diz:

> "É provável que os instintos sexuais tenham uma base química comum. O estudo dos hormônios nos ensinou algumas coisas acerca das fontes da sexualidade, mas nossos conhecimentos atuais estão longe de serem suficientes. Certas mudanças químicas no corpo produzem estímulos sensoriais nas zonas erógenas, originando impulsos de caráter especialmente urgente, e exigindo atos que conduzem a modificações ao invés da estimulação. A base fisiológica dos impulsos sexuais é comparável aos fatos fisiológicos que provocam sensações tais como o prurido ou as cócegas"[144].

A seguinte citação me parece muito clara no que se refere ao biologismo evolucionista que impregna o pensamento de Fenichel. Ele diz:

> "Contudo, se o fato de coçar pode dever sua eficácia à mudança que produz na afluência de sangue para a área do prurido, surge a impressão

[143] Otto Fenichel, op. cit., p. 74.

[144] Otto Fenichel, op. cit., p. 75.

de que constitui o resíduo biológico de um reflexo muito mais profundo que, também, é de importância básica para as descargas sexuais: o reflexo de livrar-se dos órgãos que criam sensações perturbadoras. A autonomia da cauda nos lagartos mostra essa tendência biológica em seu alcance mais cabal. Mais tarde esse reflexo pode declinar na idéia de 'eliminar coçando' a área da pele afetada pelo prurido e, provavelmente, também, na idéia de uma descarga que 'desincha' a tensão sexual. A devida valorização do conceito de autonomia demonstra o caráter relativo do contraste entre satisfação de um instinto e defesa contra um instinto. O reflexo autônomo pode ser a raiz comum do ato instintivo e da defesa contra o ato instintivo"[145].

Por outro lado, para a leitura que Lacan faz do texto freudiano, a questão da fonte da pulsão é totalmente determinada a partir do que denomina sua "estrutura de borda". Ele diz:

> "Se quiséssemos a todo preço fazer entrar a regulação vital na função da pulsão pensaríamos, certamente, que é aí que está a tendência. Por quê? Por que as zonas erógenas não são reconhecidas senão nesses pontos que se diferenciam para nós por sua estrutura de borda? Por que se fala da boca e não do esôfago, ou do estômago? Participam igualmente da função oral, mas no nível do órgão, falamos da boca, e não só da boca, mas dos lábios e dos dentes, do que Homero chama o recinto dos dentes. O mesmo ocorre com a pulsão anal. Nem tudo consiste em dizer que uma certa função vivente é integrada a uma função de intercâmbio com o mundo, o excremento. Há outras funções excrementícias, há outros elementos que, além disso, participam da borda do ânus, que, não obstante, é especificamente o que se define, igualmente para nós, como fonte e princípio de uma certa pulsão"[146].

---

[145] Otto Fenichel, op. cit., p. 76.

[146] Jacques Lacan, Seminário XI, *Los cuatro conceptos fundamentales del psicoanálisis*, op. cit., pp. 174 e 175.

Para Fenichel, no que se refere à finalidade ou meta da pulsão, trata-se de sua satisfação, precisando que se refere com isso ao ato específico de descarga que elimina o estado físico de excitação e origina, com isso, a satisfação. O objeto será o instrumento pelo qual o instinto pode alcançar sua finalidade.

Para Lacan as coisas evidentemente não são tão simples. Diz, em relação ao objeto:

> "Desde os *Três ensaios sobre a teoria da sexualidade* vemos surgir, como impossível, o princípio de reencontro que há no metabolismo das pulsões. Está lá a função do objeto perdido enquanto tal. Já a simples abordagem da experiência clínica havia sugerido a Freud o reencontro e sua função. Ela dá o sentido do que surge sob a rubrica da *Urverdrängung*, e é porque faz falta reconhecer que, longe de haver no pensamento de Freud ruptura, há antes preparação para uma significação vislumbrada, preparação de algo que encontra por fim seu estatuto último sob a forma de uma lei constituinte, mesmo que não seja reflexiva, constituinte do próprio sujeito: a repetição"[147].

A isso há que acrescentar que a repetição como lei depende da lei do pai, isto é, da castração.

No seminário XI[148] considera que o que obriga a distinguir a satisfação da pulsão do puro e simples auto-erotismo da zona erógena é esse objeto que não é de fato mais do que a presença de um oco, de um vazio, ocupável, como nos diz Freud, por qualquer objeto e cuja instância não conhecemos senão sob a forma do objeto perdido freudiano que Lacan vai renomear ao escrevê-lo como o objeto *a*. O objeto *a* não é a origem da pulsão oral. Não é introduzido a título de alimento primitivo, é introduzido pelo fato de que nenhum alimento jamais poderá satisfazer à pulsão

---

[147] Jacques Lacan, Seminário XIV, *La lógica do fantasma*, 15 de fevereiro de 1967. Registro estenográfico S. F. A tradução é minha.

[148] Jacques Lacan, Seminario XI, *Los cuatro conceptos fundamentales del psicoanálisis*, op. cit., Capítulo XIII, "Desmontaje de la pulsión".

oral, a não ser contornando o objeto que eternamente falta. É a função da falta, ou a falta de objeto em função, o que está na base da *konstante Kraft*, a força constante.

Considero que é uma rigorosa leitura de Freud que leva Lacan a retomar os termos freudianos para ordenar o conceito de pulsão nos antípodas do que poderíamos ler em Fenichel.

VI.8. O circuito da pulsão

A essência da pulsão vai ser então definida segundo a estrutura de um circuito que rodeia, em sua ida e volta, a fonte, o vazio deixado por um objeto que nunca houve, pelo próprio fato de que pulsão é um conceito próprio ao campo da psicanálise já que é em um ser falante, e porque fala, que há pulsões. No seminário XI[149] Lacan apresenta o grafo da pulsão.

Trata-se de um circuito desenhado pela curva de uma flecha ascendente e descendente que atravessa, tendo *Drang* no início, a superfície constituída pelo que define como a borda, o que para Freud é a fonte, a *Quelle*, isto é, a "zona erógena" na pulsão. A tensão não pode deixar de solidarizar-se com seu retorno sobre a zona erógena.

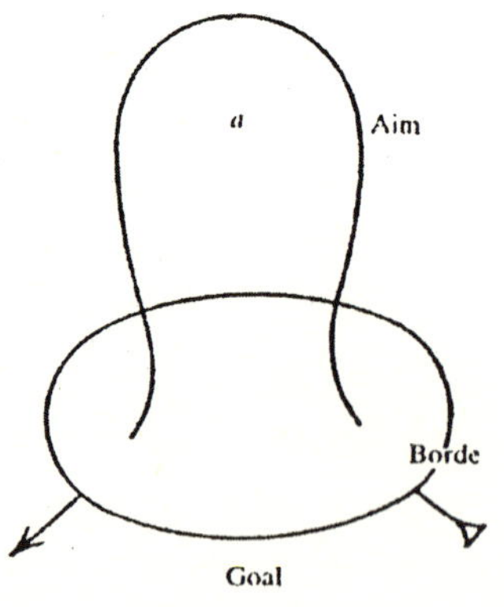

[149] Jacques Lacan, op. cit., capítulo XIV, "La pulsión parcial y su circuito".

Diz Lacan:

> "Como se deve conceber o objeto da pulsão para que possamos dizer que, na pulsão, qualquer que seja ela, ele é indiferente? Para a pulsão oral, por exemplo, é evidente que não se trata de alimento, nem de lembrança de alimento, nem de eco de alimento, nem de cuidados da mãe, mas de algo que se chama seio e que parece não apresentar problemas porque pertence à mesma série. Se Freud nos faz esta observação, que o objeto na pulsão não tem nenhuma importância, deve-se, provavelmente, a que o seio está totalmente por revisar quanto à sua função de objeto. A esse seio, em sua função de objeto, de objeto *a* causa do desejo, tal como eu trouxe sua noção, devemos dar-lhe uma função tal que possamos assinalar seu lugar na satisfação da pulsão. A melhor fórmula nos parece que é essa: que a pulsão faz seu *tour* (volta). Encontraremos ocasião para aplicá-la a propósito de outros objetos. Devendo tomar-se aqui *tour*, com a ambigüidade que lhe dá a língua francesa, ao mesmo tempo *turn*, limite em cujo redor se gira, e *trick*, volta de escamoteação"[150].

Lacan sustenta que desde os *Três ensaios sobre a teoria da sexualidade* Freud propôs a sexualidade como essencialmente polimorfa e aberrante. Rompeu o encanto de uma suposta inocência infantil. Em relação à sexualidade todos os sujeitos estão em igualdade de condições, da criança ao adulto, já que só se trata do que da sexualidade passa às redes da constituição subjetiva, às redes do significante. A sexualidade se realiza a partir da operação das pulsões, que são pulsões parciais; parciais em relação à finalidade biológica da sexualidade. Ele diz:

> "A integração da sexualidade na dialética do desejo passa pela colocação em jogo do que, no corpo, merecerá que designemos com o termo aparelho, entendendo por isso com que o corpo, em relação à sexualidade, pode aparelhar-se, distinguindo-se disso com o que os corpos podem emparelhar-se. Se tudo está embrulhado na discussão das pulsões sexu-

[150] Jacques Lacan, op. cit., p. 174.

ais deve-se a que não vemos que a pulsão sem dúvida representa, mas somente representa, e parcialmente, a curva da realização da sexualidade no ser vivo. Como se espantar que o seu último termo seja a morte, posto que a presença do sexo no vivo está ligada à morte?"[151].

Lacan faz notar que a terceira das quatro vicissitudes da pulsão, que Freud expõe, é a sublimação e que a sublimação também é satisfação da pulsão que é inibida quanto a sua finalidade. Ou seja, a sublimação implica uma inibição da finalidade da pulsão e, não obstante, a sublimação não deixa de ser um modo de satisfação da pulsão, e isso sem recalque. Quando nos aproximamos da noção de sublimação, aproximamo-nos do mais profundo que Freud disse sobre a natureza das *Triebe* e, especialmente, da forma como as concebe como podendo dar satisfação ao sujeito de mais de uma maneira.

Como vemos então, a investigação do que Freud conceitua como pulsão exige examinar de perto o que é a satisfação. Parece que os neuróticos não se satisfazem e, não obstante, sabemos que tudo neles, tudo o que lhes acontece, seus próprios sintomas dependem da satisfação. Satisfazem algo que sem dúvida vai contra aquilo com o que poderiam satisfazer-se, mas satisfazem a algo. Não se satisfazem com seu estado, mas apesar disso, estando nesse estado tão pouco satisfatório, se satisfazem.

O que é satisfeito?

Cito Lacan:

"Não se pode, portanto, dizer que a finalidade não é alcançada quanto à satisfação. (...) O que temos diante de nós, em análise, é um sistema em que tudo se acomoda e que alcança sua própria ordem de satisfação. Se nos misturamos nisso é na medida em que pensamos que há outras vias, mais curtas por exemplo. Em todo caso, se nos referimos à pulsão é na medida em que, no nível da pulsão, o estado de satisfação deve ser retificado. Esta satisfação é paradoxal. Quando a olhamos de perto, nos damos conta de que entra em jogo algo novo: a categoria do impossível"[152].

---

[151] Jacques Lacan, op. cit., p. 182.
[152] Jacques Lacan, op. cit., p. 172.

"A pulsão, ao apreender seu objeto, aprende de certa maneira que não é justamente por aí que se satisfaz. Nenhum objeto pode satisfazer a pulsão. Apesar de ingurgitarem a boca, essa boca que se abre no registro da pulsão, não é de alimento que se satisfaz, é, como se diz, do prazer da boca. Por isso, na experiência analítica, a pulsão oral se encontra, em último termo, numa situação em que não faz outra coisa senão pedir o menu. Isso se faz, sem dúvida, com a boca que está no princípio da satisfação, com o que vai à boca, e se esgota nesse prazer que acabo de chamar, para referir-me a termos em uso, prazer da boca"[153].

VI.9. Articulação entre o físico e o psíquico

Com o que termino de desenvolver nos encontramos em cheio no próprio centro do problema das neuroses atuais, já que, se a especificidade das mesmas, do ponto de vista de sua etiologia, consiste em serem causadas por práticas sexuais nocivas, é uma certa concepção da satisfação que está em jogo, concepção que não podemos menos que considerar pré-freudiana.

Quando Freud situa a pulsão como, segundo a tradução que estamos lendo, "conceito limite entre o somático e o psíquico"[154] ou "conceito fronteiriço entre o anímico e o somático"[155], está estabelecendo a difícil questão epistemológica das relações entre o corpo e o psíquico. Se retemos aqui a noção de limite ou fronteira, temos a possibilidade de tratar essa questão topologicamente. O "salto para o limite" é aquele exigido, em topologia, quando se trata de passar de um segmento para outro em uma reta, ou seja, quando se trata de atravessar um limite.

```
/_____/_____/_____/_____/_____/_____/_____/
0     1     2     3     4     5     6     7
```

[153] Jacques Lacan, op. cit., p. 173.
[154] Tradução de López-Ballesteros.
[155] Tradução de Etcheverry.

Dada a reta x, onde inscrevemos os segmentos 0, 1, 2, 3, etc., para passar, por exemplo, de 0 a 1, tendo cada segmento, pela lei de compacidade[156], infinitos pontos, deveremos realizar o que então se chama "salto para o limite". Por que não aplicar então, à relação corpo-psique ou, melhor ainda, corpo-inconsciente a lógica que expõe a lei de compacidade? Isso não deixará de alcançar, também, a questão do conceito em psicanálise, recordando que do que estamos tratando é do problema da pulsão como "conceito limite".

VI.9.1. O conceito e o real como impossível

Ainda hoje, contudo, nos mantemos na indecisão quando nos referimos aos conceitos fundamentais em psicanálise. No célebre seminário que Lacan dedica ao tema, trata-se de *Los cuatro conceptos fundamentales del psicoanálisis* [Os quatro conceitos fundamentais da psicanálise] – título da Editions du Seuil – ou de *Los fundamentos del psicoanálisis* [Os fundamentos da psicanálise] – título que Lacan dá no momento em que desenvolve o seminário?

Não é uma questão secundária, já que implica responder à pergunta: a psicanálise pode ser dita em termos de conceitos ou em termos de fundamentos?

No ano seguinte, no seminário sobre *Los problemas cruciales del psicoanálisis* [Os problemas cruciais da psicanálise], Lacan responderá que sua esperança de poder falar em termos de conceitos caducou definitivamente. Diz ali, referindo-se ao seminário XI:

---

[156] A topologia, partindo de uma lógica construída sobre a interrogação do número, que conduz à instauração de um lugar que não é o de um espaço homogêneo, nos proporciona uma fórmula. Tomemos o espaço fechado, instituído, o equivalente da interseção que se estende ao infinito. Se o supusermos recoberto de conjuntos abertos, isto é, que excluem seu limite – o limite é o que se define como algo maior que um ponto, menor que outro, mas em nenhum caso igual nem ao ponto de partida, nem ao ponto de chegada – demonstra-se que é equivalente dizer que o conjunto desses espaços abertos se oferece sempre para um subrecobrimento de espaços abertos, que constitui uma finitude, ou seja, que a seqüência dos elementos constitui uma seqüência finita.

> "Falei no ano passado dos fundamentos da psicanálise. Falei dos conceitos que me pareciam essenciais para estruturar sua experiência. Puderam ver que em nenhum nível foram verdadeiros conceitos; que não pude, na medida em que os faço rigorosos, fazê-los sustentarem-se no lugar de qualquer referente"[157].

A questão do referente em psicanálise se enlaça à do objeto e reenvia para a do real.

É com base nisso que sigo Mayette Viltard[158] quando diz, ainda que não sem certo forçamento, que conviria dizer que os conceitos psicanalíticos pertenceriam à lógica aristotélica e os fundamentos, à lógica estóica, porque é com a lógica estóica que, no seminário XI, Lacan vai confrontar a lógica aristotélica para superá-la em torno do tema da repetição, tema central a partir da perspectiva do conceito como, também, a partir da perspectiva da pulsão. Como se pode ver, reúno ambos os problemas.

Vou aos termos com que ele o enuncia:

> "Aristóteles emprega e anda ao redor dos termos que são absolutamente resistentes a sua teoria, apesar de ser a mais elaborada das que se tenham feito sobre a função da causa. Trata-se de dois termos que se traduzem impropriamente por acaso e destino. Nós nos ocuparemos, pois, de revisar a relação que Aristóteles estabelece entre o *automaton* – a rede dos significantes – e o que ele designa como a *tiquê* que, para nós, é o encontro com o real"[159].

É a partir dessa revisão de Aristóteles que a *Wiederhollungzwang* vai ser traduzida como "compulsão à repetição". O real é o que, de agora em diante, governa a repetição: o jogo da insistência do significante não é a mola pro-

---

[157] Jacques Lacan, Le Séminaire XII, *Problèmes cruciaux de la psychanalyse* (1964-1965), inédito. Aula de 02/12/64. A tradução é minha.

[158] Mayette Viltard, "Parler aux murs, remarques sur la materialité du signe" em *L'une bévue* nº 5, Paris, Epel, 1994.

[159] Jacques Lacan, Le Séminaire XII, *Problèmes cruciaux de la psychanalyse* (1964-1965), op. cit., aula de 05/02/64.

pulsora da repetição. O peso deve ser posto sobre A Coisa no real. Para além do retorno, da insistência do significante, regida pelo princípio do prazer, temos que o real se aloja por trás do *automaton*: o que se repete é o real inassimilável.

Nos estóicos, na suspensão introduzida entre o antecedente e o conseqüente, na proposição hipotética ao modo de "se... então", entre significante e significado, toda significação é a estabelecer e ali está a noção de efeito de sentido. Dessa suspensão, desse intervalo, dessa hiância depende a concepção do conceito que se expõe já no seminário XI e implica que este sempre se estabelece como uma aproximação. Se o conceito se modela segundo uma aproximação feita para captar, para agarrar algo, não é mais que por um salto, uma passagem ao limite, que se realiza como tal. Diz Lacan:

> "... o limite do *Unbewusste* é o *Unbegriff*, não o não-conceito, mas conceito de falta"[160].

É com o termo *incorpóreo* que os estóicos assinalam em que o simbólico alcança e agarra o corpo. Temos aqui a mola propulsora com que abordar a questão da pulsão e o problema do conceito, de algum modo, aproxima seu desenho: o desenho de uma volta.

Na "Conferência 32: angústia e vida pulsional", Freud aborda ambas as questões que se vêem ali reunidas, quiçá não por acaso. Como faz notar Strachey, para abordar angústia e pulsão, submerge em considerações metapsicológicas e teóricas de uma dificuldade que anteriormente evitou cuidadosamente. No lugar de conceitos vai fazer uso ali do que chama "concepções":

> "... representações abstratas, cuja aplicação à matéria prima da observação faça nascer nela ordem e transparência"[161].

---

[160] Jacques Lacan, *Los cuatro conceptos fundamentales del psicoanálisis*, op. cit. pp. 37 e 38.

[161] Sigmund Freud, "Conferencia XXXII. La angustia y la vida instintiva", em *Nuevas conferencias de introducción al psicoanálisis*, O. C. Buenos Aires, Amorrortu, 1990, T. XXII, p. 75.

Em sua abordagem do tema, promete novidades e, sem dúvida, cumpre. A teoria das pulsões continua sendo sua mitologia: seres míticos, grandiosos em sua indeterminação e, não obstante, ele diz:

> "... não podemos prescindir delas nem um só momento em nosso trabalho, e com isso nem um só instante estamos seguros de vê-las claramente"[162].

VI.9.2. Meta interna

Na citada "Conferência 32" Freud introduz uma noção absolutamente nova: "meta interna". Ele diz:

> "A fonte é um estado de excitação corporal; a finalidade, o cancelamento dessa excitação e, no caminho que vai da fonte à finalidade, a pulsão adquire eficácia psíquica".

Essa noção de "eficácia psíquica" é absolutamente central. É aqui que o Freud epistemólogo dá conta de sua ficção: representa a pulsão como uma certa quantidade de energia que se esforça em determinada direção e desse esforço recebe seu nome: *Trieb*, "pulsão". A isso acrescenta:

> "A finalidade pode ser alcançada no próprio corpo, mas, via de regra, *interpõe-se* um objeto externo, no qual a pulsão atinge sua finalidade externa; sua *finalidade interna* continua sendo, *em todos os casos*, a alteração do corpo sentida como satisfação"[163].

A diferença de metas contém uma diferença em relação ao objeto. Em *Pulsões e destinos* era um objeto, "no e pelo qual" se alcança a satisfação. Essa formulação fazia obstáculo para pensar o objeto como contingente e variável.

---

[162] Sigmund Freud, "Conferencia XXXII. La angustia y la vida instintiva", em *Nuevas conferencias de introducción al psicoanálisis*, op. cit., p. 89.

[163] Sigmund Freud, "Conferencia XXXII. La angustia e la vida instintiva", em *Nuevas conferencias de introducción al psicoanálisis*, op. cit., p. 89. Os itálicos são meus.

O objeto será condição, enquanto perdido, em "Três ensaios...", e instrumento em *Pulsiones y destinos de pulsión*, porque a meta é em todos os casos a satisfação. Com a noção de meta interna nos deparamos com o oco, com o vazio como causa, lugar ao qual irão os objetos como instrumentos.

Parece-me que essa diferença entre "meta externa" – interposição de um objeto – e "meta interna" é absolutamente essencial. É a partir dessa idéia paradoxal de satisfação que se torna necessário conceber a pulsão como esse ir e vir onde Lacan vai dizer que é ali que se situa

> "... a distinção radical existente entre o amar-se através do outro – o que no campo narcísico do objeto não deixa transcendência alguma ao objeto incluído – e a circularidade da pulsão, na qual a heterogeneidade do ir e voltar mostra em seu intervalo uma hiância"[164].

Trata-se da "eficácia psíquica" de um percurso ao redor, o que não é mais do que a presença de um oco, de um vazio que qualquer objeto poderia ocupar e cuja instância não conhecemos senão sob a forma do objeto perdido: *a* minúsculo de Lacan. Nunca nenhum objeto poderá satisfazer a pulsão, a não ser contornando o objeto que eternamente falta.

É nesse movimento circular do impulso que sai através da borda erógena para voltar a ela como se fosse seu vazio, depois de ter dado a volta no objeto *a*, que o sujeito consegue alcançar o que é da dimensão do grande Outro.

VI.9.3. Aproximação dos termos "conceito" e "pulsão"

E não é disso também que se trata quando, enquanto falantes, pretendemos qualquer abordagem do real? É nesse ponto que observou a proximidade dos termos que aqui abordo: conceito e pulsão.

Tomo as palavras de Lacan no seminário XXII, quando, em duas ocasiões, se refere ao conceito.

> "No conceito, há sempre algo da ordem do gesto"[165].

---

[164] Jacques Lacan, *Los cuatro conceptos fundamentales del psicoanálisis*, op. cit., p. 199.

[165] Jacques Lacan, Seminário XXII *R.S.I.*, inédito, versão Chollet, aula de 11/03/75. A tradução é minha.

"É que não há, se posso dizer, uma espécie de *fatum* do pensamento que, ao fixá-lo demasiado acerca do verdadeiro, deixe deslizar entre os dedos o Real? Isso é precisamente o que fiz surgir da última vez por meio de uma observação sobre o conceito, uma vez que não são a mesma coisa o conceito e a verdade, enquanto o conceito, isso se limita a uma captura – como a palavra *capere* indica – e que uma captura não é suficiente para assegurar-se de que é o Real que se tem na mão"[166].

Seguindo Lacan, a partir daqui proponho uma articulação diferente entre o físico e o psíquico, para tomar os termos que Freud utiliza quando estabelece a pulsão como "conceito limite":

"... as pulsões, isso é o eco no corpo do fato de que há um dizer. [Mas] para que esse dizer ressoe, para que consoe, é preciso que o corpo seja ali sensível, e que o seja é um fato. Isso ocorre porque o corpo tem alguns orifícios dos quais o mais importante, porque não pode fechar-se, é o ouvido (...) porque é por causa disso que se responde no corpo ao que chamei a voz. O embaraçoso é, certamente, que o ouvido não está só e que o olhar lhe faz uma eminente oposição. *More geométrico*, por causa da forma cara a Platão, o indivíduo se apresenta como é, arruinado, como um corpo"[167].

O que para Freud era representado como energia sexual, campo de forças – a libido –, Lacan retoma com um mito, o da *lâmina* ou *hommelette*[168], concepção sustentada ao reconhecer a estrutura de montagem que Freud conferiu à pulsão: invaginação em ida e volta de um órgão.

"Esse órgão deve chamar-se irreal, no sentido de que o irreal não é o imaginário e precede ao subjetivo, condicionando-o, por estar conectado

---

[166] Jacques Lacan, Seminário XXII *R.S.I.*, inédito, versão Chollet, aula de 18/03/75. A tradução é minha.

[167] Seminário XXIII, *Le sinthome*, aula 1, inédito. Versão "Chollet". A tradução é minha.

[168] O termo inclui *homme*, homem.

diretamente no real. É a isso que nosso mito, como qualquer outro mito, se esforça em dar uma articulação simbólica, mais que uma imagem. Nossa lâmina representa aqui essa parte do vivente que se perde quando este se produz pelas vias do sexo"[169].

[169] Jacques Lacan, "Position de l'inconscient", *Écrits*, Paris, Seuil, 1966, p. 847. A tradução é minha.

VII

O sonho da injeção aplicada em Irma

O saber suposto a Fliess

... sonho que O. aplicou em Irma uma injeção de propila [A]. Depois, vejo muito nitidamente diante de mim 'trimetilamina' e alucino sua fórmula [C]. O pensamento simultaneamente presente é o de que a doença de Irma é de origem sexual [D]. Entre esse pensamento e o da propila existe uma associação [B] acerca de uma conversa sobre a química sexual com W. Fl. [Wilhelm Fliess], durante a qual ele me chamou especialmente a atenção para a trimetilamina. Essa última idéia se torna consciente, então, devido aos impulsos de ambas as direções. É muito curioso que não se tornem conscientes, também, o elo intermediário (química sexual [B]), nem a idéia desviadora (natureza sexual da doença [D]), coisa que precisa ser explicada. Poder-se-ia supor que as catexias de B ou de D não são, por si sós, suficientemente intensas para impor a alucinação regressiva, ao passo que C, estando catexizada pelas duas [idéias], poderia consegui-lo. Não obstante, no exemplo que acabo de dar, D (a natureza sexual da doença) era, certamente, tão intensa quanto A (a injeção de propila), e o derivado dessas duas (a fórmula química [C]), era extremamente vívida.
Sigmund Freud, *Projeto de uma psicologia para neurologistas.*

Nesse momento (o do sonho da injeção em Irma), a palavra que para Freud polariza, organiza toda sua existência, é a conversa com Fliess. Ela continua nas entrelinhas durante toda sua existência como a conversa fundamental. Afinal de contas, nesse diálogo se dá a auto-análise de Freud. Através dele Freud é Freud, e seguimos falando ainda hoje de Freud.
Jacques Lacan, *Seminário II.*

VII.1. A transferência de Freud a Fliess

Disse que dedicaria um capítulo à questão da transferência de Freud com o saber de Fliess – saber que muitos não duvidam em caracterizar como delirante[170]. Esse tema interessa, já que é importante, para o objetivo de minha investigação, poder interrogar, também, os tropeços do criador da psicanálise no processamento de seu próprio saber sobre as neuroses, nesse caso sobre as neuroses que denominou "neuroses atuais".

Freud e Fliess se conhecem na casa de Breuer em 1886, iniciando-se assim uma amizade que vai durar até a ruptura produzida em Achensee, no verão do ano de 1900. A amizade com Wilhelm Fliess, a mais íntima que se conhece na vida de Freud, encontra-se extremamente vinculada, como fator de estímulo e de resistência, com o desenvolvimento de suas teorias durante o último decênio do século XIX. As cartas abarcam o período de 1887 a 1902, ou seja, na vida de Freud, desde os trinta e um até os quarenta e seis anos; desde que se estabeleceu como especialista em doenças nervosas e mentais até seus estudos anteriores aos *Tres ensayos de teoría sexual.* Durante os anos nos quais se estende essa correspondência, além de seus primeiros trabalhos sobre as neuroses, foram gerados o *Proyecto de una psicología para neurólogos*, os *Estudios sobre la histeria*, *La interpretación de los sueños*, a *Psicopatología de la vida cotidiana* e a *Análisis fragmentario de una histeria* [Fragmentos da análise de uma histeria]. Uniam-nos o gosto pelos números, o amor por Darwin e a especulação filogenética, mas, sobretudo, o interesse pela sexualidade, sexualidade que se situa, para ambos, no centro de suas descobertas.

VII.1.1. O otorrinolaringologista

Fliess possuía a formação de um especialista em otorrinolaringologia, mas sua cultura médica e suas inquietações científicas transcendiam ampla-

---

170 É de se destacar, a esse respeito, o excelente estudo que Érik Porge dedica ao tema em seu livro *Vol d'idées?, Wilhelm Fliess, son plagiat et Freud*, Paris, Denoël, 1994.

mente esse limitado setor. Em sua prática clínica, a terapia otorrinolaringológica constituía o núcleo central de sua atividade no consultório, atividade que exerceu até o fim de sua vida em Berlim, onde possuía uma extensa clientela. Seus trabalhos científicos o levaram para além dos limites da medicina, para o campo da biologia geral.

Apaixonado por Darwin, começa a estabelecer uma visão alternativa da biologia em ensaios publicados de 1880 a 1890. Sobre isso Rodrigué diz:

> "Mestre em especulações espetaculares, enaltecidas em um jogo narcísico de ecos e espelhos, era esse tipo de pessoa "dogmaticamente brilhante" que tanto assustava Unamuno"[171].

Por suas teorias, Fliess havia se convertido em um otorrinolaringologista bastante particular, já que concebia sua especialidade centrada no órgão nasal, nariz que concebia como umbigo neurovascular e "órgão sexual cefálico"[172]. É sobre a base dessa concepção que acreditou haver descoberto, de modo totalmente pragmático, uma nova entidade clínica à qual nomeia "neurose nasal reflexa" e cuja descrição a aproxima em muitos pontos da neurastenia.

Como o exponho em um capítulo anterior, nos trabalhos de Fliess parece ter-se imposto cada vez mais o ideal de uma biologia firmemente fundada em bases físico-matemáticas.

> "Sua inclinação para as matemáticas exerceria grande influência sobre seus trabalhos ulteriores – a questão dos períodos de 28 e 23 dias, por exemplo – inclinação que encontrou expressão no subtítulo de sua obra cardinal, *Der Ablauf des Lebens* [O decurso da vida, 1906], sobre a qual esperava que constituísse a fundamentação de uma biologia exata. A participação de Fliess nas investigações de Freud foi determinada precisamente por essa posição. Apoiou Freud em seus esforços de manter o contato entre as concepções psicológicas e físico-fisiológicas e concluiu

[171] Emilio Rodrigué, *Sigmund Freud, el siglo del psicoanálisis*, Buenos Aires, Editorial Sudamericana, 1996, Tomo I, p. 278.

[172] Carta de Freud a Fliess de 29/09/86, citada por E. Rodrigué, op. cit., p. 281.

oferecendo-lhe suas próprias hipóteses como fundamento para as suas comprovações; mas foi isso que finalmente conduziu à inevitável ruptura das relações"[173].

VII.1.2. O intercâmbio científico

Freud, nos tempos de fundação, concebia a psicanálise como uma ciência natural e não como uma ciência do espírito. Recusava essa oposição para conservar válidas apenas as ciências naturais. Conservará durante toda a sua vida a esperança de poder assentar a metapsicologia sobre bases orgânicas e químicas[174]. Não é então surpreendente que tenha acreditado encontrar em Fliess um representante qualificado da biologia do sexual, a ponto de proclamá-lo o "Kepler da biologia".

Essa amizade não se limitava, então, a vínculos sociais mais ou menos apaixonados, mais ou menos ternos. Na realidade parece que não houve uma maior aproximação entre as respectivas famílias. Na realidade tratava-se de uma amizade cujo centro era o intercâmbio em nível científico. É assim que não tardam a se dedicar a programas de colaboração. Essa colaboração iniciou-se, segundo situa Rodrigué em sua biografia de Freud[175], no final de 1892 e nos primeiros meses de 1893, período que Fliess passou em Viena. Planejaram realizar um estudo sobre a neurose de angústia e a neurastenia. Os Rascunhos A e B fazem parte desse projeto. Desejavam reunir uma grande quantidade de observações. Quiçá tratava-se de convencer pela força dos números.

Diz Rodrigué:

> "A montagem do aparelho estatístico é de Fliess. Ele desaparece numa selva de casos, enquanto Freud vai para além da nosografia e aposta no estudo paradigmático de meia dúzia de histéricas. Essa era a principal diferença metodológica existente e foi, talvez, a razão pela qual a colaboração não prosperou"[176].

---

[173] Capítulo "A psicanálise freudiana no marco das ciências".

[174] Ver a esse respeito o desenvolvimento nos capítulos "A neurastenia de Freud" e "A psicanálise freudiana no marco das ciências".

[175] Op. cit.

[176] Op. cit., p. 282.

Recordando o vasto espectro das neurastenias[177], não é surpreendente que Fliess, em seu primeiro livro, concluísse que "Grande parte das pretensas neurastenias não são outra coisa além de [casos de] neurose nasal reflexa"[178]. Freud lhe responderá em 30-05-93, dizendo:

> "... estou totalmente de acordo contigo em que a neurose nasal reflexa é um dos transtornos mais comuns"[179], acrescentando, em 1894 o seguinte: "... logo se obterá uma imagem relativamente uniforme da neurastenia. Conseguir-se-á então distinguir da neurastenia genuína, com maior nitidez do que até agora, diversas pseudoneurastenias (o quadro da neurose reflexa nasal com mediação orgânica e outros)"[180].

É no curso desses anos que Freud vai afirmar a origem sexual da neurastenia e da neurose de angústia, esperando de Fliess a explicação do mecanismo fisiológico. De sua parte, Fliess confirma as elucubrações de Freud com suas observações. Ele diz:

> "... a angústia revelou ser, constantemente, uma parte de excitação sexual transformada, mas de maneira incompleta e mal utilizada"[181].

VII.2. O sonho fundador

Em 12 de junho do ano de 1900, Freud pergunta a Fliess se acreditava na possibilidade de que um dia houvesse uma placa dizendo o seguinte: "Nessa

---

[177] Ver capítulos "Neurastenia" e "A neurastenia de Beard".

[178] Citado por Rodrigué, op. cit., p. 282. Extraído de Fliess, *Neue Beiträge zur Klinik und Therapie der nasalen Reflex-neurose* (1893), p. 79.

[179] Sigmund Freud, *Los orígenes del psicoanálisis, Cartas a Fliess, manuscritos, notas.* O. C., Madrid, Biblioteca Nueva, 1968, Tomo III, p. 650.

[180] Sigmund Freud, *Sobre la justificación de separar de la neurastenia un determinado síndrome en calidad de "neurosis de angustia"* (1895[1894]), O. C., Buenos Aires, Amorrortu, 1990, Tomo III, p. 91.

[181] Wilhelm Fliess, *Les Relations entre le nez et les organes génitaux féminins*, Paris, Seuil, 1977, p. 171. Citado por Érik Porge em *Vol d'idées?, Wilhelm Fliess, son plagiat et Freud*, Paris, Denoël, 1994, p. 36.

casa (Bellevue), em 24 de julho de 1895, o segredo dos sonhos foi revelado ao Dr. Sigm. Freud"[182]. Freud referia-se à noite em que foi sonhado o incontestavelmente célebre sonho conhecido como "sonho da injeção em Irma".

Na noite de 24 de julho de 1895, Freud produz a formação do inconsciente inaugural, a que conhecemos como "o sonho da injeção em Irma".

Sonho fundador, foi chamado por Lacan "o sonho dos sonhos", "o sonho inaugural, típico", "o sonho de alguém que está indagando o que são os sonhos"[183].

Desse sonho vou tomar somente um fragmento:

> "Conduzo-a a uma janela e me disponho a examinar-lhe a garganta. A princípio resiste um pouco, como costumam fazer nesses casos as mulheres com dentaduras postiças. Penso que não tem necessidade. Finalmente, abre bem a boca e vejo *à direita uma grande mancha branca* e, em outras partes, extensas crostas acinzentadas, *cuja forma lembra a dos cornetos nasais*"[184].

Tomei esse fragmento para trabalhá-lo com esse outro, extraído da biografia de Freud, de Max Schur[185]: Felix Deutsch visita Freud devido a assuntos privados. Antes de ir, Freud lhe pede que lhe examine a boca[186], acrescentando: "Prepare-se para ver algo de que não vai gostar". Felix Deutsch o examina à luz da janela e, já à primeira vista, vê que a lesão era cancerosa.

VII.3. O câncer

Na metade de fevereiro de 1923 Freud detectou um tumor como um caroço na boca. Em 1917 já havia percebido um inchaço doloroso *no palato, do lado direito.*

---

[182] Sigmund Freud, *Los orígenes del psicoanálisis, Cartas a Fliess, manuscritos, notas.* O. C. Madrid, Biblioteca Nueva, 1968, Tomo III, p. 864.

[183] Jacques Lacan, El seminario, libro II, *El Yo en la Teoría de Freud*, Buenos Aires, Paidós, 1992, pp. 223 e segs.

[184] Sigmund Freud, *La interpretación de los sueños*, O. C. (1900 [1889]), Buenos Aires, Amorrortu, 1990, Tomo IV, p. 128. Os itálicos são meus.

[185] Max Schur, *Freud, vida e agonia*, Rio de Janeiro, Imago, 1981, Tomo III, p. 431.

[186] *Mund* em alemão, o fragmento literalmente retirado de Sigmund, na assinatura particular de Freud: Sig. Devo essa contribuição à conferência inédita de Mario Beira, em Rosario, maio de 2002.

No final de abril consulta o dermatologista Max Steiner, que conclui que o tumor é maligno (hoje sabemos que não era assim[187]), mas fala a Freud de uma leucoplasia (uma tumoração benigna).

Max Schur, o médico que acompanhou Freud durante todo o período final de sua doença, foi quem primeiro sublinhou a relação possível entre a horrorosa visão do sonho de 1895 e a lesão surgida no mesmo lugar de seu palato, primeiro em 1917 e depois em 1924. Quase 28 anos depois.

Podemos supor que não é por acaso que Freud pediu a Felix Deutsch que o examinasse. Este tinha organizado a primeira clínica de "organoneurose" em 1919, com um curso sobre o que mais tarde seria denominado "fenômeno psicossomático".

Em seu artigo de 1923, *Psicanálise*, Freud nomeia Felix Deutsch um dos pioneiros em relação às possibilidades do tratamento psicanalítico de doenças orgânicas. Porém, sobre esse tema, Freud se mostra interessado mas distante. Deixa para outros a investigação do "psicossomático". Um deles é Felix Deutsch, outro é Groddeck.

Não obstante, em 1917, sua implicação era outra. Cito uma carta a Ferenczi de 6 de novembro de 1917:

> "... fumei aqui meu último charuto e depois me senti de mau humor e cansado. Tive palpitações [recordemos os pseudotranstornos cardíacos de 1894 quando de sua transferência com Fliess] e a dolorosa inchação do palato, que tenho observado depois de meus dias de privação, se agravou. Em seguida, um cliente me forneceu cinqüenta charutos. Depois de ter acendido um fiquei alegre e meu inchaço desapareceu. Eu não acreditava que isso pudesse ser tão patente, inteiramente ao modo de Groddeck".

Groddeck, interessado na "organoneurose", havia escrito sua primeira carta a Freud em 1917.

---

[187] Ver no Anexo de *El siglo del Psicoanálisis* de Emilio Rodrigué, Buenos Aires, Sudamericana, 1996, a transcrição das conclusões de Schavelzon (autor de *Freud, um paciente com câncer*, Buenos Aires, Paidós, 1983).

VII.3.1. "O outro Fliess"

Em 1923, Max Steiner e Felix Deutsch concordam com o diagnóstico e indicam uma operação para a qual, contrariando o que era esperado por suas apreciações anteriores, Freud escolhe Markus Hajek, um rinologista a quem Peter Gay denomina "o outro Fliess". Sabemos que a operação foi um verdadeiro massacre, que o *radium* foi administrado em uma dose inconcebível e que se pode atribuir a seu caráter iatrogênico grande parte dos sofrimentos posteriores de Freud, como, também, a evolução final de sua doença[188].

Um dado interessante a considerar é que Felix Deutsch depositou, naquele momento, um informe do ocorrido na biblioteca do Congresso, em Washington, documento que, por motivos desconhecidos, não podia ser aberto até o ano 2000.

No momento, não podemos deixar de formular as seguintes questões:

Por que Freud se pôs nas mãos de um rinologista quando, pela importância da operação, teria sido mais adequado um especialista em boca? E porque Hajek, de quem, tendo sido seu paciente, Freud desconfiava devido à "sua ambivalência"?

VII.4. A "análise original"

Sabemos que a invenção da psicanálise é decorrente do trabalho forçado a que Freud se submeteu naquilo que, tão felizmente, Octave Mannoni denominou "análise original" e que devemos a descoberta dos conceitos fundamentais à dissolução de sua transferência com Fliess. O que Freud gostava de chamar sua "auto-análise" efetivamente não o foi, já que hoje podemos dizer que a auto-análise é impossível. Na realidade, Freud iniciou a análise de seus sonhos no seio de sua transferência com Fliess e, possivelmente, também com seus pacientes. Também podemos sublinhar, como fazem valiosas investigações atuais, a relação entre questões não resolvidas dessa transferência, questões não elaboradas na "análise original", e momentos de impasses teóricos. Temos em relação ao isso o esclarecedor tra-

---

[188] Ver, entre outros, Emilio Rodrigué, op. cit.

balho de Chawki Azouri *He triunfado donde el paranoico fracassa* [Triunfei onde o paranóico fracassa][189].

No momento, como faz notar O. Mannoni, Freud sabia que abordava algo cujo enunciado nunca tinha sido traçado. Com Fliess, acredita saber com que enunciado trabalha, mas suas descobertas se farão no momento preciso em que fracassa a investigação que ele acredita perseguir.

VII.5. Os personagens do sonho

Voltemos ao sonho, a suas circunstâncias e sua interpretação. Lacan se perguntava, no seminário II: diante desse espetáculo horroroso, a boca aberta de Irma, por que não despertou? Como pôde seguir adiante? Resposta: porque era corajoso. É assim que, depois do falatório imaginário entre Otto, Leopold (Oscar Rie e Ludwig Rosenberg, ambos pediatras amigos de Freud) e do Dr. M (Breuer), dissolução imaginária do eu, obtém a solução: *Lüsung*. A solução da solução, a solução química, sua fórmula: *trimetilamina*.

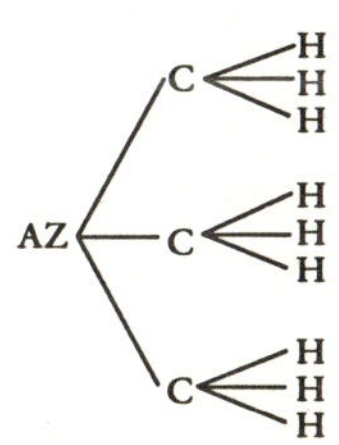

No seminário II Lacan a desenvolve, torna a desenvolvê-la, e a remete ao trio místico: Irma, outra conhecida (a paciente que Freud ansiava), Martha. Irma, Mathilde (sua filha), a paciente mal tratada, etc. Trio que se multiplica, “trio místico”, diz Lacan. As três mulheres, as três irmãs, os três cofrinhos remetem ao fim último: a morte. Entretanto, a culpa ocupa o lugar da falta. A pergunta que já é traçada é: o que quer uma mulher[190]?

Se nos perguntarmos quem era Irma, veremos desenrolar-se outro trio: Quem é Irma?

---

[189] Chawli Azouri, *J'ai réussi là où le paranoïaque échoue*, Paris, Denoël, 1990.

[190] Nas duas oportunidades em que Freud se mostra pouco inclinado a continuar com a linha associativa é disso que se trata.

Anzieu, Hartman e Anna Freud são de opinião que era Anna Hammerschlag, filha do professor de hebraico do jovem Freud e depois sua paciente muito querida. Roazen, P. Swales e van Veltzen, por outro lado, afirmam que era Emma Eckstein, a paciente imolada pela amizade de Fliess.

Outra solução é a de Krüll, que diz que Anna é Emma.

A terceira dessas hipóteses, Anna é Emma, corresponde à operação de condensação que Freud exemplifica em *La interpretación de los sueños*, precisamente nesse sonho. Irma é Anna (licor de *ananás*[191]), Anna é Emma, fruto imolado do episódio censurado da história transferencial de Freud com Fliess.

VII.5.1. Emma Eckstein

Fliess havia convencido Freud a realizar em Emma uma operação nunca antes tentada: ablação do corneto médio esquerdo do nariz em seu terço frontal. A paciente quase morre de uma hemorragia nasal e fica com o rosto desfigurado.

Ao invés de melhorar, piora: tumefação local, hemorragias, odor fétido que emanava da ferida. Diante de uma grande hemorragia é internada novamente pelo Dr. Rosanes, na presença de Freud. Frente ao espantado Freud, lhe é extraído da ferida meio metro de gaze! Diz Freud:

> "No momento em que saiu o corpo estranho e vi tudo limpo... invadiu-me um enjôo".

Tudo isso é relatado por Freud a Fliess em uma carta de 14/03/95[192], 4 meses e 10 dias antes do sonho da injeção em Irmã.

Recordemos que é durante a crise de 1894 (pseudodoença cardíaca) que Freud declara suas primeiras dúvidas em relação a Fliess. Esse episódio de Emma deve ter afetado seriamente sua crença na idoneidade profissional de Fliess. Escreve-lhe:

---

[191] Notar a homofonia com o nome Anna, mas, também, com o sobrenome Hammerschlag.

[192] Cit. por E. Rodrigué, op. cit., pp. 333 e 334.

"Pensar que esse acidente aconteceu contigo!"[193]. "Para mim continuas sendo o médico, o tipo de homem em cujas mãos se pode depositar com confiança a vida de qualquer pessoa da família"[194].

Voltamos ao *acme* do sonho. A busca do sonho, prolongando a busca da vigília, chega à hiância, à boca aberta em cujo fundo Freud vê a imagem aterradora, comparável à revelação da cabeça de Medusa. Tudo se mistura e associa ali: a boca, o órgão sexual feminino e o nariz, que pouco antes Freud se fez operar por Fliess como Emma Eckstein.

Descoberta horrível. Diz Lacan:

> "... a carne que jamais se vê, o fundo das coisas, o revés da face, do rosto, as secreções por excelência, a carne da qual tudo sai, no mais profundo mistério, a carne sofredora, informe, cuja forma por si só provoca angústia. Visão de angústia, identificação de angústia, última revelação do és isso: és isso, que é o mais distante de ti, o mais informe. A essa revelação (...) chega Freud no auge de sua necessidade de ver, de saber"[195].

Chega à ausência revelada como tal, o inominável, o real sem mediação possível, algo diante do que todas as palavras se detêm.

VII.6. "A solução"

O sonho encontra a solução protetora do dormir: *Trimetilamina*. Não a solução da palavra como Lacan acreditava em 1955[196], mas a cifra, a fórmula, o jogo de letras, o nome. Isso que vai ser perfeitamente diferenciado da palavra e do significante a partir dos anos setenta.

A escrita, a letra está no real e o significante, no simbólico. A letra opera no real, o gozo irredutível, o impossível. Limite em relação a tudo que pode ser dito ou imaginado.

---

[193] Cit. por E. Rodrigué, extraído da *Correspondência Sigmund Freud – Wilhelm Fliess*, Rio de Janeiro, Imago, 1986.

[194] Carta de Freud de 11/04/95. Cit. por E. Rodrigué, op. cit., p. 331.

[195] J. Lacan, El seminario, Libro II, op. cit., 1992, p. 235.

[196] Op. cit.

Esse limite próprio ao dizer é o que faz com que, como diz Alain Didier-Weill, "não há dizer humano sem esse companheiro que é o madizer"[197]. Esse maldizer é o dizer que apela para um Outro de saber absoluto.

Perguntemo-nos então com Didier-Weill:

> "Como separar um sujeito da maldição de um tal saber absoluto, cuja eficácia evoca a dos oráculos maléficos?"[198].

Recordemos, em relação a isso, que Freud havia dado o caráter de oráculo às cifras da teoria dos períodos de Fliess e somando 28 mais 23 calculava a idade de sua morte: 51 anos.

> "Um oráculo assim veicula um saber inconsciente sustentado por um 'ele', ou um 'ela' ('ele, ou ela, sabe o que vai me acontecer'), o que se articula ao saber consciente do eu ('eu sei'), de tal sorte que (...) é um 'eu sei que ela sabe' pelo qual se articulam a consciência e o inconsciente: Devo ter recorrido sempre à consciência, diz em relação a isso Lacan, mas de uma maneira que fazia parte do inconsciente, porque é uma pessoa (...) que se dá como portadora de saber"[199].

"Ele" ou "ela" é a terceira pessoa, é o Outro como Lacan o define, é o inconsciente.

Para que esse "Ele" não seja objetivo, de modo objetalizante, deveria redobrar-se para encontrar sua capacidade simbolizadora, para fazer mudar algo, reduzir o sintoma. Diz Lacan a esse respeito: "A objetivação do inconsciente necessita de um redobramento, isto é, um 'eu sei que ele sabe que eu sei que ele sabe'. É sob essa única condição que o analista sustenta seu estatuto (...). É ao que faz obstáculo esse algo que, ao limitar-se ao 'eu sei que ele

---

[197] Alain Didier-Weill, *Los tres tiempos de la ley*, Rosario, Homo Sapiens, Colección "La clínica en los bordes", 1996, p. 84.

[198] Ibidem.

[199] Alain Didier-Weill, op. cit., p. 225.

sabe', abre a porta para o ocultismo, para a telepatia. É por não ter suficientemente apreendido o estatuto do anti-saber, isto é, do anti-inconsciente, dito de outro modo, desse pólo que é o inconsciente, que Freud, de tempos em tempos, se deixava aguilhoar pelo que se chama, desde então, os fenômenos 'psi'"[200].

VII.6.1 Trimetilamina

Vamos à "solução" encontrada por Freud para a indizível visão do abominável índice do real: *trimetilamina*, nome introduzido por Fliess um ano antes em Munique. Nome que nomeia a química da sexualidade. Cifra, fórmula.

A *trimetilamina* é uma amina terciária presente em diversas plantas e no pescado putrefato, por decomposição de suas proteínas. Lacan, no seminário II, diz ter-se informado que a trimetilamina é um produto de decomposição do esperma e é o que lhe presta seu odor amoniacal. Não obstante, Ferenczi em *Thalassa* diz que nos mamíferos superiores, também nos humanos, a secreção vaginal da fêmea (da qual assinala o efeito de excitação erótica nas lembranças da infância) tem, segundo a descrição de todos os fisiologistas, um odor de pescado. Esse odor é produzido pela mesma substância (*trimetilamina*) que exala o pescado podre.

Produto da decomposição do esperma? Produto das secreções vaginais? Bissexualidade?

O que importa aqui é que a "solução" de Freud remete ao nome e à fórmula que lhe ordena o saber absoluto do Outro. Vinte e sete anos depois ele será Irma oferecida ao saber do rinólogo. No mesmo lugar do palato, a lesão nos recorda que nos fenômenos de mimetismo não há inversão especular. *Trimetilamina* ganha, então, a forma da holófrase[201], à qual se recorre em situações limite, onde o sujeito está suspenso por uma relação especular com o outro.

---

[200] Jacques Lacan, *L'insu qui sait de l'une bevue s'aile à mourre*, aula de 17/02/77. Versão estenográfica M.C. A tradução é minha.

[201] Entendemos por "significante holofraseado" a falta de intervalo entre um significante e outro, o que produz um "colamento" dos significantes que anula a possibilidade do duplo sentido e o jogo da significação.

Recordemos o avanço de O. Mannoni quando afirma que as descobertas que se realizam às expensas de Fliess nem sequer são "erros científicos"; são os efeitos, no saber, de um complexo de castração mal liquidado.

> "(...) são os efeitos, no saber, de um complexo de castração mal liquidado. Essa contribuição pode reduzir-se a três temas simples, vinculados entre si pelo complexo de castração: a bissexualidade; a periodicidade biológica, concebida como análoga da periodicidade menstrual, e a correspondência das estruturas do nariz e dos órgãos genitais"[202].

Da escrita no sonho à escrita no corpo algo não encontra a dimensão do bem dizer e cai no mal dito.

VII.7. Efeitos teóricos do "saber" de Fliess

Como isso pôde ter afetado o processamento teórico e clínico com o qual Freud estava comprometido? Muito se escreveu a esse respeito[203]. De minha parte, limitar-me-ei a investigá-lo no terreno da conceitualização das neuroses atuais, especificamente a neurastenia.

Na versão do sonho que encontramos no *Projeto*[204], Freud se refere ao elemento associativo marcado com a letra [D] dizendo que é o pensamento acerca de a doença de Irma ser de caráter sexual. [C], a fórmula, encontra-se, então, caracterizada por [D] – doença sexual de Irma – e por [B] – conversa com Fliess acerca da química sexual. Podemos tentar, então, uma tradução de [D]: neurastenia ou neurose de angústia. Isso explicaria o pensamento de Freud:

---

[202] Octave Mannoni, *La otra escena, claves de lo imaginario*, Buenos Aires, Amorrortu, 1973, p. 91.

[203] Emilio Rodrigué, op. cit., Octave Mannoni, op. cit., Chawki Azouri, op. cit., Érick Porge, op. cit.

[204] "... sonho que O. aplicou em Irma uma injeção de propila [A]. Depois, vejo muito nitidamente diante de mim 'trimetilamina' e alucino sua fórmula [C]. O pensamento simultaneamente presente é o de que a doença de Irma é de origem sexual [D]. Entre esse pensamento e o da propila existe uma associação [B] acerca de uma conversa sobre a química sexual com W. Fl. [Wilhelm Fliess],

"Não me cabe responsabilidade alguma pelas dores de Irma, pois, se continua sofrendo-as é exclusivamente por sua culpa, por não aceitar minha solução. Tais dores são de natureza orgânica, não podem ser curadas mediante um tratamento psíquico e, portanto, nada tenho a ver com isso. Em terceiro lugar, explicam-se satisfatoriamente pela viuvez de Irma (trimetilamina!), contra o que nada posso fazer"[205].

Então [D] – neurastenia ou neurose de angústia – e [B] – química sexual –, são as representações que vão portar [C] – a fórmula –: trimetilamina.

No momento culminante do sonho, momento de horroroso encontro com o real, Freud apela para a fórmula-solução (*Lösung*) encontrada a partir de sua transferência com o saber de Fliess.

Porém o saber de Fliess era um saber delirante que quer escrever o impossível de escrever: a relação (proporção) sexual. O saber de Fliess vai numa direção contrária à descoberta freudiana, como demonstrará a posterior ruptura e o posterior caminho freudiano no terreno das psiconeuroses. Não serão as neuroses atuais o tributo que a psicanálise continua pagando, não só ao cientificismo sobre o qual Freud se apoiou para sustentar-se na conquista de um novo campo de investigação, mas, também, a seu outro apoio, o saber suposto a Fliess?

---

durante a qual ele me chamou especialmente a atenção para a trimetilamina. Essa última idéia se torna consciente, então, devido aos impulsos de ambas as direções. É muito curioso que não se tornem conscientes, também, o elo intermediário (química sexual [B]), nem a idéia desviadora (natureza sexual da doença [D]), coisa que precisa ser explicada. Poder-se-ia supor que as catexias de B ou de D não são, por si sós, suficientemente intensas para impor a alucinação regressiva, ao passo que C, estando catexizada pelas duas [idéias] poderia consegui-lo. Não obstante, no exemplo que acabo de dar, D (a natureza sexual da doença) era, certamente, tão intensa quanto A (a injeção de propila), e o derivado dessas duas (a fórmula química [C]), era extremamente vívida". Sigmund Freud, *Proyecto de una psicología para neurólogos*, O. C., Buenos Aires, Amorrortu, 1990, Tomo I, pp. 387 e 388.

205 Sigmund Freud, *La interpretación de los sueños*, O. C., Buenos Aires, Amorrortu, 1990, Tomo I, p. 139.

Em relação a isso, têm valor as seguintes citações de Freud:

"A cura terminou com êxito parcial, pois a paciente perdeu sua angústia histérica, mas não todos os seus sintomas somáticos. Nessa ocasião, eu ainda não tinha plena certeza sobre os critérios que marcam o encerramento definitivo de um caso clínico de histeria e propus à paciente uma solução que a ela não pareceu aceitável"[206].

"... surge naturalmente a dúvida de se tal adição é curável ou se a análise e a terapia devem parar aqui, contentando-se em converter a histeria em uma neurastenia"[207].

Nesses comentários de Freud podemos ler que o que em outro momento foi interpretado como "o núcleo do sintoma psiconeurótico – o grão de areia no centro da pérola – formado por uma exteriorização sexual somática"[208] consistia, na realidade, no limite encontrado em suas formulações em relação às neuroses e sua cura.

Não obstante, sabemos que Freud não permaneceu de forma alguma preso ao saber suposto a Fliess e que o compromisso com sua descoberta foi o que determinou, em última instância, o fim da antes desejada colaboração.

VII.8. O delírio de Fliess

Entretanto, Fliess manteve-se dogmaticamente aferrado a sua teoria dos períodos, como podemos ler em uma anotação sua de 1906, onde diz:

"... ao discutir as observações de Freud em seus pacientes, afirmei que os processos periódicos também teriam vigência incondicional no psíquico e, particularmente, porque sustentei que atuariam desse modo naqueles

[206] Sigmund Freud, *La interpretación de los sueños*, op. cit., p. 127.

[207] Sigmund Freud, *Los orígenes del psicoanálisis, Cartas a Fliess, manuscritos, notas*. O. C., Madrid, Biblioteca Nueva, 1968, Tomo III, p. 798.

[208] Sigmund Freud, *Contribuiciones para un debate sobre el onanismo*, op. cit., Tomo XII, pp. 257 e 258.

fenômenos psicopáticos a cuja análise Freud se dedicava com fins terapêuticos. Por conseguinte, nem os repentinos agravamentos, nem as bruscas melhorias poderiam ser atribuídas, sem mais nem menos, à análise e a seus efeitos"[209].

Freud declara em 1920:

"De acordo com a grande concepção de W. Fliess, todos os fenômenos vitais dos organismos – e, com certeza, também a morte – estão vinculados ao cumprimento de determinados prazos do ano solar, nos quais se manifesta a dependência de duas substâncias vivas, uma masculina e outra feminina. Porém a facilidade com que forças externas conseguem modificar amplamente a data do aparecimento das manifestações da vida, especialmente no mundo vegetal, precipitando-as ou atrasando-as, contradiz a rigidez da fórmula de Fliess e, pelo menos, faz duvidar da exclusiva vigência das leis por ele estabelecidas"[210].

O peso de descobertas como a castração[211], articulando-se a conceitos metapsicológicos como pulsão e realização de desejos, exigiu de Freud renunciar a uma possível crença na escrita da relação sexual. Um desejo poderá ser realizado, mas nunca satisfeito como poderia ser uma necessidade. Isso o leva a deixar para trás sua expectativa de encontrar uma fórmula que lhe desse a explicação última da questão sexual em termos biológicos. É assim que diz em 1916:

"... por hora, não possuímos nenhum sinal universalmente admitido que permita determinar a natureza sexual de um processo, a menos que,

---

[209] Sigmund Freud, *Los orígenes del psicoanálisis, Cartas a Fliess, manuscritos, notas.* Op. cit., p. 866 (nota de rodapé).

[210] Sigmund Freud, *Más allá del princípio del placer*, O. C. (1920), Madrid, Biblioteca Nueva, 1968, Tomo I, p. 1115.

[211] A referência ineludível do ser falante à falta engendrada no próprio fato de ser um falante. Ver capítulo "O ato sexual é a realização de uma ação específica ou um ato falho?".

novamente, recorramos ao seu vínculo com a função reprodutiva, que devemos rejeitar por ser muito insignificante. Os critérios biológicos, tais como as periodicidades de vinte e três e de vinte e oito dias, estabelecidos por W. Fliess [1906], são ainda altamente questionáveis; as propriedades químicas dos processos sexuais, cuja existência estamos autorizados a suspeitar, ainda aguardam a sua descoberta"[212].

No outro extremo, é na certeza de ter encontrado esta fórmula que o saber de Fliess se torna delirante, como demonstra Érik Porge no estudo de sus teorias[213].

VII.8.1. As fórmulas da sexuação

Os dois pares de idéias de Fliess funcionavam de forma inseparável: bissexualidade junto com periodicidade, bissexualidade com bilateralidade. A inseparabilidade desses pares daria a Fliess o signo de reconhecimento da natureza sexual de um processo.

Nos termos de Lacan, isso implicaria uma escrita da relação sexual, isto é, a escrita de uma função lógica entre o que definiria a constituição de um conjunto de "todos os homens" e de um conjunto de "todas as mulheres".

Quando Lacan profere suas fórmulas chamadas "da sexuação", demonstra, com a lógica, que a proporção sexual não existe, isto é, que não existe inscrição disso, já que não há escrita que possa resolvê-la. Nessa tentativa de definir o real como impossível a partir dos fracassos da formalização, Lacan escreveu fórmulas lógicas (as fórmulas "da sexuação" aludidas mais acima) que dão conta, não da relação homem/mulher, mas das relações com o falo que determinam os sujeitos chamados homens e os sujeitos chamados mulheres. O falo não instaura uma relação comum entre homem e mulher, mas revela a dissimetria dos sexos em suas relações com o gozo. O falo instaura, para cada um dos sexos, uma relação com a falta. Um homem pode inscrever-se como um elemento do conjunto "todo homem" graças à função de

---

[212] Sigmund Freud, "Conferência XXI", em *Conferencias de introducción al psicoanálisis*, Op. cit., p. 292.

[213] Érik Porge, op. cit.. No que se segue, me guio pela investigação de Porge.

(Matemas da p. 125)

exceção fálica designada ao pai e introduzida pelo mito de *Totem e tabu*[214], exceção que, logicamente, confirma a regra[215]. Assim, inscrevendo-se no conjunto de "todos os homens", um homem não poderá gozar do corpo da mulher enquanto estiver limitado pelo gozo do órgão fálico. Do lado chamado "lado mulher", a ausência da função representativa de um traço de exceção à função fálica não lhe permite inscrever-se toda na função fálica[216]. Ela é (está aí) *não-toda.* Haveria, então, lugar para Outro gozo diferente do gozo fálico, ao modo de um "se houvesse outro", como diz Lacan[217]. Essa dissimetria radical entre os sexos não autoriza a inscrição de uma relação entre seus gozos, nem a inclusão das duas metades, homem e mulher, cada uma no todo de um conjunto.

VII.8.2. Escrever a relação sexual

Ainda que Fliess não entre nessas considerações, em seu vocabulário, a adoção das cifras 28 e 23 para representar uma substância masculina e uma feminina é uma escrita que implica a existência de uma tal relação (proporção). 28 e 23 são unidades de tempo; essas cifras designam, por sua vez, duração (períodos) contada em dias e anos, e unidades de substância masculina e feminina. Conjugam a lei dos períodos e a bissexualidade permanente de todos os seres vivos. Assim, cifrado, escrito, o sexual pode ser pensado sob a forma da relação.

E. Porge faz notar que Fliess fala de *Sexualverhältnis*, e *Verhälnis* é "relação" (no sentido matemático de proporção). *Sexual* e *Verhälnis* entram em outras palavras compostas correntes: *Sexualverkehr* (relação sexual, no

214 Função de exceção cumprida pelo suposto pai excepcional: o que gozava de todas as mulheres e que, em seguida, é assassinado por seus filhos, segundo o mito.

215 Lacan escreve essa função de exceção da seguinte maneira: $\exists x \overline{\Phi x}$. Esta função permite escrever o conjunto de todos os homens como "todos submetidos à função fálica": $\forall x \overline{\Phi} x$.

216 O quadro completo é o seguinte, correspondendo ao "lado mulher" o lado direito do dito quadro.

$$\exists x \overline{\Phi} x \qquad \overline{\exists x}\,\overline{\Phi x}$$

$$\forall x \Phi x \qquad \overline{\forall x} \Phi x$$

217 Ver especialmente os seminários XVIII, XIX e XX de Jacques Lacan.

sentido do coito), *sexueller Verkehr* (relação sexual, no sentido de jogos sexuais), *sexuelles Verhälnis* (relação sexual, no sentido de assunto, relação sexual). Portanto, não há ambigüidade em *Sexualverhältnis*, já que no desenvolvimento de Fliess significa "proporção sexual" e, assim, ele acredita escrever literalmente a relação (proporção) (*Verhälnis*) sexual sobre o fundo do rechaço do ato de relação (*Verkehr*) sexual. Em *Vol Leben und vom Tod* escreve, por exemplo, que o ato de procriação não é mais que um caso especial dessa relação (*Verhälnis*) mais geral, isto é, a relação da substância masculina e da feminina tendo, respectivamente, 23 e 28 dias de vida. Então pode dizer: "A mulher tem ovários porque é uma mulher e o homem tem testículos porque é um homem" (pp. 12-13)[218].

É lendo uma obra de Düsing (*La regulación de las relaciones de los sexos* [A medida das relações dos sexos]), onde a dupla relação das cifras numerando os meninos e as meninas nascidos mortos e nascidos vivos era igual a 28/23, que Fliess teve a certeza de que 28 e 23 eram as cifras que representavam o masculino e o feminino. Então, essa correlação fez parte da determinação sexual de cada uma das cifras. A relação de cifras numerando os meninos e as meninas transformou-se no signo da existência de uma substância macho e de uma substância fêmea inerentes a essas cifras. Sendo a periodicidade aquilo através do que se instaura uma relação entre 23 e 28, bissexualidade e periodicidade não podem estar, então, separadas. Separá-las seria apagar a escrita de uma relação entre os sexos.

O outro par de idéias, bissexualidade e bilateralidade, desempenha um papel essencial na escrita da relação. Se as cifras 28 e 23 introduzem a dimensão do qualificável e do mensurável na fenomenologia do masculino e do feminino, permitem, também, segundo Fliess, estabelecer correspondências entre o corpo e os períodos da vida. Justificam o deslocamento do sexual em relação ao órgão.

E. Porge comenta:

> "As relações entre as metades esquerda e direita do corpo se transformam em signo de reconhecimento sexual. A relação sexual se inscreve no corpo"[219].

---

[218] Citado por Érik Porge, op. cit., p. 166.

[219] Érik Porge, op. cit., p. 167.

VIII

O ato sexual é a realização de uma ação específica ou é um ato falho?

O ataque histérico não é uma descarga, mas uma ação, e como tal conserva o caráter original de toda ação: o de ser um meio de reprodução do prazer (...) [esses atos] são todos dirigidos para esse "Outro", mas, sobretudo, para esse "Outro" pré-histórico e inesquecível que nunca pôde ser igualado.
Sigmund Freud, Carta 52.

VIII.1. O ato falho

Freud fundou a psicanálise ao demonstrar que não apenas os sonhos, mas, também, os *lapsus*, os esquecimentos, os supostos erros, uma vez analisados demonstram ter sido uma realização de desejo. A partir daí, o ato falho é o único que sabermos, com certeza, que é sempre um ato bem sucedido. O falho em um sistema é o bem sucedido em outro. Isso dá razão e possibilidade de tratamento ao sintoma neurótico, já que sua estrutura é a mesma: gozo interditado, interdição.

A partir de agora interrogaremos a problemática do ato enquanto ato sexual, já que Freud concebe as neuroses atuais como o efeito atual da atualidade de práticas sexuais nocivas. Como vimos, ele sustenta isso de um extremo a outro de sua obra. Assim, diz em *Nuevas observaciones sobre las neuropsicosis de defensa* [Novas observações sobre as neuropsicoses de defesa] (1896):

"A etiologia de ambas as neuroses de defesa oferece a seguinte relação com a etiologia das duas neuroses simples: a neurastenia e a neurose de angústia. Essas duas últimas doenças são *efeitos imediatos das práticas sexuais nocivas*. Por outro lado, as duas neuroses de defesa são conseqüências imediatas de influências sexuais nocivas, que atuaram antes da maturidade sexual, ou seja, conseqüências das marcas mnêmicas psíquicas de tais influências"[220].

E reitera-o, com outras palavras, em 1923, em *Psicoanálisis y teoría de la libido*, ao dizer:

"Parecia lógico concluir, então, que as neuroses eram, em geral, a expressão de perturbações na vida sexual, as chamadas neuroses *atuais*, de danos contemporâneos (por agente químico) e as *psiconeuroses*, de danos produzidos em um passado distante (por processamento psíquico), nessa função tão importante no terreno biológico que, até esse momento, fora gravemente negligenciada pela ciência"[221].

Essa idéia acerca da nocividade de certas práticas sexuais, sustentada tenazmente por Freud, apóia-se em suas concepções sobre a pulsão e sobre o que chamou "ação específica". Pelo lado da pulsão, vimos que sua meta é a satisfação e esta é concebida como o cessar da excitação na fonte da mesma. Tal cessação da excitação se obtém mediante uma ação adequada que implicaria uma descarga do montante de excitação acumulado.

VIII.2. A ação específica

É no Rascunho G, quando desenvolve um esquema da sexualidade, que expõe sua concepção da *Aktion* (*spezifische*). Vejamos como retoma essa questão em um rascunho que figura na nota de rodapé em *Los orígenes del psicoanálisis*[222]. Freud era de opinião que o organismo masculino, sexual-

[220] Sigmund Freud, *Nuevas observaciones sobre las neuropsicosis de defensa* (1896), O. C., Madrid, Biblioteca Nueva, 1967, Tomo I, pp. 221 e 222.

[221] Sigmund Freud, *Dos artículos de enciclopedia: "Psicoanálisis" y "Teoria de la libido"* (1923), O. C., Buenos Aires, Amorrortu, 1990, Tomo XVIII, p. 239.

[322] Sigmund Freud, *Los orígenes del psicoanálisis*, O.C., Madrid, Biblioteca Nueva, 1968, Tomo III, p.677.

mente maduro, produz a excitação sexual somática que, periodicamente, se converte em estímulo da atividade psíquica. Dita excitação sexual somática se manifesta como uma pressão, uma excitação visceral que crescerá de forma contínua. Somente a partir de determinada magnitude poderá chegar até o córtex cerebral e manifestar-se nela como estímulo psíquico. A partir daí, no psiquismo, um dado grupo de representações sexuais será provido de energia, estabelecendo-se o estado psíquico de tensão libidinal que leva o impulso a abolir dita tensão. Porém tal descarga psíquica só é possível por um caminho ao qual dá o nome de ação específica ou adequada. Nada que não seja a ação adequada pode ser aqui eficaz, pois a excitação sexual somática, uma vez alcançado o valor limite, se converte, continuamente, em excitação psíquica.

O tema é retomado no *Proyecto de una psicología para neurólogos*, onde o cumprimento dessa ação específica não poderá realizar-se sem o auxílio alheio.

Cito então um célebre parágrafo onde Freud realiza uma descrição do processo, cheio de conseqüências para posteriores elaborações, já que o tema se articula ao que daqui em diante será conceitualizado como "vivência de satisfação" (*Befriedigungserlebnis*). Ele diz:

> "O enchimento dos neurônios nucleares (...) terá como resultado uma tendência à descarga, uma urgência que é liberada pela via motora. De acordo com a experiência, a primeira via percorrida em tal processo é a que conduz à alteração interna (expressão das emoções, gritos, inervação vascular). Mas (...) nenhuma descarga dessa espécie pode esgotar a tensão, pois apesar dela persiste a recepção de estímulos endógenos, que restabelecem a tensão (...). Nesse caso, a estimulação só pode ser abolida por meio de uma intervenção que suspenda temporariamente a descarga de quantidade no interior do corpo; e uma intervenção dessa ordem requer uma alteração no mundo exterior (fornecimento de alimento, aproximação do objeto sexual) que, sendo uma *ação específica*, só pode ser alcançada através de determinadas vias. O organismo humano é, a princípio, incapaz de levar a cabo essa ação específica, realizando-a por meio de uma ajuda alheia ao chamar a atenção de uma pessoa experiente sobre o estado

em que se encontra a criança, mediante a condução da descarga através da via da alteração interna (por exemplo, mediante o choro da criança). Essa via de descarga adquire, assim, a importantíssima função secundária da compreensão (comunicação com o próximo), e o desamparo original do ser humano converte-se, assim, na fonte primordial de todas as *motivações morais*"[223].

Freud torna a fazer alusão a isso no final da *Interpretação dos sonhos.* Diz ali:

"Tivemos que aceitar a ficção de um aparelho psíquico primitivo, cujo trabalho era regulado pela tendência a evitar o acúmulo de excitações e a se manter, tanto quanto possível, livre delas. Desse modo, sua estrutura correspondia ao esquema de um aparelho reflexo. A motilidade, que foi a princípio o caminho que conduz a alterações internas no corpo, era a via de descarga de que podia dispor. Discutimos depois as conseqüências psíquicas de uma experiência de satisfação e pudemos estabelecer uma segunda hipótese, isto é, a de que o acúmulo da excitação – de acordo com modalidades das quais não temos porque nos ocupar – é sentido como desprazer e coloca o aparelho em atividade para atrair novamente a ocorrência satisfatória, onde um decréscimo da excitação foi sentido como prazer. Tal corrente, que parte do desprazer e tende para o prazer, é o que denominamos "desejo"; e dissemos que só um desejo seria capaz de pôr o aparelho em movimento e que nele o curso da excitação era automaticamente regulado pelas percepções de prazer e desprazer. O primeiro desejo deve ter sido uma carga alucinatória da lembrança da satisfação. Essa alucinação demonstrou que, quando não podia ser mantida até o esgotamento, era incapaz de atrair a supressão da necessidade, ou seja, o prazer ligado à satisfação"[224].

---

[223] Sigmund Freud, *Proyecto de una psicología para neurólogos* (1895), O. C., Madrid, Biblioteca Nueva, 1968, Tomo III, p. 909.

[224] Sigmund Freud, *La interpretación de los sueños* (1900 [1899]), O. C., Madrid, Biblioteca Nueva, 1967, Tomo I, p. 574.

VIII.3. A experiência de satisfação

Essa experiência de satisfação, que é uma experiência inteiramente original, ainda que real, tem um valor quase mítico, pois é vivida pela criança quando é totalmente dependente do exterior. É, pois, uma experiência proposta pela impotência original do ser humano. O organismo não é capaz de provocar a ação específica que lhe permitiria eliminar a tensão; essa ação necessita do recurso a uma ajuda exterior, por exemplo, o fornecimento de comida através de uma pessoa de quem a criança chamou a atenção, por exemplo, com seus gritos. Porém, para além desse resultado imediato, a experiência promove as seguintes conseqüências: por um lado, a imagem do objeto que proporcionou a satisfação ficará fortemente investida, assim como o movimento reflexo, o que permite a descarga final, de forma que, quando aparecer de novo o estado de tensão, as imagens desse movimento e do objeto desejado serão reativadas e daí resultará algo análogo a uma percepção, ou seja, uma alucinação.

Se alguma incitação ao ato reflexo se produz, então se produz uma decepção. O objeto real não está. Essa experiência sempre conservou para Freud uma função de protótipo, já que se buscará reproduzi-la sempre e o desejo encontra ali seu modelo, seu princípio, o processo primário buscando reproduzi-la, imediatamente, pela via da identidade de percepção e o processo secundário, de maneira mediata, pela via de uma identidade de pensamento.

Freud refere-se a essa experiência no texto sobre a negação (*Verneignung*), em 1925, quando quer pôr em evidência o caráter inteiramente irredutível dessa satisfação original e a função decisiva que conserva para a busca ulterior dos objetos, quando alguém se entrega à prova de realidade, já que os objetos que em outro momento foram causa de satisfação real foram perdidos. Ou seja, no mesmo momento em que teoriza o requisito de uma ação específica ou adequada, a mesma se mostra não poder ser mais do que para sempre falha, na medida em que o objeto que permitiria uma satisfação completa e mítica está radicalmente perdido e o que foi proporcionado foi o reencontro com um objeto substitutivo. Isso levará Lacan a definir o objeto da pulsão como objeto causa do desejo, tendo a pulsão a mesma estrutura que a demanda, estrutura que pode ser formulada da seguinte maneira: $\$ \lozenge D$.

Em resumo, o caráter absolutamente irredutível da satisfação original fará com que, em uma nova ocasião em que a necessidade for despertada, o que se produza seja uma alucinação: a alucinação tem, então, o caráter de um real que retorna desse modo e assinala um lugar de ausência do objeto no real. A partir daqui, estamos no terreno da pulsão e não no do instinto manifestando-se como necessidade: o desejo será o que se constitui na diferença, para sempre ineliminável, entre a satisfação encontrada e a satisfação buscada.

VIII.4. Os destinos das pulsões

A partir daqui vemos como não é teoricamente correto fazer coincidir termos tais como "ação específica" e "ação adequada", já que, se há uma ação específica, esta não necessariamente será uma ação adequada.

Várias são as linhas freudianas de reflexão que questionam a idéia de uma possível ação adequada. Uma, que já foi assinalada, remete à significância em jogo em qualquer ato psíquico, como demonstra, por exemplo, a psicopatologia da vida cotidiana quando, do ponto de vista de seu significado inconsciente, um erro, um esquecimento, um tropeço, revela ter sido um ato exitoso. Ou seja, o sujeito do ato é um sujeito essencialmente dividido, o sujeito do inconsciente.

Outra é a que trata da problemática das pulsões e suas vicissitudes, onde se demonstra que o objeto é, desde o início, radicalmente inadequado – na medida da distância em relação ao objeto da satisfação original – e, além disso, que, do ponto de vista de suas metas, as pulsões podem satisfazer-se de uma maneira muito limitada (pulsões de meta inibida) ou de maneira sublimada.

VIII.4.1. Do ponto de vista do objeto

Retomarei, em primeiro lugar, a questão do objeto.

A expressão utilizada por Freud, "achado do objeto", já está nos indicando que as pulsões não contam com um objeto predeterminado para o cumprimento de sua finalidade. Ele diz em *Tres ensayos de teoría sexual* no ponto intitulado "O achado do objeto":

> "Quando a primeiríssima satisfação sexual estava ainda vinculada à nutrição, a pulsão sexual tinha um objeto fora do corpo próprio: o seio

materno. Só mais tarde vem a perdê-lo, quiçá justamente na época em que a criança pôde formar a representação global da pessoa a quem pertencia o órgão que lhe dispensava satisfação. Depois, a pulsão sexual passa a ser, regularmente, auto-erótica e só depois de superado o período de latência se restabelece a relação originária. Não sem boas razões, a amamentação no seio materno torna-se paradigmática para qualquer vínculo de amor. O achado (encontro) do objeto é propriamente um reencontro"[225].

Reencontro que não pode ser mais do que fracassado, como todo o desenvolvimento demonstra. Ao final de sua obra, Freud retoma esse tema nos seguintes termos:

> "O primeiro objeto erótico da criança é o seio materno que a alimenta; o amor engendra-se sustentado na satisfação da necessidade de nutrição. É certo que, inicialmente, o seio não se distingue do próprio corpo e, quando deve ser separado do corpo, deslocado para "*fora*" pela freqüência com que a criança o encontra ausente, carrega consigo, como "*objeto*", uma parte do investimento libidinal originariamente narcísico. Esse primeiro objeto se completa depois na pessoa da mãe, que não apenas a alimenta, mas também cuida e provoca na criança outras tantas sensações corporais, tanto prazerosas como desprazerosas. Nos cuidados com o corpo, ela se torna a primeira sedutora da criança. Nessas duas relações reside a raiz da importância única da mãe, que é incomparável e se torna imutável para toda a vida, como o primeiro e mais forte objeto de amor, como arquétipo de todos os vínculos posteriores de amor... em ambos os sexos"[226].

---

[225] Sigmund Freud, *Tres ensayos de teoría sexual* (1905), O. C., Buenos Aires, Amorrortu, 1990, Tomo VII, pp. 203 e 204.

[226] Sigmund Freud, *Esquema del psicoanálisis* (1940[1938]), O.C., Buenos Aires, Amorrortu, 1990, Tomo XXIII, p. 188.

VIII.5. "Não há relação sexual"

É claro, então, que, se esse primeiro objeto adquire a categoria de arquétipo para toda busca de objeto, apenas a condição de estar perdido cumprirá essa função. É a partir dessa constatação que Lacan erigirá sua teoria dos gozos assentada na significação do falo, sendo o falo o símbolo da falta que diz respeito ao gozo. O gozo não corresponde ao princípio do prazer, mas ao seu para além, posto que o gozo fálico é o obstáculo pelo qual o homem não chega a gozar do corpo da mulher, precisamente porque do que goza é do gozo do órgão, atendo-se essa afirmação estritamente à teoria das pulsões de Freud[227].

Muito cedo Freud incluirá em sua teorização esse elemento fundamental para a estrutura, que ele denomina "princípio do prazer" e que implica um limite posto ao gozo. Um mesmo termo (*Lust*) designará gozos muito diferentes; o gozo limitado regido pelo princípio do prazer (*Lustprinzip*) e o gozo indicado por um "para além do princípio do prazer", o que será, finalmente, explicitamente incluído na estrutura em 1920 em *Más allá del principio del placer*.

Nesse ponto, são muito úteis e esclarecedoras as considerações de Roberto Harari quando diz:

> "Já é lugar comum a afirmação – correta, desde já – de que a psicanálise não é um hedonismo. Como argumento primordial de tal postura esgrime-se a reformulação freudiana de sua doutrina das pulsões, divididas, em 1920, em pulsão de vida, ou Eros, e pulsão de morte. (Ambas, diz Lacan, situam-se como "duas faces da pulsão" na superfície unilateral conhecida como banda de Moebius). Como se sabe, dita reformulação tem lugar a partir do texto *Para além do princípio do prazer*. O que ele tenta demonstrar? Que o princípio do prazer não configura o regulador decisivo do psiquismo, uma vez que a transferência, o jogo das crianças (...) e os motivos traumáticos dão conta do aludido 'para além'".
> (...)

[227] Ver capítulo anterior.

> "Não é o prazer dessa natureza (referindo-se à natureza do agradável), então, que Freud indica, mas um tipo de regulação que tende a conduzir o sujeito à redução da tensão. Portanto, 'para além' já não implica uma redução da tensão, mas, ao contrário, a postulação de uma tendência que aponta para seu incremento. Ali encontramos o gozo (*jouisance*), noção que Lacan (...) aceita ter adotado de Hegel"[228].

É Lacan que faz do campo do gozo o campo próprio de investigação da psicanálise ao levar até suas últimas conseqüências as hipóteses freudianas do "para além", situando a diferença e, ainda, a oposição entre o *Lust* do princípio do prazer e o *Lust* do para além do princípio do prazer, articulando segundo uma lógica precisa os seguintes "para além": para além do princípio do prazer, para além do gozo fálico[229] e para além do pai.

Diz Roberto Harari:

> "O gozo é, *inicialmente*, algo pertencente ao corpo: um corpo se goza e, por isso, no falante, se o sabe vivo. Gozo de um corpo ou de dois? Existe, em primeiro lugar, um gozo 'do idiota' – de quem está fora da comunidade, do meio –: é o gozo masturbatório. Gozo do órgão, sem dúvida, que não é de todo o corpo. Mas, se se trata de estreitar Outro corpo, nos vemos reduzidos a tomar uma parte, a abraçá-lo parcialmente, a não poder ser um com ele, porque o Falo faz objeção, impedimento: é o Falo que goza e, nesse sentido, esse gozo – fálico – está fora-do-corpo. Daí o caráter de sofrimento 'em segundo grau', no tocante ao pouco de gozo a que podemos ter acesso. (Diria Freud, a nosso juízo, que isso se deve à impossibilidade de resgatar a experiência original de satisfação: se o obtido nunca é o buscado, isso sustentaria a eficácia de um gozo perdido). Vale dizer: no homem, a localização conduz a uma parcialização. E esta não deixa de imaginar que, em

---

[228] Roberto Harari, *¿De qué trata la clínica lacaniana?*, Buenos Aires, Catálogos, 1994.

[229] Foram-me de grande utilidade as precisões que, a esse respeito, Norberto Rabinovich faz no Seminário sobre *Los Goces* (Rosario, abril de 2001 [inédito]) e em conversas particulares.

Outro lugar, há Outro gozo. Tal gozo do Outro, lido a partir do genitivo, quer dizer tanto que o Outro goza de modo grandioso e notável, como que o Outro me goza, uma vez que ao seu gozo estou submetido[230]. Em suma: trata-se de que uma parte do corpo de Um goza de uma parte do corpo do Outro. Nesse ponto, o gozo feminino se estabelece como um para além do gozo fálico, já que a não localização, o não órgão dominante, (...) introduz dito suplemento"[231].

VIII. 5.1. O objeto a

Tanto pelo lado da fonte como pelo da meta e do objeto, a teoria das pulsões desemboca na inclusão, entre ambos *partenaires* do ato sexual, do furo que impede o gozo do corpo do Outro, furo da falta de objeto que Lacan nomeou como objeto *a*. A partir daí há de se contar com a função terceira que desempenha esse objeto *a*, que tem uma função chave na determinação do desejo. No Rascunho G, precisamente, Freud situava a mulher como tendo que responder à função do objeto da ação específica do homem.

O que acontece com ela nessas circunstâncias? Não podemos dar uma resposta simples.

Freud o abordou ao tratar o tema das equações simbólicas[232] e dos destinos da sexualidade feminina[233].

VIII.5.2. As equações simbólicas

Do ponto de vista das equações simbólicas, a menina, no melhor dos casos, chegará a aceitar o homem na busca do filho que venha a consolá-la da

---

[230] Trata-se da fantasia neurótica que imagina um gozo perverso, como Freud descobriu muito cedo em suas histéricas.

[231] Roberto Harari, *¿De qué trata la clínica lacaniana?*, op. cit., pp. 147 e 148.

[232] Sigmund Freud, *Sobre la transposición de la pulsión, particularmente del erotismo anal* (1917), O. C., Buenos Aires, Amorrortu, 1990, Tomo XVII.

[233] Sigmund Freud, *Algunas consecuencias psíquicas de la diferencia anatómica entre los sexos* (1925), O. C., Buenos Aires, Amorrortu, 1990, Tomo XIX, *Sobre la sexualidad femenina* (1921), O. C., Buenos Aires, Amorrortu, 1990, Tomo XXI, "Conferencia XXXIII. La femineidad" em *Nuevas conferencias de introducción al psicoanálisis* (1933), O. C., Buenos Aires, Amorrortu, 1990, Tomo XXII.

privação. As equações implicam a possibilidade de transferir, de maneira inconsciente, o desejo de pênis (com valor simbólico de falo) para o desejo de um filho doado pelo pai e depois para o desejo de um filho dado por um homem, de modo que o homem se inclui no horizonte feminino a partir da espera do filho que a ressarcirá, narcisicamente, da privação com a qual pagou seu acesso ao mundo simbólico[234].

VIII.5.3. Potências e impotências

Por outro lado, parece que o jogo do engano é usualmente o recurso das mulheres em relação à turvação que implica aquilo que se prestam a ser. Já que a uma mulher se impõe a função de objeto *a*, uma vez que esta função mascara que o que está em jogo é um oco, um vazio, aquilo que falta no centro das relações entre homem e mulher, na ocasião de seu gozo e da suspensão deste em relação ao ato, ela se encontra dando conta da potência do engano, esclarecendo que se trata de um engano que não é o seu, mas que lhe é imposto de fora pela instituição do desejo do macho.

Logicamente, disso o homem nada sabe e esse saber do sexo para o macho, como saber em falta, desemboca na experiência da castração, isto é, em certa verdade que é a de sua impotência para lograr que o ato sexual seja algo pleno. Disso deduzimos que se trataria do encontro da potência do engano com a potência da impotência, encontro de um desencontro que levará Lacan a dizer que não há ato sexual.

VIII.6. "Não há ato sexual"

No seminário intitulado *El saber del psicoanalista* [O saber do psicanalista], Lacan aborda a crítica ao uso do modelo animal na tentativa de compreensão ou de explicação dos fenômenos da sexualidade. Temos que lidar, do ponto de vista crítico, com aqueles enunciados concernentes à sexualidade que remetem ao modelo suposto ao animal.

---

[234] Estas não são todas as equações dadas por Freud, já que a criança pode ser substituída por "presente", "fezes" e "dinheiro", mas, do ponto de vista que aqui nos interessa, nos bastam as mais acima explicitadas.

Ele diz a esse respeito:

> "Os chineses, há muito tempo, apelam para duas essências fundamentais que são, respectivamente, a essência feminina que chamam de Yin, para opô-la ao Yang (...).
> Se houvesse uma relação articulável no plano sexual, se houvesse uma relação articulável no ser falante, deveria enunciar-se – essa é a questão – como a de todos os de um mesmo sexo com todos os do outro sexo. É evidentemente a idéia que nos sugere a referência ao que chamei o modelo animal: aptidão de cada um, de um lado, para valer para todos os outros, do outro. Vocês vêem que o enunciado é promulgado segundo a forma, a forma semântica significativa do Universal. Ao substituir o que chamei 'cada um' por 'qualquer um' ou por 'não importa quem' – não importa quem de um desses lados –, estaríamos completamente na ordem do que sugere o que se chamaria (...) substituir 'cada um' por 'qualquer um', estariam nessa indeterminação do que é escolhido em cada 'todos' para responder a todos os outros.
> O 'cada um' que empreguei primeiro tem, de qualquer modo, esse efeito de recordar-lhes que, depois de tudo, se me atrevo a dizê-lo, a relação efetiva não deixa de evocar o horizonte do 'um a um', do 'a cada um seu cada um'. Essa correspondência biunívoca faz eco ao que sabemos que é essencial para presentificar o número"[235].

O que nos dá a ilusão de certa proporção sexual no ser falante é o modelo biológico animal entre os dois sexos, ilusão que pode se manter às custas de ignorar que o homem é um ser que fala e que é em termos de linguagem que os homens e as mulheres se relacionam. Uma relação de proporção só poderia realizar-se se fosse possível estabelecer a biunivocidade do acoplamento, ou seja, se fosse possível que dois universais fossem definidos, um universal "homem" e um universal "mulher", para estabelecer a relação de um universal com o outro e vice-versa. Essa seria uma relação proporcio-

---

[235] Jacques Lacan, *El saber del psicanalista*. Inédito (3 de março de 1972). Versão publicada pela Escuela Freudiana de Buenos Aires para circulação interna.

nal de um universal com outro, mas essa relação, que pode assim estar escrita, não tem nada a ver com o que denominamos "relações sexuais". Por estarem essas relações profundamente subvertidas pela linguagem, já não se pode escrever a relação sexual como a relação de uma essência masculina com uma essência feminina. Por causa de serem falados, enquanto falantes, tudo o que se refere ao exercício, ao registro do ato sexual, tanto para homens como para mulheres, depende de uma mesma função que vigora para todos: a função fálica. A função fálica, ao dominar para todos, não permite fazê-los diferentes, salvo no fato de que, ao referir-se à função fálica do lado das mulheres, algo nelas não cessa de estar referido a essa função. Mas isso não chega para permitir-lhe escrever sua essência.

VIII.6.1. "Não há relação sexual" – "A mulher não existe"

É a partir de 1971 que Lacan desenvolverá a articulação de uma dupla negação: "não há relação sexual" e "a mulher não existe". Diz em *El saber del psicoanalista*:

> "É o que Freud nos diz. Não nos diz assim, cruamente, claramente, como podemos dizer agora, agora que a doutrina abriu um pouquinho o caminho e sabemos que não há ato a não ser fracassado e que é, inclusive, a única condição para uma aparência de êxito. (...) É um lindo texto, o texto de Freud. Não é para nada que nos traz de novo o *soma* e o *germen*[236]. Ele sente, pressente que é aí que há algo para aprofundar, é o quinto ponto que enunciei em meu seminário esse ano e que se enuncia assim: não há relação sexual.
>
> "Certamente, parece assim um pouco enlouquecido, um pouco disparatado. O amor chegaria a fazer um pouco bem para demonstrar-me o contrário. Desgraçadamente é a única coisa que não demonstra em absoluto nada semelhante, porque a noção de relação não coincide totalmente a seco com o uso metafórico que se faz dessa palavra, 'relação': 'tiveram relações', não é somente isso. Pode-se falar sinceramente de relação, não apenas quando a estabelece um discurso, mas quando se enun-

[236] Está comentando *Além do princípio do prazer.*

cia a relação. Porque é verdade que o real está aí antes que o pensemos, mas a relação é muito mais duvidosa: é algo que não apenas há que se pensar, mas escrever. Se não são capazes de escrevê-la, não há relação[237]. Seria quiçá muito notável se se verificasse o suficiente para que se começasse a esclarecer, um pouco, que é impossível escrever o que há com respeito à relação sexual"[238].

A relação sexual fica, então, definida como o que não cessa de não se escrever, na medida em que não conta com aqueles significantes que copulam para lograr sua escrita. A mulher não existe porque, estando como o homem necessariamente referida ao falo como significante da falta por não contar com um significante que lhe permita constituir-se como um conjunto diferente do conjunto dos homens, não obstante não está toda referida a esse falo, algo de seu ser se subtrai, o que leva Lacan a dizer que ela não está toda aí, que é não-toda fálica.

VIII.7. Gozo fálico e castração

Por tudo o que foi dito, o gozo no ser falante é a castração. Isso pode ser lido em Freud quando, em *El malestar en la cultura*, desenvolve as razões pelas quais o homem pagará com insatisfação sua dívida para com a civilização.

> "Em *Totem e Tabu* tentei mostrar o caminho que foi dessa família à etapa seguinte de convivência, sob a forma das alianças de irmãos. Depois de vencer o pai, os filhos fizeram a experiência de que uma união pode ser mais forte do que o indivíduo. A cultura totêmica descansa nas restrições a que tiveram de submeter-se para manter o novo estado. Os preceitos do tabu foram o primeiro 'direito'. Por conseguinte, a convivência dos seres humanos teve um fundamento duplo: a compulsão para o trabalho, criada pela imposição externa, e

---

[237] Traduzi os dois termos que Lacan usa por "relação" ("relation" e "rapport"), mas é necessário esclarecer que, em francês, *rapport* tem uma acepção que significa "proporção", no sentido lógico do termo. Ver capítulo anterior.

[238] Jacques Lacan, *El saber del psicoanalista*, op. cit. (4 de novembro de 1971).

o poder do amor, pois o homem não queria ser privado da mulher como objeto sexual, e ela não queria separar-se do filho, carne de sua carne. Assim, Eros e Anankê passaram a ser, também, os progenitores da cultura humana"[239].

Tendo situado o amor como um dos pilares da civilização, Freud examinará as razões das perturbações que isso acarreta, sendo uma das maiores a dependência total em relação ao objeto de dito amor, objeto a partir de então e, permanentemente, ameaçado pela possibilidade de sua perda. É a fim de romper com essa dependência que se produzirão modificações importantes, sendo uma delas a separação da meta sexual e a mudança da pulsão em "moção de meta inibida".

VIII.8. Pulsões de meta inibida e sublimação

VIII.8.1. Meta inibida

Vamos agora ao tema da meta da pulsão para considerar a questão da mudança de metas tanto no que se refere à "moção de meta inibida" como à sublimação.

Em *Psicoanálisis y teoría de la libido* (1923) Freud expõe acerca das tendências sexuais de meta inibida, dizendo que as pulsões sociais pertencem a uma classe de moções pulsionais que não requerem, forçosamente, o qualificativo de sublimadas, ainda que estejam próximas daquelas dessa ordem. Não abandonaram suas finalidades diretamente sexuais, mas se vêem impedidas de alcançá-las por resistências internas; contentam-se com certas aproximações da satisfação e estabelecem, precisamente por isso, vínculos singularmente firmes e duradouros entre os homens. A essa classe pertencem, em especial, as relações carinhosas, plenamente sexuais em sua origem, entre pais e filhos, os sentimentos de amizade e o carinho conjugal nascido da inclinação sexual.

---

[239] Sigmund Freud, *El malestar en la cultura* (1930 [1929]), O. C., Buenos Aires, Amorrortu, 1990, Tomo XXI, pp. 98 e 99.

Vemos, então, que, se a meta da pulsão é sua satisfação e esta se alcança eliminando o estado de excitação na fonte, há, contudo, moções pulsionais de meta inibida que, na Conferência 32, são descritas da seguinte maneira:

> "... moções pulsionais de fontes notórias e com meta inequívoca, mas que se detêm no caminho da sua satisfação, de maneira que sobrevém um duradouro investimento de objeto e uma *aspiração contínua*. Desse tipo, por exemplo, é o vínculo de ternura que, indubitavelmente, provém das fontes da necessidade sexual e, invariavelmente, *renuncia à sua satisfação*"[240].

Em *El malestar en la cultura* verificamos que Freud vê a civilização como, necessariamente, oposta aos fins pulsionais imediatos da sexualidade.

VIII.8.2. A sublimação

A diferença da sublimação em relação às moções pulsionais inibidas em sua finalidade é que, à diferença destas últimas, a sublimação inclui uma satisfação da pulsão, ainda que às custas de uma radical transformação.

Nos *Três ensaios* a sublimação é situada, junto à formação reativa, como poderosos diques em benefício não só da cultura, mas, também, da normalidade posterior. É no período de latência que se construiriam esses diques, possivelmente com o mesmo material das pulsões sexuais infantis, mas cuja energia é desviada, no todo ou em parte, da utilização sexual e orientada para outras finalidades. Freud se sustenta nos historiadores da civilização para dizer que esse processo, no qual as moções pulsionais sexuais são desviadas de suas finalidades sexuais e orientadas para outras distintas, proporciona poderosos elementos para todas as funções civilizatórias. Propõe a esse respeito a seguinte hipótese: as pulsões sexuais desses anos infantis seriam inaproveitáveis porque a função reprodutora não apareceu ainda, circunstância que constitui o caráter essencial do período de latência. Porém, além disso, tais pulsões seriam perversas por si, partindo de zonas erógenas e implicando tendências que, dada a orientação do desenvolvimento do indivíduo, só poderiam pro-

[240] Sigmund Freud, *Nuevas conferencias de introducción al psicoanálisis*, op. cit., pp. 89 e 90. Os itálicos são meus.

vocar sensações desagradáveis. É por isso que surgiriam forças psíquicas contrárias, que erigiriam, para a supressão de tais sensações desprazerosas, os diques psíquicos como a repugnância, o pudor e a moral.

A sublimação é assim um desenlace diferente para a pulsão sexual no qual é proporcionada às excitações de energias excedentes, procedentes das diversas fontes da sexualidade, uma derivação e uma utilização em campos distintos; de maneira que da perigosa disposição surge uma elevação da capacidade de sujeição psíquica.

O destino mais importante das pulsões pareceria ser a sublimação, onde são substituídos por outros o objeto e a finalidade, de maneira que a pulsão, originalmente sexual, encontra sua satisfação em uma função já não sexual e mais elevada do ponto de vista social e ético.

Em *El malestar en la cultura*, Freud insistirá em que a sublimação das pulsões constitui um elemento cultural sobressalente, pois, graças a ela, as atividades psíquicas superiores, tanto científicas como artísticas e ideológicas, podem desempenhar um papel muito importante na vida dos povos civilizados.

Portanto, essa mesma incapacidade de proporcionar uma plena satisfação que a pulsão sexual adquire enquanto é submetida às primeiras normas da civilização é, por outro lado, fonte das maiores sujeições culturais, alcançadas mediante uma sublimação progressiva de seus componentes pulsionais.

Diz Freud em 1912:

> "... que motivo teriam os seres humanos para dar outros usos a suas forças pulsionais sexuais se de qualquer distribuição delas obtivessem uma satisfação prazerosa total? Nunca se livrariam desse prazer e não produziriam nenhum progresso ulterior. Pareceria, pois, que a inevitável diferença entre as exigências das duas pulsões – as sexuais e as do ego – habilitaram para logros cada vez mais elevados, é verdade que sob uma permanente ameaça (a que no presente sucumbem os mais frágeis) na forma da neurose"[241].

---

[241] Sigmund Freud, *Sobre la más generalizada degradación de la vida amorosa (Contribuciones a la psicología del amor, II)* 1912, O. C., Buenos Aires, Amorrortu, 1990, Tomo XI, p. 183.

As pulsões de autoconservação impelem para a elevação de diques que se opõem às pulsões sexuais e isso redunda em maiores logros culturais de modo que, pela perspectiva freudiana[242], a civilização se constrói às custas de freios pulsionais.

VIII.9. Conclusões

Então, depois de tudo o que foi desenvolvido até aqui, o que podemos entender por prática sexual não nociva quando é a nocividade de certas práticas que permite a Freud sustentar sua explicação das neuroses atuais?

Podemos antes afirmar que tudo o que a experiência pôde trazer deixou um resíduo, que arrancou de Freud a confissão de que a sexualidade deveria levar em si o rastro de alguma rachadura pouco natural em seu exercício e em seus fins.

O que seria, então, um ato sexual que fosse uma ação específica adequada a sua especificidade? O que, se for possível esperar, é o ato que, por ser ato, se produz quando alguém pôde avançar para além da barreira da angústia, para além do princípio do prazer e, então, obtém um gozo para além do gozo fálico, gozo de separação, gozo da falta no Outro[243] que Lacan escreve S (Ⱥ) –, gozo que é regido pela pulsão de morte freudiana, gozo que já não está situado do lado da face sexual do gozo.

---

[242] Sabemos que a introdução ao narcisismo já não vai opor pulsões sexuais e pulsões de autoconservação, mas libido egóica e libido objetal, questão que desenvolvo em outro capítulo.

[243] Ver sobretudo o seminário XX.

IX

O caso sibylle

IX.1. Um pai "puzzle"

Texto convocante para a fabricação do "caso Sibylle". O caso Sibylle é apresentado no livro de Pura H. Cancina e outros, intitulado *La extraña enfermedad de Sibylle*, Buenos Aires, no prelo. Aqui estão incluídos fragmentos desse trabalho que foi a Fábrica de Casos.

"Te amo, tu és meu pai, tu sabes", foram as palavras sussurradas por Sibylle Lacan diante do túmulo onde afirma: "Certamente me ouviu". Trata-se da função invocante do *Tu és* dirigido à presença de um ausente. Diante de uma sepultura é a presença de um ausente que invocamos; presença suponível desde que ali o sujeito inicie um diálogo que dá curso a seu luto e delineia a questão de sua falta no Outro. Diálogo que diz:

> "Tu que estás ausente, estás presente porque te falo. Foste tu que, para além de tua ausência, me deste estas palavras pelas quais posso dizer-te: foste tu, o ausente a quem falo, que me fizeste o presente dessa palavra que fala de tua ausência"[244].

---

[244] Alain Didier-Weill, "Oedipe, Antígone et le psalmiste", em *Études freudiennes* Nº 35, Paris, Édition Études freudiennes, maio de 1994. A tradução é minha.

Que presente da palavra é esse? Quem o faz?

O presente da palavra é esse impossível para a palavra a partir do qual o sujeito pode responder ao dizer do Outro. Sustenta-se de um nome que nomeia o impossível de nomear: Nome do Pai, atualizado a cada vez por aquilo que ordena falar e que por isso mesmo afirma o recurso ao significante. Esse presente não é outro que o do pai feito presente por *um pai.*

No caso de Sibylle, uma flor é o significante que a representa diante da tumba, flor que entra em cadeia com outras flores, a do Outro de sua invocação, aquele que ela designa como "um pai intermitente, em linha pontilhada (*en pointillé*)".

En pointillé é um desenho ou gravura feito por meio de pontos. Ler em linha pontilhada (*lire en pointillé*) dá conta do trabalho realizado por essa filha em relação ao que era e chega a ser seu pai, Jacques Lacan. Trabalho de recorte, exige recortar seguindo a linha de pontos[245].

IX.1.1. Apresentação do texto

O livro de Sibylle Lacan, *Um pai,* foi publicado em Paris em setembro de 1994, com o subtítulo "puzzle". Gênero literário que tem antecedentes na literatura norte-americana atual. Trata-se de uma coleção de pequenas histórias entrecruzadas. Conviria interrogar a relação do "puzzle", como gênero, com aquilo que a autora elabora com sua escrita. Gênero, então, não escolhido, antes imposto.

Bem podemos, além disso, pôr o relato de pequenas histórias do lado da discursividade própria da análise, coisa que nos permitiria situar esse gênero do lado da construção de *pequenas teorias,* tal como faz Soury[246] colocando a Psicanálise dentro dessas pequenas teorias deduzidas da trama de um relato, em oposição e de forma diferente da Ciência e da Filosofia, das *grandes teorias,* das que tratam de casos gerais. As *pequenas teorias,* ao contrário, recortam casos exemplares.

---

[245] *Le Robert, dictionnaire d'aujourd'hui,* França, Dictionnaires Le Robert, 1991, p. 776.

[246] Pierre Soury, *Cadenas, nudos y superficies en la obra de Lacan,* Argentina, Xavier Bóveda, 1984, pp. 163-165.

Em relação à questão do "marketing" e ao auge pós-moderno das *pequenas histórias*, das *histórias de alcova*, não podemos ignorar que certamente pretendeu-se fazer uma instrumentação do escrito de Sibylle Lacan, por parte das editoras encarregadas de sua publicação, com fins comerciais, de "marketing". Vemos assim que o livro de Sibylle, tanto na edição francesa como na nossa, tem cintas que, como seu nome indica, amarram, comprimindo um trabalho de escrita em prol do negócio editorial. A cinta francesa diz em letras muito grandes sobre vermelho: Sibylle LACAN, ressaltado o Lacan, certamente. A de nosso meio, em letras pretas sobre banco, diz: O OUTRO LACAN SEGUNDO SUA FILHA.

Sibylle Lacan deveria supor que isso fosse ocorrer? Ou, ainda, contar com isso para a afirmação de sua filiação, algo com o que ela mesma conta entre os porquês de seu livro? É possível. Contudo, queria ir um pouco além do que por outro lado não deixa de ser óbvio.

Minha impressão é que se trata de um relato "sibilino" e proponho, momentaneamente, fazer valer a outra significação escondida no nome Sibylle, a que remete ao enigmático, obscuro, misterioso (as *sibylles*).

IX.1.2. O puzzle

Voltemos ao "puzzle". Trata-se de: 1. jogo de paciência composto de elementos a serem reunidos para *reconstruir um desenho, uma fotografia*. 2. Multiplicidade de elementos *sem ordem aparente que um raciocínio lógico deve reunir para reconstruir a realidade dos fatos*[247].

Trabalho de produção do desenho de *um pai*, aqui está o acerto do título, o qual é importante que seja "um", como é importante que seja em *linha pontilhada*; trabalho realizado a partir do que esse pai trouxe e a partir da necessidade imperiosa de uma filha doente de fazer algo por si mesma. Trabalho de pôr em ordem as recordações até chegar à solução do problema que nos concerne a todos: *um pai*.

Um pai é esse que nos é dado em linhas pontilhadas, que é necessário destacar, recortar por meio de um trabalho de pôr em ordem as recordações?

---

[247] *Le Robert, dictionnaire d'aujourd'hui*, op. cit., p. 828. Tradução minha.

Escreve Sibylle:

"Meu propósito era (...) fazer surgir de minha memória tudo o que aconteceu de importante, de forte – *trágico ou cômico* – entre meu pai e eu".

"É uma obra puramente subjetiva, fundada, simultaneamente, *sobre minhas recordações de então* e sobre *a visão das coisas a que cheguei hoje*"[248].

"Toda a minha vida escrevi assim, de maneira espontânea, impulsiva, sem correções ulteriores. Era para mim uma questão de princípio. Desgraçadamente, isso só é possível para textos extremamente curtos e, no presente caso, *me fez falta trabalhar depois*: corrigir, encontrar a palavra certa, depurar o relato ao máximo. Sem contar com o esgotante esforço de memória.
O subtítulo 'puzzle' deveu-se ao fato de que esse texto não foi escrito de maneira contínua. Escrevi o que chamo 'pedaços' (*bouts*) em desordem, ou melhor, *seguindo a ordem de sua aparição imperiosa em minha memória*, resolvendo, porque não podia ser de outra maneira, *não dar-lhes um lugar até o fim*. Escrevi de alguma maneira 'às cegas', sem desenho nem desígnio (*dess[e]in*[249]) preciso, *não sabendo a que quadro, a que imagem chegaria uma vez reunidas todas as pontas, os pedaços, as peças*"[250].

Leiamos: esforçado trabalho de pôr em perspectiva, de reconstrução, de reordenamento não antecipado, de descoberta, portanto, ou, ainda, invenção. Trabalho livre de um saber diferente daquele a que poderia dar lugar um desenho ou uma intenção prévia. Trabalho do inconsciente. Trabalho na via do bem-dizer o pai em vez de maldizê-lo. Por isso, ao que se chega é a "um pai". Trabalho de luto, então: luto de O Pai. Parece que, para chegar ao desenho em linhas pontilhadas de "um pai", Sibylle teve que fazer o luto do pai que, para ela, Jacques Lacan não foi, e esse luto foi feito

---

[248] Sibylle Lacan, *Un père (puzzle)*, Paris, Digraphe – Gallimard, 1994, p. 9. Os itálicos são meus. Todas as citações que utilizo são de uma tradução própria.

[249] Condensação de *dessin* e *dessein*, desenho e desígnio, intenção.

[250] Sibylle Lacan, *Un pèrre (puzzle)*, op. cit., pp. 9 e 10. Os itálicos são meus.

com os fragmentos rememorados desse *um pai* que foi. Lembranças acerca do que, forte, "trágico e cômico", se passou entre esse pai e essa filha. As considerações que Lacan faz no Seminário VIII[251] sobre a trilogia de Claudel, situando a codimensão trágica e bufona, a irrisão radical no próprio coração da tragédia moderna, o cômico no mesmo lugar que o sombrio, pode orientar-nos em relação àquilo de que se trata no trabalho ao redor desse "um pai": trata-se de sua "consubstancialidade com a colocação em função do desejo"[252].

Um *puzzle* é um *quebra-cabeça*, e é em relação a esse quebra-cabeça que Sibylle Lacan compõe com e através de seu livro, minha hipótese é que se tratou do trabalho de passagem de *um pai quebra-cabeça* ao *quebra-cabeça de um pai*. Para isso, foi necessário a Sibylle retornar[253] (a) a versão de pai que compôs Jacques Lacan, versão de pai que Sibylle Lacan pode reconstruir em sua dimensão tragicômica. Tragicamente entrincheirado no NÃO do final de sua vida, ou tragicamente sabendo, por um instante, de seu *já não ser*, com o obstinado furor da não "aceitação da sorte comum a todos os homens". Chorando pela tragédia da filha morta ou do amigo. Versão de pai prematuramente curvado por não se sabe que fadiga. Finalmente e, tragicamente, outra vez, versão de pai, *pai*, mas *tão pouco!...*

IX.1.3. O tragicômico

E ali, no coração do trágico, no coração ademais da cena trágica das relações de Sibylle com seu pai, o cômico. O cômico descoberto na caricatura desenhada com algumas pinceladas, desse Jacques Lacan das flores inúteis, absurdas, que não casualmente diminuíam sua figura pela enormidade do despropósito, pai diminuído e ridículo em seus pueris relatos de proezas desportivas e em seus gestos bufões e grandiloqüentes.

Ao longo das lembranças sabiamente reordenadas algo chega a produzir-se naquela figura de pai que Sibylle viu com seus olhos infantis de menina semi-órfã:

---

[251] Jacques Lacan, Seminário VIII, *La Transferencia* (1960-1961). Versão publicada pela Escuela Freudiana de Buenos Aires para circulação interna.

[252] Ibidem.

[253] Quero aqui conservar o sentido topológico que tem esse termo.

"... no marco da porta de entrada.", lugar simbólico que regula a saída para o mundo, "imenso, envolto em um amplo sobretudo..."[254].

O que melhor condensa o tragicômico nas relações de Sibylle com seu pai é essa cena na qual Lacan, ajoelhado ao lado de sua cama, imóvel, recolhido, parecia orar; enquanto Sibylle pensa rindo interiormente: "prepara seu seminário".

IX.1.4. A doença

Arremessada da cena do Outro, *a*-roubada, despojo sem sentido, Sibylle doente. A partir dali não deixa de oferecer sua doença ao saber do Outro sem chegar, por muitos anos, a estabelecer-se com relação a um sujeito suposto saber. Quando o faz exige resguardar seu nome. Convocado aí onde era provocado, Lacan renuncia, e não sem razão, mas sua enigmática resposta[255] merece um comentário: remete-a ao século passado, ali onde o pai de Freud havia podido dizer-lhe algo. Mas sabemos que tampouco Freud havia podido fazê-lo, já que a neurastenia ficou também para ele fora das psiconeuroses. Então, não há pai que possa nomear de maneira adequada o que lhe acontece e Sibylle permanece na orfandade que sua doença duplica.

Não obstante, na mesma página está a palavra de sua analista que sela, para Sibylle, a possibilidade da análise; não concorda com o aspecto incurável que acompanha o outro diagnóstico: melancolia.

Esgotamento geral e imensa fadiga física e intelectual, sentimentos de insuficiência, falta de desejo, falta de energia, sensação de anuviamento na cabeça. Só lhe restava a vontade de se curar. Os efeitos incapacitantes de sua doença pareciam indicar que Sibylle havia caído, definitivamente, sob os efeitos da letra aniquiladora da ultrajante brincadeira infantil de seus irmãos: *tonta, feia e doente*. A intervenção de seu pai não é suficiente para desatar o nó, ao contrário, sanciona-o: "acabarão tornando-a idiota"[256].

---

[254] Sibylle Lacan, *Un père (puzzle)*, op. cit., p. 17.

[255] "No século dezenove, diriam que você era 'neurastênica'". Sibylle Lacan, *Un père (puzzle)*, op. cit., p. 51.

[256] Sibylle Lacan, *Un père (puzzle)*, op. cit., pp. 26 e 27.

IX.1.5. O nascimento

Diz Sibylle:

"Sou o fruto da desesperança, alguns dirão do desejo, mas não creio"[257].

Um encontro no campo, quando tudo já havia terminado entre marido e mulher. A união monogâmica a que ela aspirava não ia bem para esse homem. Há, em relação ao que depois será elaborado como *père-version*, no Seminário IV, uma observação importante de Lacan quanto a esse desencontro, por razões de estrutura, entre o ideal de união monogâmica nas mulheres e a bigamia masculina, observação à qual podemos dar, além disso, o caráter de testemunho, conhecendo as circunstâncias da sua vida, circunstâncias que, parece, fizeram de Sibylle a mais prejudicada. Lacan diz ali:

> "Dado que a união típica, normativa, legal, está sempre marcada pela castração, tende a reproduzir nele a divisão, o *spliting*, que o faz fundamentalmente bígamo. Não digo "polígamo", contrariamente ao que se costuma acreditar, ainda que... quando se contam dois, nada limita o jogo no palácio das miragens"[258].

De forma institucionalizada ou de forma anárquica, nunca se confunde o amor com a união consagrada.

Sibylle é fruto da descrença melancólica de sua mãe e da "perversão" (*père-version*) do pai; terá que ressituar, então, essa perversão como versão para o pai e versão de pai, para poder sustentá-lo com seu amor. Só assim poderá prescindir dele não sem servir-se dele suficientemente. É nesse ponto que situo o que ordenam suas querelas: religião do pai. O ódio, então, é amor desencadeado. Ali é onde, finalmente, pode operar a análise.

Feitas essas pontuações, voltamos ao tragicômico operando no seio da religião do pai, aquele de quem até o fim se espera o reconhecimento.

---

[257] Sibylle Lacan, *Un père (puzzle)*, op. cit., p. 15.

[258] Jacques Lacan, El Seminario, Libro IV, *La relación de objeto*, Barcelona, Paidós, 1994, pp. 215 e 216.

IX.1.6. Função do tragicômico

Na relação da ação com o desejo que a habita, trata-se de um triunfo do ser-para-a-morte na dimensão trágica e de um triunfo da vida, incontinente, que escapa a toda barreira posta pelo significante, do desejo como radical desencontro marcado pelo falo na dimensão cômica. Quando, no seio do trágico, o sujeito emerge no mesmo lugar da marca de morte do significante, o herói cômico é o que patina, tropeça e cai. É dele que se pode dizer, como Lacan diz no Seminário VII:

> "Bem, ao menos o pequeno bom homem ainda vive"[259].

Há no tragicômico um efeito de transmissão: a da falta do Outro garante do desejo, a do furo no saber do sexo que a palavra vela e que a metáfora solapa.

A caricatura operada sobre a eminência do personagem, como sublinhava Freud, nos põe diante do tempo fundamental da degradação do Outro. Recordemos que o personagem eminente só pode sustentar-se na impostura e na mentira, mas é muito diferente o sustentar a des-coberta do cômico no Outro com humor e a sanha em denunciá-la amargamente, maldizendo-a. A caricatura é uma operação que efetua a discordância entre o real e o imaginário com os recursos do simbólico.

Há algo essencialmente colocado na dimensão do tragicômico, nessa encarnação do significante que é a versão de um pai, sua perversão, quando esta é lograda, ou seja, essencialmente fracassada. Veremos por quê.

IX.1.7. O que é um pai?

Como em eco a esse pai tão pouco pai, e isso não só com relação a Sibylle, encontramos o dito por Lacan:

---

[259] Jacques Lacan, Le Séminaire, Livre VII. *L'éthique de la psychanalyse*, Paris, Seuil, p. 362. A tradução é minha.

"A interrogação freudiana, do sujeito Freud, foi sempre: o que é ser um pai? Este foi para ele o problema central, o ponto fecundo que orientou verdadeiramente toda a sua doutrina"[260].

Não é, também, a pergunta fecunda que orienta o ensino de Lacan, tanto como essa falta tragicomicamente vivida, prolífica em embates? Com um aditamento: a pergunta *o que é um pai?* é uma forma de abordar o significante pai, mas...

"... trata-se também de que os sujeitos acabam convertendo-se, por sua vez, em pais. Formular a pergunta *o que é um pai?* é ainda algo distinto de ser um pai, ter aceso à posição paterna. Se é certo que para cada homem o acesso à posição paterna é uma busca, não é impensável dizer que, finalmente, ninguém jamais o foi *por inteiro*"[261].

Vemos aqui começar a delinear-se essa figura do pai que, para além dos acontecimentos particulares de uma história, não pode ser pai mais do que ao modo de *pai incompleto,* com o que fica apontado um *não todo pai.*

"Dialeticamente" – diz Lacan–, "há que partir da suposição de que *em* algum lugar há alguém que pode sustentar plenamente a posição do pai, alguém que pode responder 'eu sou pai'. Esta suposição é essencial para qualquer progresso da dialética edípica, mas isso não resolve de modo algum a questão de saber qual é a posição particular, intra-subjetiva, daquele que cumpre esse papel para os demais. E particularmente para a criança.
Freud, sua experiência, nossa experiência cotidiana estão aí para nos torná-lo palpável e, também, para nos obrigar a afirmá-lo. O único que poderia responder absolutamente pela função do pai simbólico seria quem poderia dizer: eu sou o que sou. Mas, esta frase, ninguém pode pronunciá-la"[262].

---

260 Jacques Lacan, El Seminario, Libro IV, *La relación de objeto*, op. cit., pp. 206 e 207.
261 Jacques Lacan, El Seminario, Libro IV, *La relación de objeto*, op. cit., p. 207.
262 Ibidem.

Para que subsista algum pai, o verdadeiro pai, o único pai, o pai único há de ter estado antes da história e há de ser o pai morto. Morto para demonstrar que era impossível matá-lo. Trata-se antes do único modo de conservá-lo. É o pai mítico. Algo que não intervém em nenhum momento da dialética, salvo *por mediação de um pai real*, porque O pai real, presente desde o início para o sujeito, em algum momento se encarna em alguém para que esse *um pai* desempenhe um novo aspecto de seu papel e de sua função: vivificar a relação imaginária *dando-lhe uma nova dimensão*.

Dois tempos se recortam: a) o do pai real presente desde o início, o qual não é mais do que um significante no real, significante a-semântico que faz exceção a todos os outros significantes, e b) um segundo tempo em que, eventualmente, a função é encarnada por alguém cujo gozo certamente excede sua função metafórica. Um pai *faz* pai.

Parece que muito cedo e, possivelmente, com relação a seu próprio pai[263] e depois a sua própria paternidade, Lacan faz a descoberta de algo ineludível, algo que assinala aspectos cruciais de sua vida: o falho de qualquer pai no momento mesmo em que encarna a função.

IX.1.8. A "père-version"

É no Seminário XXII que a vida se faz avançar na teoria do pai, ao sustentar explicitamente que o amor ao pai está *perversamente orientado*, uma vez que se trata de que *um pai* faz de uma mulher objeto *a* que causa seu desejo. Entretanto, ela vai se ocupar de outros objetos *a*: os filhos.

> "Em relação a eles, o pai intervém *excepcionalmente*, no bom caso, para *manter na repressão*, no *justo* "*mi-dieu*[264]", a versão que lhe é própria de sua perversão, única garantia de sua função de pai, ou seja, função de sintoma. Para isso é suficiente que seja modelo da função ao realizar o tipo. A virtude paterna não é, por excelência, a normalidade, mas o justo "mi-dieu" dito quando faz falta"[265].

[263] Ver Elizabeth Roudinesco, op. cit., cap. I, "Des marchands de vinaigre".

[264] *Mi-dieu*, literalmente "meio Deus", é próximo, homofonicamente, de "mi-dire", semidizer.

[265] Jacques Lacan, Seminário XXVIII, *R.S.I.*, Versão estenográfica M. C. O itálico é meu.

Vemos então que, se o significante excepcional é secundariamente encarnado, isso não é pouca coisa. Com relação a essa encarnação, vai desenvolver-se um luto e a possibilidade de um amor distinto do da religião do pai, amor sustentado pelo reencontro da castração no Outro através de sua desmistificação.

IX.1.9. O luto

Em seu livro, Sibylle Lacan testemunha um luto, luto elaborado com fragmentos de recordações sabiamente escolhidas e ordenadas, testemunho de uma análise, onde o pai que guarda todo seu gozo para ele fica comicamente marcado pelos traços de sua insuficiência. Insuficiência operante para a elaboração do luto, uma vez que é a sua insuficiência lógica que encarna um impossível. Luto de que pai? Desse pai imaginário em relação ao qual não cabe outro destino além de manter o sujeito no ódio e no amor ao pai, pai a quem só cabe ser alternadamente bendito e maldito, mas nunca bem dito, no fundo se ergue a figura da crença no pai excepcional. Somente o bem dizer cura as feridas causadas pelo pai, enquanto o bem dizer se sustenta do impronunciável do nome do pai: esta é a tragédia do ser falante. No seio dessa tragédia, o cômico, a comédia introduz a possibilidade do nome qualquer, o que se exercita ao demonstrar a impossibilidade originária do nome para nomear seja lá o que for. É por isso que podemos concluir que Sibylle chega a poder chamar-se Sibylle Lacan, sem importar-lhe demasiado chamar-se assim, e, apenas desse modo, volta a sentir-se habilitada para atuar segundo sua linhagem sem querelas inúteis, o que não quer dizer não intervir quando é "legítimo e necessário".

A flor levada diante da tumba de seu pai revela-se, assim, o retorno da mensagem finalmente recebida. O que é uma flor senão, em última instância, o presente de nada? Nada em lugar do nada de um outro amor, feito do dom da falta.

IX.2. Neurastenia?

Vejamos como Sibylle apresenta sua doença. São alguns parágrafos de seu livro. Ela diz:

"Naquele verão, pela primeira vez caí misteriosamente doente: um abatimento geral, sem mais desejo, sem mais prazer, uma espantosa perturbação. Para tranqüilizar-me, incriminava o calor. Quando voltei a Paris tudo voltou ao seu lugar"[266].

"Em abril de 1962 – eu tinha, então, vinte e um anos –, caí doente. Tudo fazia crer que se tratava de uma gripe e fui tratada conseqüentemente. Fiquei de cama em torno de uma semana, depois a febre desapareceu e fui declarada curada. Mas os outros sintomas persistiam: *uma imensa fadiga física – tinha necessidade de doze horas de sono – e intelectual: tinha dificuldades para seguir meus estudos e mais ainda para memorizá-los.* Uma impressão insuportável de anuviamento na cabeça desde que me levantava até me deitar. Já não conseguia ler. O cinema me deixava desconcertada. *Na verdade, eu não tinha nenhuma energia.* Só me restava a vontade de sarar. Estava convencida de que 'tinha' algo. Vi numerosos médicos – clínicos gerais e especialistas – e fiz numerosos exames. Nada foi encontrado" [267].

"Impossível estudar, aprender, registrar. Sempre a mesma debilidade, o mesmo estado 'anuviado', uma estranha ausência de emoção. Minha vida era um inferno.

... exijo uma *cura pelo sono* – sem saber, por outro lado, de que se tratava exatamente –, minha obsessão: *dormir a maior quantidade de tempo possível para despertar reposta*"[268].

"Quando interrogava meu pai sobre minha 'doença', ao redor de dois anos depois de seu desencadeamento ('mas o que eu tenho?'), ele me respondeu: *no século dezenove, diriam que você era neurastênica.*

(Outra pessoa, que não citarei, fala de *melancolia* e defende que disso ninguém se cura nunca. Meu analista não estava de acordo sobre este último ponto)"[269].

---

[266] Sibylle Lacan, *Un père (puzzle)*, op. cit., p. 38.

[267] Sibylle Lacan, *Un père (puzzle)*, op. cit., p. 41. Os itálicos são meus.

[268] Sibylle Lacan, *Un père (puzzle)*, op. cit., p. 48. Os itálicos são meus.

[269] Sibylle Lacan, *Un père (puzzle)*, op. cit., p. 51. Os itálicos são meus.

Diagnóstico ou falta de diagnóstico, quiçá em lugar de um diagnóstico anterior? Diante do "feia, tonta e doente" da cruel brincadeira de seus irmãos, o pai havia dito "Acabarão tornando-a idiota!".

Sim. Sibylle parece idiotizada. É tudo?

Ela escrevia em "Un padre 'puzzle'"[270]:

"Arremessada da cena do Outro, *a*-roubada, despojo sem sentido, Sibylle doente. A partir dali não deixa de oferecer sua doença ao saber do Outro sem chegar, por muitos anos, a estabelecer-se com relação a um sujeito suposto saber. Quando o faz exige resguardar seu nome. Convocado aí onde era provocado, Lacan renuncia, e não sem razão, mas sua enigmática resposta merece um comentário: remete-a ao século passado, ali onde o pai de Freud havia podido dizer-lhe algo. Mas sabemos que tampouco Freud havia podido fazê-lo, já que a neurastenia ficou também para ele fora das psiconeuroses. Então, não há pai que possa nomear de maneira adequada o que lhe acontece e Sibylle permanece na orfandade que sua doença duplica".

Aqui, sem desdizer-me dessa formulação, direi algo mais. Quando fracassa a oferta de sua doença ao saber que a nomeia, pode apelar a seu nome próprio, do qual não deixa de fazer uso ainda quando o põe em resguardo. O que se põe em jogo, então, é um registro de nomeação em relação a sua filiação.

"No século passado, diriam que você era neurastênica". O dito de Lacan, para além de sua filha, é capaz de interpelar-nos? Como demonstram as expectativas que declara em relação à função do público nas apresentações de doentes, trata-se, para a clínica psicanalítica, de fazer avançar a semiologia psiquiátrica.

O interesse que despertam em Lacan os estudos freudianos sobre as neuroses atuais está ligado, em seu ensino, a sua releitura do *Projeto*. Nós o encontramos desembocando nessa questão fundamentalmente no Seminário VII (1959-1960). Sibylle diz haver adoecido em 1962.

---

[270] Ver XI. 1. *"Um pai 'puzzle'"*.

Comenta Pontalis, nesse seminário, acerca das formulações freudianas:

"Se alguém olha essas cartas e esses rascunhos anteriores, se dá conta de que é quase que somente uma questão da neurose atual, da neurose de angústia, tema ao qual Freud consagra dois artigos nesse mesmo ano de 95. Vemo-lo insistir e sabe-se que não cederá jamais sobre esse ponto, sobre a necessidade de distinguir da neurastenia e da histeria a neurose de angústia, uma forma de neurose onde não há atuação mediatizada do conflito, mas *atualidade imediata de uma tensão*"[271].

Como vemos, esses comentários sobre o interesse que Freud dirige à neurose de angústia valem, também, para a neurastenia enquanto neurose atual, ou seja, doença por "atualidade imediata de uma tensão".

Este autor continua seu comentário sublinhando que Freud declara conhecer, nesse momento de sua reflexão, três mecanismos da formação da neurose: a conversão dos afetos para a histeria de conversão, o deslocamento para a neurose obsessiva e a transformação dos afetos para as neuroses atuais. Acrescento, no que me toca, que este último vale também para a melancolia.

É esse último mecanismo, a transformação do afeto, que se constitui, nesse momento de sua reflexão, no maior problema: como uma tensão sexual pode transformar-se em angústia? Essa angústia, pelo que é provocada?

É mais ou menos certo que sejam tais questões que motivam a redação do *Projeto* sem que, contudo, se esgote ali seu sentido. Freud começa a responder a tal questão em um manuscrito anterior, utilizando conceitos e distinções que encontrarão um pleno desenvolvimento precisamente no *Projeto*. Pontuo: a excitação pode ser exógena, excitação que cria a tensão e isso não acarreta nenhum problema; o processo de inércia pode funcionar sem dificuldades em uma espécie de generalidade, o estímulo não é específico e a resposta não tem que ser, basta que a tensão seja descarregada. E o problema

---

[271] Intervenção inédita de Pontalis no seminário de Jacques Lacan, *L'éthique de la psychanalyse*, op. cit. Tradução de Javier Aramburu, Ana R. Najle e Juan Carlos Cosentino, da versão estenográfica. Publicação da Escuela Freudiana de Buenos Aires para circulação interna.

só começa no caso da excitação endógena, isto é, da fome, da sede, do impulso sexual. Então, as coisas são mais complicadas, pois só uma reação específica, segundo o termo de Freud, é útil. Quer dizer que, para uma dada excitação, é necessário uma dada resposta e já não qualquer descarga. Se a reação específica se produz: a tensão desaparece. Essa tensão desenvolve-se segundo o seguinte esquema: a tensão física alcança certo umbral, transforma-se então no que ele chama libido psíquica, esta entra em conexão com grupos de representações capazes de desencadear a reação psíquica. Porém, se essa reação específica não se produz, o que é que se passou? Não existe nem esta elaboração, nem essas ligações com grupos de representações.

Diz Pontalis:

> "Dito de outra maneira, em uma linguagem que nos será talvez mais acessível, não há aqui mediação. E nisso reside o princípio da angústia tal como se manifesta na neurose atual. Como surgem essas questões? Como se efetuam essas mediações necessárias para a transformação? Qual é o lugar, o suporte? E penso que sejam tais questões que orientam, que motivam nesse período a busca de Freud. Tudo isso para mostrar-lhes que nessa concepção não se trata, absolutamente, de reelaborar esse modelo de um esquema que não seria mais ou menos revisado por Freud no momento mesmo em que o edifica. E pode-se dizer, inclusive, que em suas contribuições essenciais, não o será jamais. Todas as teses, todas as distinções fundamentais se reecontram ali"[272].

Na mesma aula, Lacan dirá das neuroses atuais que este é um problema demasiado abandonado pelos psicanalistas.

Efetivamente, por essa perspectiva, devemos dizer que, em relação à "neurastenia" da clínica psiquiátrica pré-freudiana, a psicanálise ainda não avançou nada. Essa entidade da psiquiatria é descartável a partir das formulações freudianas?

Como assinala Bercherie[273], parece que essa neurose de base – como Freud a conceitualiza – está destinada a ser redescoberta periodicamente, rebatizada e promovida a doença do século, como o fizeram Bouchut e Beard.

---

[272] Ibidem.

[273] Paul Bercherie, *La génesis de los conceptos freudianos*, op. cit.

Sibylle desenha, pinta um quadro da "neurastenia". Veremos aonde nos conduz interrogá-lo.

Neurose onde predomina a astenia, a debilidade geral.

Para o estudo da evolução histórica da noção de neurastenia indico o capítulo precisamente intitulado "Neurastenia".

No que diz respeito ao estudo do caso "Sibylle" proponho irmos até Janet e a uma forma da neurastenia que ele nomeia *psicastenia* e que Roger Caillois retoma como "psicastenia legendária".

Lacan faz uma referência à questão da psicastenia em *O estádio do espelho*, diferenciando a identificação homeomórfica da heteromórfica. Da primeira diz que "ficaria envolvida na questão do sentido da beleza como formadora e como erógena", enquanto da heteromórfica – *hetero*, outro, identificação a uma forma outra, diferente, inclusive estrangeira – diz o seguinte:

> "Mas os fatos do mimetismo, concebidos como de identificação heteromórfica, não nos interessam menos aqui, uma vez que estabelecem o problema da significação do espaço para o organismo vivo, e os conceitos psicológicos não parecem mais impróprios para lançar alguma luz sobre essa questão do que os ridículos esforços empreendidos com vistas a reduzi-los à lei pretensamente suprema da adaptação. Recordemos unicamente os raios que fizeram fulgurar sobre o assunto o pensamento (jovem, então, e em recente ruptura com as prescrições sociológicas em que havia se formado) de um Roger Caillois, quando, sob o termo de *psicastenia legendária*, subsumia o mimetismo morfológico em uma obsessão do espaço em seu efeito desrealizante"[274].

IX.2.1. O mimetismo

A psicastenia de Janet é uma neurose com obsessões, idéias fixas e fobias. Roger Caillois[275] vai defini-la como uma "doença do espaço". Diz

[274] Jacques Lacan, "El estadio del espejo como formador de la función del yo [je] tal como se nos revela en la experiencia psicoanalítica", em *Escritos*, Tomo I, Buenos Aires, Siglo XXI, 1988, p. 89.

[275] Roger Caillois, *El mito e el hombre*, capítulo "Mimetismo y psicastenia legendária", Buenos Aires, Sur, 1939.

que na psicastenia, como no mimetismo, trata-se de uma perturbação da percepção do espaço. O sentimento da personalidade, como sentimento da diferenciação do organismo no meio, da relação da consciência e de um ponto determinado do espaço, encontra-se gravemente minado; a psicologia da psicastenia define-se pela perturbação das relações entre a personalidade e o espaço.

A fórmula seria: "Eu sei onde estou, mas não me sinto no lugar onde estou".

Todas essas expressões revelam um mesmo processo: *a despersonalização* por assimilação ao espaço, isto é, o que *o mimetismo realiza morfologicamente em certas espécies animais.*

Essa assimilação ao espaço é obrigatoriamente acompanhada de uma diminuição do sentimento da personalidade e da vida. Diz R. Caillois: "A vida retrocede um grau".

As considerações de Caillois me levam a retomar as considerações de Lacan sobre os fatos do mimetismo. No mimetismo, não se trata de adaptação ligada a necessidades de sobrevivência. Trata-se de algo totalmente diferente. Os fatos do mimetismo são feitos próprios à identificação heteromórfica. Lacan refere os fatos do mimetismo a como alguém se situa no quadro como mancha. Nessa direção nos guia uma observação do próprio Caillois, que nos assegura que os fatos do mimetismo são análogos, no nível animal, ao que, no ser humano, se manifesta como arte, ou pintura.

Caillois destaca as três rubricas que, efetivamente, são as dimensões principais onde se desenvolve a atividade mimética: o travesti, a camuflagem e a intimidação.

O travesti: trata-se de disfarce, de mascarada.

A intimidação: implica essa supervalorização que o sujeito sempre procura lograr em sua aparência.

A camuflagem: o crustáceo se acomoda a essa forma manchada. Torna-se mancha, torna-se quadro, inscreve-se no quadro. Essa é *a mola propulsora original do mimetismo.*

É nesse domínio que se apresenta a dimensão através da qual o sujeito há de inserir-se nesse quadro. O mimetismo dá a ver algo distinto do que se poderia chamar um si mesmo que está por trás. O efeito do mimetismo *é* camuflagem. Não se trata de pôr-se em concordância com o fundo, mas de, em um fundo matizado, matizar-se; da mesma forma que se efetua a técnica da camuflagem nas táticas de guerra humana.

Os fatos do mimetismo se inscrevem no terreno da imitação e a imitação é um modo muito elementar da identificação no terreno do imaginário. Imitar é reproduzir uma imagem, mas, fundamentalmente, para o sujeito, é *inserir-se em uma função cujo exercício toma-o* e é nisso que é importante deter-se.

Dissemos que os fatos do mimetismo estão próximos dos da pintura. Com Lacan, chamamos quadro à função em que o sujeito há de se localizar como tal. Lacan adianta a seguinte tese: no quadro sempre se manifesta algo pertencente ao olhar.

Primeiramente, recordemos que devemos distinguir, a esse respeito, a função do olho e a do olhar. A função do quadro – em relação àquele a quem o pintor dá a ver seu quadro – mantém uma relação com o olhar. Lacan nos diz[276] que esta relação não consiste em ser artifício para o olhar. O pintor dá a ver algo que poderia ser resumido assim: Queres olhar? Pois bem, veja isso! Entrega algo como alimento ao olho, mas convida aquele a quem apresenta o quadro a depositar aí o seu olhar, como se depositam as armas. Esse é o efeito pacificador, apolíneo.

Vejamos agora as questões que giram em torno do mimetismo, para depois passar a articular a problemática do olhar à do mimetismo.

No mimetismo, assinala Lacan[277], o ser se decompõe entre seu ser e sua aparência (*semblant*), entre ele mesmo e esse tigre de papel que dá a ver. O ser dá ele mesmo, ou recebe do outro, algo que é máscara, duplo, envoltório, pele esfolada para cobrir o bastidor de um escudo. Mediante esta forma separada de si, o ser entra em jogo em seus efeitos de vida e morte, só que o sujeito humano, o sujeito do desejo, à diferença do animal, não fica inteiramente preso nessa captura imaginária. Sabe orientar-se nela. Como? Na medida em que isola a função da tela e joga com ela. O homem, efetivamente, sabe jogar com a máscara como sendo esse para além, para além onde está o olhar. Nesse caso, o lugar da mediação é a tela.

---

[276] Jacques Lacan, El Seminario, Libro XI, *Los cuatro conceptos fundamentales del psicoanálisis*, op. cit., capítulos VI, VII, VIII e IX.

[277] Ibidem.

Porém, por sua vez, o mimetismo é posto em suspenso, *detenção do ato no gesto*. Um gesto é algo feito para deter-se e ficar suspenso. Posto em suspenso em relação ao ato, talvez se complete depois, mas, como gesto, se inscreve em um antes do ato. Essa temporalidade particular, definida com o termo detenção, e que cria atrás de si sua significação, esse momento terminal nos permite distinguir gesto e ato. Diz Lacan no seminário XI:

> "Com o gesto se aplica a pincelada na tela"[278].

IX.2.2. O gesto

O gesto está tão presente no movimento próprio do pintar, na pintura, que, como diz o termo impressão ou impressionismo, o pintar é mais afim ao gesto que a qualquer outro tipo de movimento.

Na resposta que dá a uma questão que lhe propõe M. Tort, diz Lacan no mesmo seminário que acabo de citar:

> "Na criação escópica estamos nessa dimensão: o gesto enquanto movimento que se dá a ver, que se oferece ao olhar"[279].

Estamos diante de algo que dá um sentido novo e diferente ao termo regressão. Aquilo que na dialética identificatória do significante e do falado se projeta para frente como pressa, nesse caso equiparável à regressão, está, ao contrário, no final, aquilo que como ponto de partida se chama o instante do olhar. Há uma sutura, uma *pseudo-identificação*, entre o tempo de detenção terminal do gesto e o que, em outra dialética, a da pressa identificatória, se situa como primeiro tempo: o instante do olhar. Ambos se recobrem, mas não são idênticos, posto que *um é princípio e o outro fim*.

Nesse tempo, Lacan diz que o olhar opera em uma espécie de rebaixamento do desejo. Nele o sujeito não está de todo, é antes manipulado por

---

[278] Jacques Lacan, El Seminario, Libro XI, *Los cuatro conceptos fundamentales del psicoanálisis*, op. cit., p. 124.

[279] Jacques Lacan, El Seminario, Libro XI, *Los cuatro conceptos fundamentales del psicoanálisis*, op. cit., p. 126.

controle remoto. Não é desejo do Outro[280], mas trata-se de uma espécie de *desejo ao Outro*[281], em cujo extremo está o *dar-a-ver*. Este dar-a-ver proporciona sossego porque existe em quem olha um apetite do olho e este apetite do olho, ao qual há que alimentar, dá seu valor de encanto à pintura. Valor que temos de buscar no que pertence à verdadeira função do olho enquanto órgão, o olho voraz que é o olho mau, *o mau olhado*.

A melhor imagem desse poder debilitador do olho é a *invidia*. *Invidia* vem de *videre*: olhar amargo que deixa o "olhador" descomposto e lhe produz o efeito do veneno. E isso por quê? Porque o olho contém a função mortal de estar dotado de um poder separador, de carrear doença e desventura e por isso não há "bom olhado", olho que bem diga; no máximo há *olho profilático*, fetiche.

Esse tempo do olhar terminal, que conclui um gesto, está estreitamente relacionado com o mal olhado. O olhar em si não só termina o movimento, também o fixa. O que é, então, essa topada, esse tempo de detenção do movimento? Não é mais do que o efeito fascinador: trata-se de despojar o mau olho do olhar, para conjurá-lo. O mau olho é o *fascinum*, isso cujo efeito é deter o movimento e, literalmente, *matar a vida*. Recordemos aqui o que dizia Caillois: "a vida retrocedeu um grau". No momento em que o sujeito se detém e suspende seu gesto, está mortificado. O *fascinum* é a função antivida, antimovimento, desse ponto terminal, e é precisamente uma das dimensões em que se exerce diretamente o poder do olhar. O *fascinum* faz a vida retroceder um grau.

Creio que aqui estamos apontando para alguma resposta se o problema central do mimetismo radicava em saber como alguma potência formadora do organismo, como esta força poderia encontrar-se em posição de dominar não apenas a própria forma do corpo mimetizado, mas sua relação com o meio no qual atua, seja distinguindo-se, seja confundindo-se com ele.

---

280 A fórmula de Lacan diz que "o desejo do homem é o desejo do Outro", nessa dupla referência onde o Outro é o Outro a quem o desejo se dirige, mas também o inconsciente.

281 Geralmente tem-se traduzido "desir à l'Autre", o específico do campo escópico, à diferença do "desir de l'Autre" da função invocante, como "desejo ao Outro", o que é um anglicismo que mantenho em função do uso, ainda que acredite que, quiçá seria preferível dizer "desejo dirigido ao Outro" ou "desejo para o Outro".

IX.2.3. A hipocondria e o fenômeno psicossomático

Até aqui articulei *olhar, mimetismo* e *gesto* como tempo de detenção da dialética identificatória, vou ligar agora tudo isso *ao que o olhar incorpora e à hipocondria*, estando esta última ligada *às doenças psicossomáticas:* algo a situar na *junção entre o imaginário e o real.*

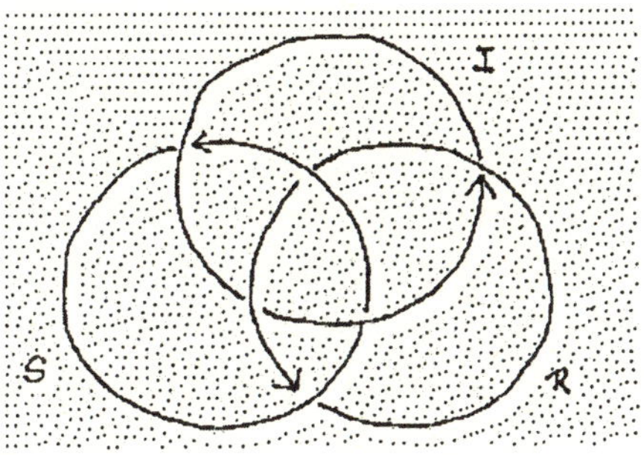

Recordemos que o sintoma se articula no ponto de cruzamento entre o simbólico e o real.

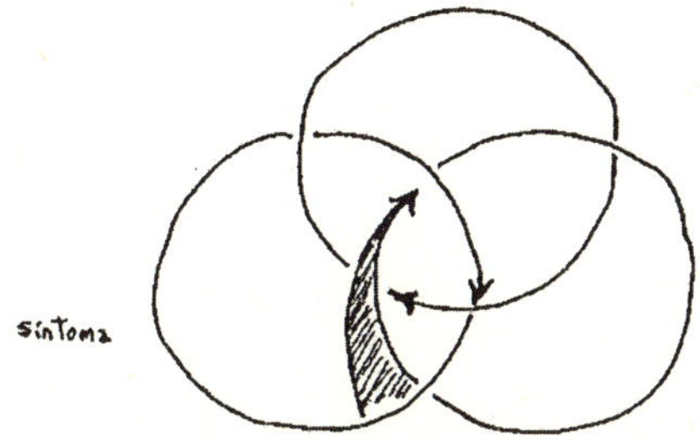

Sabemos que na psicossomática trata-se de algo que não é um significante, mas que só é concebível na medida em que a indução significante, no nível do sujeito, transcorreu de um modo que não põe em jogo a *afânise*[282] do

[282] O termo *afânise* – introduzido por Ernest Jones para designar uma eventual situação de desaparecimento do desejo – é retomado por Lacan ao definir como essência do sujeito o perpétuo movimento de ocultação por trás do significante, ou a emergência no intervalo entre significante e significante, o que define como tal o sujeito em seu fundamento, em seu estatuto, no que constitui propriamente seu ser.

sujeito; o sujeito, enquanto *afânise*, não está implicado nisso. A indução significante toca em outro lugar. Haveria uma estampagem ou uma inscrição direta de uma característica, de um conflito, o que se pode chamar, com Lacan[283], o "*quadro material*" que apresenta o sujeito enquanto *ser corporal*. Essas doenças estão dentro da estrutura da linguagem, mas não em relação à função significante que articula o inconsciente como cifrado de gozo. É por isso que não são sintomas como retorno do recalcado, pois não se constituem pelo recalque, mesmo que seu sentido escape ao sujeito no ponto de sua doença, já que ali *o corpo lhe é alheio*. Esse corpo, ou lugar corporal, ele não o tem.

Na *Conferência de Genebra* de 1975[284], Lacan diz que o psicossomático tem seu fundamento profundamente arraigado no imaginário e que se trata de uma escrita no corpo que cinge um gozo congelado.

Se o *corpo adquire peso pela perda do olhar*, se a expropriação do olhar faz com que o corpo não faça esfera, então, essas doenças aparecem com relação ao desfalecimento da significação fálica em sua articulação com a angústia de castração. A angústia de castração frente ao desejo do Outro surge no nível da imagem especular, no lugar que o eu deve ocupar na imagem do outro. O sujeito se desorienta, perde seu duplo, seu desenvolvimento imaginário. O lugar da angústia é seu corpo, lugar de identificação, e isso é superável se pode identificar-se em outro lugar, já que o lugar de onde se vê não é o mesmo de onde se olha, lugar do Outro de onde se fala.

Diante da não resposta do Outro, o sujeito, enquanto não sabe que objeto é para o Outro, para consistir se deixa representar por um significante *holofraseado*, com valor de um, mas sem relação com outro, na doença. Não há colocação em função do significante binário (significante índice 2) ou do binarismo do significante, o que é fundamental para que o sujeito seja o que um significante representa para outro significante. No ponto da doença não há colocação em função da afânise do sujeito em relação ao saber inconsciente, o que do movimento de alienação-separação pode-se concluir em uma identificação que seja orientação do sujeito em função da falta, em função do imaginário e do simbólico.

---

[283] Jacques Lacan, El Seminário, Libro III, *Las psicosis*, op. cit., p. 446.

[284] Jacques Lacan, "Conferencia en Ginebra sobre el síntoma", em *Intervenciones y Textos 2*, Buenos Aires, Manantial, 1988.

Nas doenças psicossomáticas, a inconsistência do imaginário é suprida pela imagem, o corpo imaginário que se aproxima, assim, do *corpo mimético.*

O corpo perde consistência e esta é suprida no nível da imagem do corpo, nesse caso, pela lesão psicossomática, que remete a uma *identificação mimética com o outro do amor, com o pai privador*, a quem se ama e se odeia por essa privação. Remete a uma identificação imaginária com o pai, enquanto o *mimetismo supõe um movimento de regressão da vida a um estado anterior*, que implica, em seu movimento, *uma precária diferenciação*. Pelo contrário, a lei que marca o corpo enlaça os registros na ordem da significação fálica e sustenta o sujeito em uma identificação secundária, não coincidente com a identificação amorosa.

Nas doenças psicossomáticas trata-se de uma *figura paterna inominável*, um pai desmetaforizado, pai que não se relaciona com a rivalidade edípica. O pai simbólico é substituído pela presença do pai. São doenças ligadas à latência, a algo que fica latente, detido. Algo oculto se dá a ver pela doença.

Diz Sibylle:

> "Em minhas recordações, só conheci meu pai depois da guerra (eu nasci no final do ano quarenta).
> Uma imagem da época que permaneceu fixa em minha memória, como uma fotografia que eu teria guardado e conservado, é *a silhueta* de meu pai no marco da porta de entrada, quando vinha nos ver às quintas-feiras: imenso, envolto em seu enorme sobretudo, estava ali, já sobrecarregado por não sei que fadiga"[285].

Proponho, então, que para a "rara" doença de Sibylle, entre hipocondria e melancolia, podemos ter o esclarecimento do psicossomático. Houve uma identificação com um traço do pai, traço que não pôde cumprir a função metafórica por não estar colocado em relação com outro significante, o significante binário? O efeito diante do qual estamos é uma identificação mimética, com a qual se chama e se convoca o pai em sua função.

---

[285] Sibylle Lacan, *Un père (puzzle)*, op. cit., p. 17. O itálico é meu.

IX. 2.4. O Édipo escópico

Para continuar vou me apoiar em algumas formulações que Paul-Laurent Assoun desenvolve em *La mirada y la voz*[286] [O olhar e a voz].

Assoun se interroga em relação às versões escópica e vocal do objeto *a* e trata de situar como esses dois objetos juntam-se em uma versão oral/escópica do *a*. Essa versão do objeto implicaria uma fixação que, como a fixação oral, significaria permanecer, talvez toda a vida, pendente de algo que provém do Outro (e dos outros do Outro).

Com relação ao Outro, havia uma analogia estrutural entre ambos os objetos: o olhar, desejo "ao" outro; o peito, demanda "ao" Outro. Os registros oral e escópico são "posturas pulsionais" do lado da demanda e do desejo dirigidos *ao* Outro e não *do* Outro. Isso é o que faz com que haja algo "indigerível" no olhar.

O "momento do olhar" – em relação ao tempo lógico[287] – é a prova mesma do ser, prova refém da prova da falta em ser e situo ali a prova *do feminino e do fazer-se mulher, o olhar e o segredo* em relação à autora do texto que analisamos, que se definia como "a menor da turma, *mistura de feminilidade e 'machona'*" [288].

Diz em relação a isso Assoun:

> "... demanda do olhar e silêncio da transferência se enlaçam na *cena edípica da filha*. É nesse momento que parece culminar no real um drama pungente do qual olhar e voz são integrantes, com um *relevo* talvez inigualado. Nesse momento do fazer-se mulher, em que a filha se volta para o pai para negociar seu acesso à feminilidade, a fim de consumar a ruptura com o vínculo materno, cujo poderio é incalculável, há sem dúvida *um certo olhar* que requer, *tacitamente*, a instância paterna. É *o* momento onde esse olhar não deve faltar: de certo modo, catalizará a instalação na fantasia incestuosa que sustenta o "Édipo em feminino". Se aqui é vital

---

286 Paul-Laurent Assoun, *La mirada y la voz*, Buenos Aires, Nueva Visión, 1997.

287 Ver "El tiempo lógico y el sujeito de certitumbre anticipada" em *Escritos*, México, Siglo XXI, 1971.

288 Sibylle Lacan, *Un père (puzzle)*, op. cit. p. 33.

fazer-se olhar "bem", não é exagerado falar de Édipo escópico. Porém esta súplica é muda, ao extremo de poder-se ver nela o emblema do *Sujeito afônico*, em um ponto de vacilação simbólica.
(...) a carga de *invidia* – recordemos: chave do mal olhado –, presente desde a demanda original à mãe e a dor da separação, o olhar sobre o objeto fálico e a *sedução se refletem e acumulam* nesse momento"[289].

Estamos diante de *um Édipo escópico*: a demanda de olhar ao pai.

Na metamorfose da puberdade e sua continuidade na adolescência vai-se decidir a abertura da crisálida da feminilidade. Assim, os destinos de dois objetos pulsionais vão ser mais vistos do que associados, "encavilhados" em si. Esses objetos que se entrelaçam são, justamente, o objeto oral e o objeto escópico. Trata-se *associadamente* do objeto da demanda, do objeto oral da chamada *no* objeto olhar. O que se tenta é obter o reconhecimento, isto é, ser vista. Como se algo a ameaçasse com a aniquilação subjetiva: como não se converter na "filha invisível", o que reduziria a feminilidade a letra morta? É conhecido o jogo de esconder involuntário que preside o *balé* da menina e sua mãe, mas, no fazer-se mulher e no encaminhamento para a feminilidade, trata-se de outra coisa. A filha aborda o olhar do pai com outro projeto: aprendeu mais ou menos a lição dos avatares e dissabores da relação materna. Está "decidida" – e essa é uma palavra chave – a não falhar. Daí data a busca idealizada do companheiro ideal na mulher.

Trata-se de "se fazer ver" pelo pai, de buscar um signo do que significa para ele que ela esteja transformando-se em mulher. A pergunta urgente passa a ser: com que olho me vês? A demanda é de *validação especular*, porque a menina encontra-se diante de uma vacilação da imagem de si testemunhada por certo gosto pelo disfarce que vai pôr em função a mascarada. Trata-se de um "e assim, como te parece que fico?". A arte da vestimenta da histérica encontra aqui seu contexto estrutural exacerbado como fetichização de si mesma, institucionalizada pelas eventuais "habilidades" sedutoras. Pode-se observar a importância que adquirem neste ponto as questões estudadas pela perspectiva dos fenômenos do mimetismo.

[289] Paul-Laurent Assoun, *La mirada y la voz*, op. cit., p. 231. O itálico é meu.

Nesse aspecto pode-se falar literalmente de uma avidez escópica. Não se trata de uma analogia ou uma metáfora, mas, antes, de uma "*fusão pulsional*": toda a avidez da demanda do objeto oral materno vai se converter em aspereza da demanda de ser olhada. A jovem é pedinte do olhar. Sua bulimia escópica pode assumir formas tão discretas como "voluntárias".

Assoun nos sublinha que, então, o pai é colocado "sob vigilância" para identificar, por um olhar enviesado, o que vê dessa metamorfose. Ali podemos dizer que se trata de um "e se te amo, tenha cuidado!".

A cena da refeição familiar assume um papel determinante: é onde se come e se está de frente. O olhar vazio, o que não diz nada ou não olha, decide o desamparo. Podemos, assim, explicar essa cena que Sibylle, na realidade, dirige ao pai ausente, o que "vinha almoçar na rue Jardin uma vez por semana", quando ela irrompe à hora do almoço dizendo "Não me casarei jamais!".

A dialética inaugurada é comer/ser comido, olhar/ser olhado. É o ódio à mãe – ódio passional – que decide essa escolha de objeto; daí a equação passional. Há medo de ser comida (devorada) pela mãe e "vontade" de ser comida (com os olhos) pelo pai. A desconexão do ódio fornece a energia dessa demanda totalitária.

A áspera forma dos ciúmes referir-se-ia, também, à supostamente mais amada pelo pai: primeiro Caroline e depois Judith. Ali Sibylle situa a origem de sua doença:

> "Meu primeiro encontro verdadeiro com Judith *me destroçou*. Ela era amável, tão perfeita e eu, tão incapaz, tão inábil. Ela era a sociabilidade, a graça, eu era a campesina do Danúbio. Ela tinha o aspecto de uma mulher, eu tinha todavia um porte infantil. Esse sentimento durou muito tempo. Depois reencontrei esse espécime feminino e sei a que me ater. Mas, então, me sentia sobrecarregada, culpada. Além disso, ela fazia aperfeiçoamento e eu apenas estudos de línguas. (...) Em Saint-Tropez Judith estava ali. Me fez sentir toda a minha mediocridade. *Uma recordação alucinada é a visão de meu pai e de Judith* dançando como dois namorados em um baile popular em Ramatuelle. Mas em que mundo havia caído? Um pai não era um pai? *Ela era a rainha*"[290].

[290] Sibylle Lacan, *Un père (puzzle)*, op. cit., p. 37. O itálico é meu.

Lacan tinha razão em relação a sua filha: tratava-se de romper o vínculo com a mãe. Mas também se equivoca: para romper o vínculo com a mãe faz falta eleger um pai para fazer-se eleger pelo pai.

Porque, o que espera ela dele? Que lhe prometa... o quê? Diz Assoun que, em relação a essa estranha posição de existência prorrogada onde *o olhar* "não é um luxo", "está em jogo um *cogito* especular. Ela não tem ser, não pode abraçar sua existência mais do que ao ser 'considerada'"[291].

Para isso requer três promessas do pai:

- que a amará (tanto, mais, de uma outra maneira como sua mãe nunca a amou);
- que lhe "fará" um filho (na fantasia, para sustentar o desejo de ter algum dia um filho real);
- que ela será uma mulher (que tem direito a isso e que sua mãe não representará um obstáculo).

Recordemos a esse respeito o comentário de Sibylle: "... mas o que dizer de minha necessidade excessiva de 'reconhecimento' e de minha sensibilidade extrema roçando a susceptibilidade?".

Não há um "bom olhar", mas um bom olhar do pai é o que é possível imaginar sempre que não haja olhar de sedução ou de rechaço. Seria, então, aquele olhar que tolera uma certa discrição, uma certa necessidade de reserva, de "saída melusinesca"* por parte da menina que espera esse olhar; entendamos com isso que uma filha quer estar em condições de proteger algo de si que nunca dará por completo, ao abrigo dos olhares indiscretos, mas justamente possível com a condição de ter sido olhada no momento oportuno. Tudo isso nos dá um indício da complexidade da demanda escópica no momento em que a menina está ávida, ao máximo, de um olhar, mas, também, ao máximo na posição do dito: "Olhe, mas não me toque!".

---

[291] Paul-Laurent Assoun, *La mirada y la voz*, op. cit., p. 233.

* *Melusinesca*, termo que faz referência a Melusina, personagem de uma lenda medieval que se escondia quando se transformava em mulher serpente. (NT)

Sibylle foi olhada? Mas como? Ela fala de "*Uma olhada*"[292]. Teria sido o bastante, teria sido suficiente, não obstante isso a deixa "furiosa"[293].

É importante ter em conta que, para Assoun, situa-se aqui a questão em jogo na posição melancólica, quando ele diz que há uma função de súplica autoritária do olhar: "desprende-te de um olhar (como de um presente) ou morro (posição melancólica) ou te mato (função agressiva)".

IX.2.5. A depressão

A desfalicização da imagem de si, a perda de seu brilho, de seu valor, da atração pelo outro e da tensão que isso mantém ocasionam, na retirada narcísica e no achatamento egóico que a depressão realiza, uma verdadeira elisão do objeto, uma não vetorialização do desejo. O desejo já não está vetorializado por esse objeto que era a sustentação da imagem enquanto perdido.

Na depressão *o corpo se torna real*, objeto de queixas sem relação com a fantasia. A fadiga, que constitui a queixa principal, pode, então, ser considerada um efeito no corpo como conseqüência da desfalicização da imagem, imagem do outro que dava corpo. As descrições dos doentes deprimidos reiteram essa fadiga massiva pela manhã, com recuperação – na medida em que se recupera o domínio da imagem – durante o dia.

Em Sibylle efetuou-se em seu corpo uma identificação regressiva, mimética, com essa imagem de um pai misterioso, cujo mistério não pode ser interrogado por muito tempo. É o que vai fazer depois com a escrita de seu livro.

Tratou-se de uma subjetivação não ficcional do Outro concernente ao amor. "Não me ama" é "Estou excluído do amor que me nomearia". Nas mulheres, a depressão que isso provoca provém, freqüentemente, do fato de que, se o significante Mulher não reenvia a uma ex-sistência, ela não pode ter garantia de ser nomeada mulher. A mulher vai buscar no imaginário especular nomeações cuja impossibilidade tem por efeito invalidar e nadificar essa imagem. As quedas do imaginário especular ritmam, então, os acessos de depressão.

---

[292] Em castelhano existe essa acepção pela qual "olhada" remete ao mau-olhado. Não ocorre assim em francês; entretanto podemos nos perguntar se "coup d'oeil" – olhada – pode tomar um sentido literal: "golpe de vista".

[293] "Eu estava FURIOSA". Ver Sibylle Lacan, *Un père (puzzle)*, op. cit., p. 61.

X

A melancolia

X.1. De que se trata na melancolia?

Além da curiosa afirmação da qual partiu nossa investigação, "... no século dezenove, diriam que você era neurastênica", Sibylle havia recebido a opinião de que sua doença era uma melancolia, diagnóstico que foi acompanhado pelo estatuto de "incurável". Mas teve, também, a palavra de quem foi seu analista, palavra que selou para Sibylle a possibilidade da análise: ele não concorda com o aspecto incurável que acompanha esse diagnóstico. Pessoalmente, discuti extensamente não apenas a crença na incurabilidade da melancolia, mas, também, o critério que acompanha usualmente essa crença: a inclusão da melancolia no campo das psicoses, campo definido pela foraclusão (*Verwerfung*) do Nome do Pai.

Eu havia avançado em relação a isso as seguintes hipóteses, hipóteses que pus à prova ao longo de *El dolor de existir y la melancolía* [A dor de existir e a melancolia] (1992):

> "Concluí que se trata de uma falha no nó[294], explicada não pela foraclusão (*Verwerfung*) do significante do Nome do Pai, nem pelo recalque (*Verdrängung*) da castração, mas pelo rechaço dos mandatos da palavra,

[294] Refiro-me ao enlaçamento borromeano próprio da estrutura do ser falante. Ver a esse respeito XI.3.3. Enlaçamento de registros e escrita do nó.

instância ligada à intervenção do pai imaginário e à constituição do supereu. O enlaçamento do imaginário acha-se falho, como é falho, também, o *movimento pulsional* que faz a passagem da incorporação do objeto à sua introjeção simbólica"[295].

A isso acrescentava, em junho de 1999, por ocasião de uma reedição desse livro, em nota de rodapé, que hoje, a partir do que pude elaborar acerca da questão do pai, penso que o erro do nó é efeito da intervenção falha do pai nomeante, o pai que dá corpo e sustenta a função paterna, o pai da realidade, o que dá consistência ao pai imaginário.

A fábrica do "caso Sibylle" nos permitiu avançar nesse sentido, já que pudemos situar que a "rara doença" de Sibylle podia ser formalizada justamente como um transtorno do imaginário e, portanto, do narcisismo, o que nos permite alinhar essa fadiga (astenia) à depressão própria à melancolia. Sujeição do corpo que já não possuímos porque ficou sujeito ao real, à dominância da lei da gravidade como lei do real.

Assim, eu citava Alain Didier-Weil quando diz:

> "Na depressão, a pressão que o corpo recebe da atração terrestre torna-se opressão, pois há supressão da inconsciência do que, no corpo, é fixo: seu peso"[296].

Pudemos ler em Sibylle que seu "quadro material" como ser corporal, em lugar de uma identificação, mostrava uma mimese: efeito e denúncia, tanto de uma maldição cumprida que remetia à pesada voz do supereu – "Acabarão tornando-a idiota" – caindo sobre ela com o peso de uma letra nomeante, assim, também, como último recurso ao pai, animando a imagem dessa enigmática fadiga da lembrança da infância. Eu dizia então:

> "Houve uma identificação com um traço do pai, traço que não pôde ter função metafórica por não estar posto em relação com outro significante, o significante binário? O efeito diante do qual estamos é uma identificação mimética, com a qual se chama e se convoca o pai em sua função".

---

[295] Pura H. Cancina, *El dolor de existir y la melancolía*, op. cit., p. 8. O itálico é atual.
[296] Alain Didier-Weil, *Los tres tiempos de la ley*, op. cit., p. 77.

Anteriormente, liguei o fenômeno do mimetismo à suspensão, à detenção do ato no gesto. Suspensão em relação ao ato que talvez se complete depois, mas que, como gesto, se inscreve em um antes do ato. Nele o sujeito não está de todo, está antes manipulado por controle remoto. Não é desejo do Outro, mas uma espécie de desejo ao Outro, em cujo extremo está o dar-a-ver.

Dizíamos, também, que, no momento em que o sujeito se detém e suspende seu ato no gesto, está mortificado. Está fascinado, sendo o *fascinum* a função antivida, antimovimento, sendo uma das dimensões em que se exerce diretamente o poder do olhar. O *fascinum* faz a vida retroceder um grau. Acrescentemos que aí não se põe em jogo a *afânise* do sujeito; o sujeito, enquanto *afânise*, não está implicado nisso. A indução significante toca em outro lugar. Haveria uma estampagem ou uma inscrição direta de uma característica, ou de um conflito, sobre o que pode se chamar o *"quadro material" que representa o sujeito como ser corporal.*

Ao que acrescento que se trata de um transtorno que, se Freud pode pensá-lo como energia sexual não transmitida psiquicamente é porque, se a libido é definida por Lacan como "órgão incorporal", tratar-se-ia, nesses casos, de libido "corporificada", isto é, pela falha na amarração o corpo não terminou de perder esse órgão que é a libido.

X.2. Neurastenia e melancolia

Diz Freud no Rascunho G.:

> "O afeto correspondente à melancolia é o luto, ou seja, a nostalgia de algo perdido. Portanto, talvez se trate, na melancolia, de uma perda dentro da vida *pulsional*"[297].

Se a neurastenia era entendida como empobrecimento libidinal, podemos sublinhar que poderia parecer que as diferenças entre neurastenia e melancolia fossem apenas de intensidade, a menos que nos interroguemos sobre o que Freud quer expressar quando diz que na melancolia

---

[297] Sigmund Freud, "Manuscrito G", *Fragmentos de la correspondencia con Fliess*, op. cit., Tomo I, p. 240.

haveria um "verdadeiro esgotamento" da excitação somática. Outra via de interrogação seria possível a partir do que se poderia enunciar como "percepção do empobrecimento libidinal", cuja conseqüência seria, então, o estado melancólico.

A concepção de Freud sobre a neurastenia exige uma comparação com a melancolia para definir se se trata de uma melancolia larvada. A melancolia aparece muito próxima da neurastenia nos primeiros escritos freudianos e, desde o começo, o trabalho de teorização de Freud dirigiu-se a – reconhecendo sua proximidade – poder diferenciar esses quadros que inicialmente se mostraram tão complicados que pareciam equivalentes, como demonstra a descrição de um caso em que ele termina falando de "melancolia neurastênica"[298].

Se sua teoria acerca da maneira especial de tratar as "representações contrastantes" lhe permitia diferenciar a neurastenia da histeria, aproximava perigosamente a neurastenia da melancolia.

X.2.1. Os afetos

Não obstante, é no terreno da teoria dos afetos que surgirão diferenças que nos permitirão tirar algumas conclusões. A questão do afeto foi abordada por Freud de duas maneiras que não são contraditórias, mas diferentes.

- Por um lado, o afeto é o aspecto quantitativo em termos de "*quantum* de excitação" ou "quantidade de afeto" (*Affektbetrag*) que carrega as representações, funcionando, estas representações, como os representantes ou procuradores do somático no psíquico. A quantidade de afeto afeta – vale a redundância – o psíquico quando o aumento de excitação determina a passagem do quantitativo ao qualitativo, ou seja, a transformação da quantidade em qualidade.
- Por outro lado, um afeto implica algo da ordem do qualitativo, na medida em que é índice de estar afetado e, portanto, é experimentado, sentido.

---

[298] Sigmund Freud, "Manuscrito F", *Fragmentos de la correspondencia con Fliess*, op. cit., Tomo I, p. 238.

Porém a neurastenia sempre foi tratada segundo a primeira abordagem do afeto, certamente respondendo à lógica de como Freud explicava essa doença[299]; mas, em relação à melancolia, ele precisou fazer uso da segunda abordagem, diferenciando aflição ou luto (*Trauer*) de melancolia, como, também, diferenciando a tristeza própria ao luto da angústia e do medo. Vejamos essas diferenças: a angústia é o afeto que funciona como sinal de perigo diante da ameaça de repetição de uma perda passada (medo da castração ou perigo interno), o medo é a relação diante de um perigo externo e atual, enquanto a tristeza, ou aflição, é o afeto próprio da ineludível constatação de uma perda[300].

X.3. A questão dos afetos segundo Jacques Lacan

Considerar as sutilezas das variações qualitativas dos afetos na ordem do sentido e experimentado permitiu a Lacan avançar no terreno da angústia e dos afetos da série do luto e da melancolia, sem que isso significasse deixar de lado o aspecto quantitativo em jogo, mas, antes, poder inverter toda a problemática, como veremos mais adiante.

Quando no Seminário X, *A angústia*[301], aborda o trio freudiano de *Inibição, sintoma e angústia*, ordena os afetos segundo as variáveis: movimento e grau de dificuldade. Vejamos o quadro que ali propõe:

Mvto. ↓ / Dificuldade →	Sintoma	Sujeito
Inibição	Impedimento	Embaraço
Emoção	Sintoma	X
Turvação	X	Angústia

299 Freud explicava a neurastenia como a não-chegada da excitação do "grupo sexual somático" ao "grupo sexual psíquico", e a melancolia exatamente ao inverso. Ver "Manuscrito G." em *Fragmentos de la correspondencia con Fliess*, op. cit., Tomo I.

300 Sigmund Freud, *Inibición, sintoma y angustia*, op. cit.

301 Jacques Lacan, Seminário X, *La angustia*, op. cit., aula de 14/11/1962.

Apoiando-se amplamente na etimologia dos termos que ordena[302], Lacan assinala sutis diferenças na qualidade do afeto segundo o grau de avanço na linha do movimento em relação à dificuldade encontrada. Que o que importa seja o movimento e a dificuldade em um determinado avanço esclarece que se trata do gozo ligado ao ato e que a última barreira a superar, em relação ao ato, é, precisamente, aquela da angústia como afeto: assinala o perigo ligado ao ato, perigo que não é outro que o encontro com a castração no gozo.

X.4. A depressão

Quando, em *Televisão* (1973), Lacan aborda o tema da depressão recorrendo a Spinoza e a Santo Tomás, prefere falar de *tristeza*. Como fez em seu tratamento da angústia, se detém uma vez mais nos termos com os quais melhor se pode situar a constelação própria do que, seguindo Spinoza, qualifica de pecado, de covardia moral.

O texto de que parto me interessou muito, já que é uma das ocasiões em que se detém no tema da melancolia/mania, com a ressalva feita ao dizer que certamente não faz ali a aplicação com que se distinguem neurose, perversão e psicose. Atermo-nos a isso vai nos permitir fazer uma consideração do tema que evite a precipitação de encerrar os problemas com considerações de estrutura que podem ser postas depois. Prefiro nessa ocasião, e no momento, guardar a diferença que o recurso à estrutura implica.

Nessa oportunidade, quando se refere à questão do afeto, Lacan muito possivelmente está debatendo com Green, que havia escrito que Lacan descuidava da questão do afeto. Se considerarmos as datas isso parece claro. *Televisão* foi transmitida em 1973 e publicada em 1974. Em 1973, André Green havia publicado *Le discours vivant*[303], onde sustentava a opinião que acabo de mencionar. Diz, então, Lacan:

> "Inclusive a história do afeto que eu descuidaria. Que me responda somente sobre este ponto: um afeto concerne ao corpo? Uma descarga de

---

[302] *Empêchment* (impedimento), *embarras* (embaraço), *émotion* (emoção), e *émoi* (turvação).

[303] André Green, *Le discours vivant*, Paris, Presses Universitaires de France, 1973, tradução para o espanhol como *La concepción psicoanalítica del afecto*, México, Siglo XXI, janeiro de 1975, tradução e revisão técnica de Diana Litovsky de Eiguer e Alberto Aiguer.

adrenalina é do corpo ou não? Que desorganiza as funções é verdade, mas em que isso vem da alma? É o pensamento que descarrega"[304].

X.4.1. Spinoza

A explícita referência a Spinoza e a São Tomás que vai fazer um pouco depois vem aqui nos ajudar a ler. Para Spinoza[305] a alma é a idéia, o pensamento do corpo. O espírito conhece o corpo por meio das idéias das doenças que afetam o corpo, e desse modo o espírito conhece a si mesmo, já que o espírito não é outra coisa que o pensamento do corpo. Hoje, nós poderíamos dizer que a diferença que há entre o corpo e o pensamento do corpo é a mesma que faz existir o organismo no corpo como real enodado ao imaginário e ao simbólico. Recordemos que Lacan definia as pulsões como o "eco no corpo do fato de que haja um dizer" e que "para que esse dizer ressoe, para que consoe" [306] é preciso que o corpo seja sensível a esse dizer.

Voltando a Spinoza: temos idéias adequadas e idéias inadequadas. As adequadas são as verdadeiras e as inadequadas são as falsas. As paixões (os afetos superiores, considerados como paixões segundo São Tomás[307]) dependem das idéias inadequadas, ou seja, falsas. Idéias que não estão conformes com a natureza. O apetite fundamental é o desejo, já que aponta para preservar em seu ser o que é a maior liberdade (para Spinoza não há virtude maior que a de estar conforme com a natureza, que equivale a estar conforme com a razão). Do desejo nasce a alegria que depende da idéia do aumento da perfeição, enquanto que *a tristeza tem a ver com uma diminuição da perfeição*. O amor é a alegria unida à idéia da causa externa e o ódio é a tristeza unida à idéia da causa externa.

É com essa referência a Spinoza que Lacan retoma o que formulou sobre o inconsciente estruturado como uma linguagem, consideração que permite verificar mais seriamente o afeto. Ele diz:

---

[304] Jacques Lacan, *Psicoanálisis – Radio & Televisión*, op. cit., p. 104.

[305] José Ferrater Mora, *Diccionario de grandes filósofos*, Madrid, Alianza, 1986, Tomo II.

[306] Seminário XXIII, *Le sinthome*, aula 1, inédito, Versão "Chollet". A tradução é minha.

[307] José Ferrater Mora, *Diccionario de grandes filósofos*, op. cit., Tomo II.

"De minha parte, não fiz mais que restituir o que Freud enuncia em 1915 sobre o recalque, e em outros textos que voltam sobre o ponto: que o afeto está deslocado"[308].

X.4.2. O corpo afetado pela estrutura

Como Lacan comenta no Seminário X, *A angústia*, deslocado é desamarrado, louco, à deriva da representação que é o que o amarra[309]. Trata-se da representação especialmente recalcada que é a própria estrutura e, precisamente, enquanto ligada ao postulado do significante. O afeto, então, tem a ver com que há que passar por esse corpo que só está afetado pela estrutura. Evidentemente, Lacan tem suas razões para ser de opinião que São Tomás nomeia, da maneira mais pertinente, esses afetos quando faz sua separação das paixões da alma. Trata-se do corpo afetado pela estrutura, estrutura que não é outra que a estrutura da linguagem. Ter que passar por esse corpo, tê-lo ao modo de ter a idéia do mesmo, situa os diferentes afetos enquanto paixões, como os modos particulares de pensar, inadequadamente, o corpo afetado pela estrutura.

Paixão é uma das categorias aristotélicas que se contrapõe à categoria chamada "ação". A paixão é o estado em que se encontra algo que está afetado por uma ação. Em um sentido mais específico, e cujo significado terminou por predominar, a paixão é a doença ou modificação da alma. Aristóteles já indicava que o "ser passivo" não é um modo simples de ser, pois, às vezes, significa uma corrupção pelo contrário e, às vezes, a preservação de algo que está em potência. Foram os estóicos que estudaram as paixões, especialmente como perturbação e, conseqüentemente, como algo que deve ser eliminado por meio da razão, que atua com o fim de libertar o ânimo das paixões e dar-lhe liberdade. Para os estóicos as paixões estão contra a natureza, porque

---

[308] Jacques Lacan, *Psicoanálisis – Radio & Televisión*, op. cit., pp. 104 e 105.

[309] "O afeto está desamarrado, vai à deriva. É encontrado deslocado, louco, invertido, metabolizado, mas não recalcado. O que está recalcado são os significantes que o amarram". Jacques Lacan, Seminário X, *La angustia*, op. cit., 14/11/1962.

seguir a natureza é o mesmo que seguir a razão. É assim que a intervenção das faculdades de pensar e de querer outorgam às paixões seu caráter moral[310].

X.4.3. Covardia moral

Vamos aos parágrafos que nos introduzem a questão da melancolia como modo particular de estar afetado pela estrutura. Diz Lacan:

> "Qualifica-se, por exemplo, a tristeza de depressão quando a alma lhe é dada como suporte ou a tensão psicológica do filósofo Pierre Janet. Porém não é um estado da alma, é simplesmente uma *falha moral*, como se expressava Dante[311], inclusive Spinoza: *um pecado*, o que quer dizer uma *covardia moral* que não cai, em última instância, a não ser do *pensamento*, ou seja, do ***dever de bem dizer ou de reconhecer-se no inconsciente, na estrutura***"[312].

Pecado, covardia moral, ao não responder como deveria e seria adequado: dever do bem dizer, exigência definida pela estrutura da linguagem, dívida que nos constitui como seres falantes.

Em tudo o que até aqui desenvolvi vemos que Lacan se atém estritamente a Spinoza. Se para Spinoza o desejo se sustenta do apetite de perseverar em seu ser, sendo a maior virtude a de *estar conforme com a natureza*, o que equivale a estar conforme com a razão, para Lacan trata-se de *estar conforme com a estrutura*, que, sendo uma estrutura de linguagem, inclui contar com o que não anda, com o impossível de dizer, ou seja, uma falta incluída na estrutura: exige o dever do bem dizer, contrário à maldição melancólica. A partir daqui, como se fez com a angústia, podemos seguir seu modo de orde-

---

[310] José Ferrater Mora, *Diccionario de Filosofía*, Buenos Aires, Sudamericana, 1986, pp. 822 e 823.

[311] No inferno de Dante castigam-se os que possuem um humor triste com a falta de esperança de obter a morte, porque ter um coração sombrio significa ter perdido Deus, sofrimento que nos recorda a síndrome de Cotard, ou delírio das negações.

[312] Jacques Lacan, *Psicoanálisis – Radio & Televisión*, op. cit., p. 107. Os itálicos são meus.

nar a série que constitui a constelação da tristeza como falha moral, pecado, covardia. Faz parte dessa constelação, o oposto da tristeza, o gaio saber sobre o qual Lacan diz que é uma virtude. Ainda que uma virtude não absolva ninguém do pecado que, como todos sabem, é original se contamos com a falta na origem. Renova-se, assim, a noção de falta, e Lacan é espinoziano novamente quando interroga:

> "... a falta, cuja consciência constitui o pecado, é da ordem do lapso?"[313].

O equívoco da palavra é o que permite pensá-lo e passar de um sentido ao outro. Trata-se da falta originária, referida ao triplo furo que nos constitui[314].

Também faz parte da série *l'ennui* – o tédio –, anagrama de *unien*, ou seja, *uniano*, o que designa a identificação do Outro com o Um[315]. A isto é possível opor o Outro cômico para fazer faltar o Um. Está, também, a *morosité*[316], o mau humor, o azedume, a melancolia.

Morosité significa humor moroso, melancolia. O termo contrário é entusiasmo. *Morose* se diz de quem tem um humor triste, abatido e sombrio. O termo contrário é justamente *gaio*, que quer dizer alegre, contente. E é em relação à *morosité* – o humor triste – que se pergunta:

> "É um pecado, um pouquinho de loucura, ou uma verdadeira pincelada do real?"[317].

Freud já havia formulado essa pergunta, à sua maneira, quando comenta que aqueles que assim padecem estão mais próximos da verdade que os demais e, não obstante, essa é sua doença. Diz Freud:

---

[313] Jacques Lacan, Seminario *Le Sinthome*, op. cit., aula de 17/02/76. A tradução é minha.

[314] Para que o nó borromeano, apresentação da estrutura do ser falante, possa amarrar-se é necessário contar com três toros, ou seja, com um triplo furo.

[315] Ali onde deveria encontrar-se a falta no Outro, o gozo em falta, supõe-se a esse Outro um gozo totalizador e unificante.

[316] Morosidade.

[317] Jacques Lacan, *Psicoanálisis – Radio & Televisión*, op. cit., p. 109.

> "Quando, em uma autocrítica exacerbada, se descreve como mesquinho, egoísta, desonesto, um homem dependente, que trabalhou excessivamente para ocultar as debilidades de sua condição, quiçá, em nosso foro íntimo, nos pareça que se aproxima bastante do conhecimento de si mesmo, e só nos intriga a razão pela qual teria de adoecer para alcançar uma tal verdade"[318].

O delírio de in-significância, assim escutado, mostra-se sendo uma dolorida interrogação do ser e do sentido. Isso também está na linha das distintas considerações que, ao longo dos tempos, desde Aristóteles até nossos dias, passando pela Idade Média, foram feitas sobre a melancolia: posição própria dos pensadores, poetas e filósofos, do herói trágico, traço de genialidade, pecado segundo a moral cristã, tentação com que se prova a virtude dos santos, etc.

Isso nos leva ao encontro do que Lacan propõe como o oposto da tristeza, o *gaio* saber[319]. Trata-se da virtude de manifestar em que consiste a falta, o pecado original da estrutura. Em relação a isso diz Lacan:

> "... não se trata de compreender, de mordiscar o sentido, mas de rasurá-lo o máximo que se puder sem que se faça ligação para essa virtude, gozando da decifração, o que implica que o gaio saber não produza, ao final, mais que a queda, o retorno ao pecado"[320].

O sentido é o que recobre a falta – o pecado – da estrutura. Se o sentido se faz ligação da virtude, um Ideal se sustenta na ignorância da estrutura. Não se trata de dar sentido, ligar, mas de desligar, operando a decifração

---

318 Sigmund Freud, *Duelo y melancolia* (1917 [1915]), O. C., Buenos Aires, Amorrortu, 1990, Tomo XIV, p. 244.

319 "É enquanto o gozo – não digo o prazer – é retirado do campo do amor cortês que uma certa configuração se instaura, onde se permite um certo equilíbrio da verdade e do saber. É, propriamente, o que se chamou, sabendo-se o que se fazia, o gaio saber", diz Lacan no Seminário XIII, *El objeto del psicoanálisis*, op. cit., 19/1/1966.

320 Jacques Lacan, *Psicoanálisis – Radio & Televisión*, op. cit., p. 107.

como modo de "se virar" com o mortificante do sentido; diferença entre sentido e sem sentido (*pas de sens*). Estamos no terreno da enodação do imaginário e do simbólico, que faz ex-sistência do real. É aqui que nos é possível fazer uma consideração de estrutura.

Na realidade trata-se de estabelecer e sustentar o erro que nos constitui e que faz com que, por virtude do significante, não haja relação sexual e – cito Lacan – "Assim, o afeto chega a um corpo cuja peculiaridade consiste em habitar a linguagem"[321]. Quando se trata, em relação ao afeto, de não ter encontrado acomodação a seu gosto, a isso Lacan chama azedume, melancolia (*morosité*), também mau humor.

Situemos agora a pergunta que se formula depois desse trabalho que põe em série tristeza, tédio, melancolia e, do outro lado, o *gaio* saber. Veremos se podemos aceitar o desafio.

X.5. Série dos afetos

Com tudo que foi desenvolvido proponho refazer a série que Freud elaborou em um Apêndice de *Inibición, síntoma y angustia*, sobre esses modos particulares do afeto desligado da representação que falta, desamarrado da estrutura:

- *angústia*: barreira oposta ao *a*-perder,
- *tristeza:* constatação de que se perdeu, ao que se responde faltando ao dever do bem-dizer. Impedimento frente ao que nunca se teve,
- *melancolia*: maldição do que maldiz por falta do recurso operatório do bem dizer,
- *azedume*: constatação ingrata da falta originária.
- *gaio saber*: constatação grata dessa mesma falta.

X.6. O saber e o sabor da língua

Recorrendo agora ao saber acumulado no uso das línguas constato que, efetivamente, denominava-se neurastenia a um quadro que se dissolvia

[321] Jacques Lacan, *Psicoanálisis - Radio & Televisión*, op. cit., p. 109.

em estados que iam do humor triste até a melancolia. O que esse rastreamento me permitiu constatar é que, no que se refere às significações lingüísticas e ao uso dos termos, em aproximadamente 40 anos, o acento não só se deslocou de "doença dos nervos" para "doença do espírito"– tristeza, melancolia, mal-estar –, mas que, indubitavelmente, a idéia da neurastenia incluía estados afetivos da série tristeza, pesar, azedume, mau humor.

O *Diccionario de la lengua española Espasa Calpe* (1992) diz:

> "Psq. Conjunto de estados nervosos mal definidos, caracterizados por sintomas muito diversos, dentre os quais constam a tristeza, o cansaço, o temor e a emotividade".

Le Robert (1991) para o francês expõe:

"*Neurasthénie*: État durable d'abattement accompagné de tristesse"[322].

Dá como sinônimo *Ennui* [tristeza profunda], definindo-o em seu uso literário como "Mélancolie vague, lassitude morale qui fait q'on ne prend d'intérêt, de plaisir à rien"[323]. Sinônimos são *cafard, neurasthénie, spleen*. De *Spleen*, termo literário tomado do inglês, por sua vez, se diz:

> "Littér: Mélancolie sans cause apparente, catactérisée par le dégoût de tout chose; vague à l'âme, neurasthénie"[324].

No *Vox. Diccionario manual inglês – español, español – inglês*[325], encontramos *Spleen*, cujo significado anatômico é "baço" e "bílis"[326], em uma segunda acepção. Também significa "rancor, mau humor, melancolia".

---

[322] "Estado durável de abatimento acompanhado de tristeza".

[323] "Melancolia vaga, lassidão moral, que faz com que não se encontre interesse nem prazer em nada".

[324] "Melancolia sem causa aparente caracterizada por desagrado por tudo, confusão da alma, neurastenia".

[325] Barcelona, Bibliograf, 1969.

[326] Recordemos que o termo "melancolia" provém, precisamente, de bílis negra.

Como vemos, de acordo com os usos de um grupo de línguas próximas entre si, "neurastenia" designa, atualmente, – em um período de tempo que compreende os últimos 40 anos aproximadamente – um "conjunto de estados nervosos mal definidos" que incluem a tristeza, o cansaço, o temor, a emotividade, o abatimento, uma melancolia vaga, mau humor. Quando o quadro se psiquiatriza, começa-se a falar de "síndrome de fadiga crônica" e começam as investigações que, sem maiores resultados, tentam encontrar uma determinação orgânica.

X.7. A psicanálise

A via da psicanálise foi, com Jacques Lacan, a de retomar a problemática freudiana dos afetos para, apelando a antigos saberes e reflexões, ressituar a série da tristeza, que inclui o abatimento como uma forma de rechaço da castração ligada ao gozo, diferente da detenção própria da angústia. Lacan a nomeia "covardia moral" como, em outra oportunidade, nomeia valentia o não retroceder diante do real[327].

Trata-se de poder sustentar o reencontro com o "és isso" que nos habita como resto do tempo originário do advento da linguagem, tempo do qual fica a seqüela, o traço de um esforço de significatividade. Nem sempre é possível e depende dos recursos com os quais se conta.

Nesse nível, a operação é divisão. O sujeito tenta reconstituir-se, identificar-se, reunir-se na demanda dirigida ao Outro. A operação se detém. Não obstante, é aqui que o cociente que o sujeito busca alcançar – porque ele deve aferrar-se, reconstituir-se, autenticar-se como sujeito da palavra – fica suspenso no nível do Outro, da aparição desse resto por onde o sujeito supre, substitui a carência no nível do Outro do significante que lhe corresponde.

> "É enquanto esse cociente e esse resto ficam aqui em presença um do outro e, se se pode dizer, sustentando-se um do outro, que a fantasia não é outra coisa que o enfrentamento perpétuo desse S, desse S en-

[327] Jacques Lacan, El seminario, libro II, *El Yo en la Teoría de Freud*, op. cit., pp. 223 e seguintes.

quanto marca *o momento de fadiga do sujeito*, onde não encontra nada, no Outro, que o garanta de uma maneira segura e certa, que o autentique, que lhe permita situar-se e nomear-se no nível do discurso do Outro, isto é, enquanto sujeito do inconsciente. Respondendo a esse momento, surge como suplente do significante faltante esse elemento imaginário que nós chamamos, em sua forma mais geral, enquanto termo correlativo da estrutura da fantasia, suporte de S (do significante) como tal, no momento em que ele tenta indicar-se como sujeito do discurso inconsciente"[328].

Vemos assim, como essa fadiga pode produzir esgotamento e acompanhar-se de azedume, na medida em que não se conte com o recurso do bem-dizer. Também vemos que este pode ser recuperado.

X.8. A apatia

X.8.1. Caso relatado por Analía Batista

Trata-se de uma jovem de 26 anos que a consulta e inicia um tratamento a partir do conselho de familiares quando, ao mudar-se para viver sozinha, passa vários dias dormindo. Sente um enorme cansaço durante meses, não toma banho. Sofre do que chama "falta de memória", é o que a faz dizer diante de qualquer pergunta "não sei".

Sofreu de ataques de choro e faz "escândalos" sem que depois tenha o menor registro do que lhe ocorreu. São aqueles que a rodeiam que registram essas crises que para ela não são assim. Não se afeta, parece anestesiada. Seu corpo também parece anestesiado. Não sente nada nas relações sexuais. Sua analista diz: "é como se não tivesse um pensamento". Tem enormes dificuldades de aprendizagem. Queixa-se de fadiga e de sentir que sua cabeça está como que ocupada.

Dorme sem sonhar. Diz que tem um sonho "muito negro".

---

[328] Jacques Lacan, Seminario VI, *El deseo y su interpretación*, inédito, "Versión J.L. (Jacques Lacan)", 20/05/1959.

Trabalha como secretária e realiza outros trabalhos comunitários nos quais é eficiente. Sustenta laços, tem amizades, mas, por exemplo, quando sai, enquanto os demais se divertem, lhe dá sono e vai dormir.

Aos quatro anos sofreu um acidente automobilístico, no qual morreu sua mãe e ela ficou em coma durante meses. Nunca mostrou ter sido afetada por isso. O pai voltou a casar-se com uma mulher que lhe demonstra muito afeto e é quem intervém para que realize a consulta. Também se preocupa em que se façam estudos para investigar se existem seqüelas do estado de coma e esses estudos dizem que não houve dano orgânico. Seu pai é um homem bastante conhecido, querido, respeitado e amado por sua mulher. Sempre foi atento e solícito com ela.

Sua analista tem a impressão de que há nela certo "infantilismo" e "desafetação". Tem a impressão de que não havia libido, por isso pensou em neurastenia. Pensa que fenomenicamente se trata de um quadro melancólico, mas que ela não verifica. Falta o afeto próprio a esses estados. *Domina a apatia.*

Do acidente restou-lhe uma cicatriz que cruza seu rosto, sendo por outro lado muito bonita. Parece que isso não a preocupa e não tentou fazer nada a esse respeito, apesar de lhe ter sido sugerida uma cirurgia corretora e de seu pai ter se oferecido para ajudar a levá-la a cabo.

Valoriza a sua analista, mas com base no "que se diz dela".

Suas relações sentimentais foram inconsistentes. Atualmente tem uma relação mais duradoura. Ajuda-a intelectualmente. "Ele sabe", "ele sente" são frases com as quais se refere a esse par.

Interessou-me incluir este caso porque, justamente, em lugar dos afetos característicos da melancolia, apresenta o fenômeno da apatia como indiferença, desafetação.

No "caso Sibylle", ligamos a apatia ao distanciamento sustentado por um desabono (*Verleugnung*). Dizíamos dela que apatia remete *a-pathos* (*apatheia*), etimologicamente, falta de sensação[329], *in-diferença*, passividade.

[329] De *pathos*, sensação, derivou depois pathos, doença e dali patologia, patológico, etc.

X.8.2. Apatia e inibição

Em uma das oportunidades em que Freud assinala as semelhanças da neurastenia com a melancolia, descreve um caso leve, mas, na sua opinião, muito característico de distimia periódica ou melancolia. Os sintomas são *apatia*, inibição, pressão endócrina, transtornos do sono; o que o leva a escrever "um quadro completo". Ele acrescenta:

> "Inequívoca semelhança com a neurastenia e, também, com a sua etiologia. Tenho dois casos inteiramente análogos: são onanistas (senhor A.), junto a eles pessoas com traço hereditário; os von F. são reconhecidamente psicopatas. Eis aqui, então, a melancolia neurastênica; aqui tem que enlaçar-se a teoria da neurastenia".

Nesse caso, é muito interessante a pontuação que realiza em seguida. Ele diz:

> "É bem possível que o ponto de partida de uma pequena melancolia dessa espécie seja sempre um coito. Exagero da afirmação fisiológica: '*Omne animal post coitum triste*'"[330].

Fenichel também inclui o traço da apatia, ligando-a à inibição, nos casos crônicos de neurastenia. Ele diz:

> "Essas pessoas parecem viver de uma maneira menos intensa que as demais. São notórias por sua apatia, sua indiferença e sua falta de iniciativa"[331].

Recordemos que interpreta a inibição neurótica geral como *empobrecimento quantitativo*, característica que não falta em todos os tipos de neurose.

---

[330] Sigmund Freud, "Manuscrito F", em *Fragmentos de la correspondencia con Fliess*, op. cit., p. 238.

[331] Otto Fenichel, op. cit., p. 217.

Freud se refere a esse tema em *Inibición, síntoma y angustia*. É de opinião que as inibições são restrições das funções do eu, como medida de precaução ou como conseqüência de um *empobrecimento de energia*. A inibição se diferencia do sintoma porque o sintoma não pode ser descrito como um processo que ocorre dentro ou atue sobre o eu, como é o caso da inibição. Explica da seguinte maneira.

Quando o eu se encontra absorvido por um trabalho psíquico de particular gravidade, como é o caso de um luto, de uma grande supressão afetiva ou do trabalho de manter recalcadas as fantasias sexuais continuamente emergentes, empobrece tanto a energia de que pode dispor que se vê obrigado a restringir seu gasto em muitos setores, semelhante a um empresário que tem seu dinheiro indisponível em suas empresas. A opinião de Freud é que esse pode ser o caminho pelo qual se pode alcançar a compreensão da inibição geral, característica dos estados graves de depressão e, sobretudo, do mais grave desses estados, a melancolia.

X.8.3. O narcisismo

Que se trate, no caso da inibição, de um processo no eu abre caminho para ligá-la ao narcisismo e assim poder situar sob esse título, como doença do narcisismo, uma série de transtornos próximos à melancolia, onde domina a inibição, incluindo a apatia como variante fenomênica. Diz Freud:

> "Para o estado de sono, estabelecemos a hipótese de que se baseia em um estranhamento em relação ao mundo exterior e na acomodação ao desejo de dormir. Achamos que o que se exterioriza no sonho na qualidade de atividade anímica noturna está a serviço de um desejo de dormir e é governado, sobretudo, por motivos totalmente egoístas. Podemos agora acrescentar, no sentido da teoria da libido, que o sono é um estado no qual todos os investimentos de objeto, tanto os libidinais como os egoístas, são abandonados e retirados para dentro do ego. Isto lança uma nova luz sobre *o descanso que o dormir proporciona e sobre a natureza da fadiga em geral*? A imagem do isolamento beatífico na vida intra-uterina, que, noite após noite, aquele que dorme convoca, é aprimorada assim em seu lado psíquico. Em alguém que dorme, restabeleceu-se o estado

primitivo da distribuição libidinal, o narcisismo pleno, no qual a libido e o interesse egóico estão, todavia, unidos e inseparáveis no interior do ego que se satisfaz a si mesmo"[332].

A utilização do conceito de libido do eu ou libido narcísica permitiu a Freud estender às neuroses narcísicas os dados que o estudo das neuroses de transferência lhe havia proporcionado [333]. A partir dali poderá conceber exclusivamente a libido como fator patógeno de todos os transtornos, mesmo daqueles que afetam as pulsões de autoconservação. Considerará que o poder patógeno constitui efetivamente um privilégio das tendências libidinais e que a teoria da libido lhe permite explicar desde as neuroses atuais mais simples até as psicoses mais graves. Sublinha que o que caracteriza a libido é sua negativa de submeter-se à realidade cósmica, a *Ananke*[334]. As pulsões do eu, arrastadas pelos impulsos patógenos da libido, experimentarão por sua vez perturbações funcionais. Assim, a apatia pode ser considerada um distanciamento defensivo, in-diferença, com conseqüências tais como o que de maneira fenomênica constitui uma inibição generalizada.

X.9. Algumas conclusões iniciais

> De tudo isso se deduz o que, sem dúvida, constitui a verdade última do puzzle, apesar das aparências não se trata de um jogo solitário, cada gesto que faz o jogador de puzzle foi feito antes pelo criador do mesmo; cada peça que pega e torna a pegar, que examina, que acaricia, cada combinação que experimenta e torna a experimentar novamente, cada comparação, cada intuição, cada esperança, cada desilusão foram decididas, calculadas, estudadas pelo outro.
>
> George Perce, *La vida, instrucciones de uso.*

---

[332] Sigmund Freud, "Conferencia XXVI. La teoría de la libido y el narcisismo", em *Conferencias de introducción al psicanálisis*, op. cit., p. 379.

[333] Com a introdução do conceito de narcisismo (1914) Freud chegou a um novo reordenamento das neuroses, classificadas a partir desse conceito como "neuroses narcísicas" e "neuroses de transferência", situando a melancolia entre as primeiras.

[334] A necessidade.

Podemos dizer que quando Sibylle diz ter agido "às cegas", sem um desenho nem uma intenção precisa, não sabendo a que quadro, a que imagem chegaria, uma vez reunidos os pedaços, as partes, as peças, na realidade tanto o desígnio como o desenho eram do Outro, ou seja, do inconsciente. É assim que ela diz que o texto não foi escrito de maneira contínua.

"Escrevi o que chamo "pedaços" em desordem, ou melhor, seguindo a ordem de *sua aparição imperiosa em minha memória*, resolvendo, porque não podia ser de outra maneira, *não dar-lhes um lugar até o fim* "[335].

Digo então que o texto não pode ter sido escrito sem um mínimo de confiança no Outro, no inconsciente, ou seja, no significante.

X.9.1. O estilo

Vou desenvolver agora uma série de reflexões quanto ao estilo e às operações possibilitadas ou não pelo estilo e pela rara doença de Sibylle.

Em relação ao estilo, temos a seguinte série sustentada pelo humor: o cômico, a ironia, o sarcasmo.

Possivelmente podem esclarecer questões em torno da doença, por exemplo, no que se refere à apatia em relação ao desabono e aos êxitos ou fracassos do recurso ao cômico; a ironia pode ser relacionada com a apatia e a questão da distância. Como assinalei anteriormente apatia remete *a-pathos* (*apatheia*), *indiferença*, passividade.

Ironia provém de *eironeia*, responder. Trata-se de uma zombaria fina e dissimulada. Em retórica é o recurso de dar a entender o contrário do que se diz.

Diz Lacan no Seminário IV:

"A ironia é primeiro uma forma de questionar, um modo de questão, se há um elemento agressivo é secundariamente à estrutura do elemento de questionamento que há na ironia"[336].

---

[335] Sibylle Lacan, *Un père (puzzle)*, op. cit., p. 10. O itálico é meu.

[336] Jacques Lacan, El Seminario, Libro IV, *La relación de objeto*, op. cit., p. 32.

Trata-se de um responder questionando.

Em relação ao sarcasmo, temos que provém de *sarkaso*, mostrar os dentes, repreender. Diferentemente da ironia, o sarcasmo perde os traços de "zombaria fina e dissimulada". O sarcasmo é uma zombaria ofensiva, uma ironia mordaz. Há agressão cruel no sarcasmo[337]. Quiçá também tenhamos que fazer a diferença entre a ironia como questionamento e a ironia como defesa.

Vários participantes da construção do caso Sibylle se referiram à ironia de diferentes maneiras:

Em *Un pai "puzzle"* eu dizia:

> "Há no tragicômico um efeito de transmissão: a da falta do Outro garante do desejo, a do furo no saber do sexo que a palavra vela e que a metáfora solapa.
>
> A caricatura operada sobre a eminência do personagem, como sublinhava Freud, nos põe diante do tempo fundamental da degradação do Outro. Recordemos que o personagem eminente só pode sustentar-se na impostura e na mentira, mas é muito diferente o sustentar a des-coberta do cômico no Outro com humor e a sanha em denunciá-la amargamente mal-dizendo. A caricatura é uma operação que efetua a discordância entre o real e o imaginário com os recursos do simbólico.
>
> Há algo essencialmente colocado na dimensão do tragicômico, nessa encarnação do significante que é a versão de um pai, sua perversão, quando esta é lograda, ou seja, essencialmente fracassada".
>
> "Desse pai imaginário em relação ao qual não cabe outro destino além de manter o sujeito no ódio e no amor ao pai, pai a quem só cabe ser alternadamente bendito e maldito, mas nunca bem dito, no fundo se ergue a figura da crença no pai excepcional. Somente o bem dizer cura as feridas causadas pelo pai, enquanto o bem dizer se sustenta do

[337] Ver as contribuições de Ana Serra em *La extraña enfermedad de Sibylle*, no prelo, e o breve resumo que aqui introduzo. A partir daqui os comentários e citações se referem à fabricação do "caso Sibylle" realizada no seminário que conduzo na Escuela de Psicoanálisis Sigmund Freud – Rosario. O produto vai ser publicado com o título de *La extraña enfermedad de Sibylle*.

impronunciável do nome do pai: esta é a tragédia do ser falante. No seio dessa tragédia, o cômico, a comédia introduz a possibilidade do nome qualquer, o que se exercita ao demonstrar a impossibilidade originária do nome para nomear seja lá o que for".

Adriana Covili dizia em seu trabalho:

> "Em princípio, no processo de escrita de seu livro, Sibylle nos comunica suas risadas e suas ironias; por sua vez, produz o riso em seus leitores nas suas permanentes tentativas de rebaixamento ou ridicularização da imagem do pai. Essas duas questões podem ser tomadas como reforço do processo cômico ou da convocação ao Outro do chiste".

Também se produziram, em relação a esse livro, algumas vicissitudes cômicas, em princípio esse subtítulo puzzle, que está na capa do livro, e que evoca a questão de um pai "quebra-cabeça".

Sibylle foi objeto do cômico em relação ao riso de sua mãe. E mais, em uma cena infantil, ela diz que sua mãe ria dela e, por outro lado, quando está na Rússia menciona que mandava cartas à mãe para diverti-la. Recordemos que a mãe havia caído na melancolia de forma concomitante ao nascimento de Sibylle.

Adriana Covili trazia uma questão clínica em relação ao humor, à ironia e ao humor negro: os pacientes aditos lêem muito humor negro. E dizia:

> "Parece-me que o valor de poder trabalhar essas situações cômicas, e poder trabalhar as questões do humor negro têm a ver com algo que Lacan chama 'o riso da ameaça iminente', é o riso traumático, esse riso que se solta, aí onde aparece a ameaça iminente e não há sinal de angústia".

Juan Alberto Manino, por sua vez, se referiu ao sentimento de falsidade que se instala no sujeito diante da presença paterna.

> "Falsidade ante a qual o sujeito se encontra sem recursos; como os que pode encontrar, na medida em que o ódio, o rancor, o sofrimento podem fazer surgir um certo apego pelo contrário, em um processo que

> poderia equivaler a certa ordem da repressão, a certa posição masoquista quiçá, que iria pela linha de uma histerização".

Em relação a isso, penso que é importante fazer a diferença entre a falsidade sofrida passivamente e a falsidade demonstrada ativamente, o que equivale a um *desmascaramento*.

Manino assinalou também o que designa como "o paródico"; o médico para além da função paterna atua parodiando o contexto para significar o próprio da cena. Ele diz:

> "O cúmulo da ironia: o que a justiça devolve não é em seu dito um pai, mas alguém que faz um diagnóstico. Com isso, o desabono da presença volta a se produzir".

Já temos aqui proposta a questão do desabono, ou seja, a *Verleugnung*. Situo então o desabono associado ao distanciamento afetivo; como se o desabono fosse o que está na base da tomada de distância, no distanciamento afetivo, dando lugar à ironia e à paródia: a aparição ridícula do pai. Recordemos que, para Freud, o humor é uma espécie de tomada de distância afetiva que permite uma economia de gasto de afeto.

Sobre o cômico, o humor e o riso, diz Lacan que as primeiras apreensões, as mais elementares, do mecanismo do riso, inclusive antes que seja implicado em algo que seja tão elaborado como a relação do chistoso ou a relação do cômico, mostram o fato de que o riso toca tudo o que é imitação, duplicação, fenômeno de sósias, máscara, e não somente o fenômeno da máscara, mas também o do desmascaramento, e isso de acordo com momentos que merecem que alguém se detenha neles.

Diz Lacan a esse respeito:

> "Há que entender essa liberação nos dois sentidos ambíguos do termo, que *algo é liberado da coerção da imagem*, e que *a imagem também vai passear sozinha*. Há algo de cômico no pato cuja cabeça foi cortada e que ainda dá alguns passos no cercado. É ainda algo dessa ordem, e é por isso também que *o cômico vai entrar em conexão com o risível*, no nível da

direção eu (je)-objeto. Certamente, é na medida em que o imaginário está interessado em parte nessa relação com o simbólico que vamos ver, num nível mais elevado que nos interessa infinitamente mais do que o conjunto dos fenômenos do prazer, que se encontra o riso enquanto conotação, enquanto acompanhamento do cômico"[338].

Acrescentemos a isso que o problema do Outro e do amor está no centro do cômico.

Com respeito à relação "eu (je)-objeto", Lacan diz no Seminário XI:

"Mas, se a verdade do sujeito, mesmo quando está na posição do senhor, não está nele mesmo, como demonstra a análise, mas em um objeto, velado por natureza, fazer surgir esse objeto é propriamente o elemento do cômico puro. Creio oportuno assinalar essa dimensão e justamente onde posso dar testemunho dela, já que, depois de tudo, quiçá poderia chegar a ser em tal ocasião objeto de uma indevida reserva, de uma espécie de pudor, o fato de que alguém a autentique de fora. De dentro, posso dizer-lhes que esta dimensão é inteiramente legítima, que se pode vivê-la do ponto de vista analítico, e inclusive, a partir do momento em que é percebida, de uma maneira que permite sobrepor-se a ela, a saber, sob o ângulo do humor, que aqui não é mais que o reconhecimento do cômico"[339].

Parece-me importante tratar da questão *do riso do sujeito e do riso do outro.*

Conhecemos o lugar do terceiro no chiste. Por outro lado, em relação ao cômico, Freud nos mostra que são necessárias apenas duas pessoas: a pessoa que descobre o cômico na segunda pessoa, objeto do cômico – ingênuo ou incauto –, ou que, como no cômico puro, o provoca, o produz, ou o evidencia, criando a situação cômica para a segunda pessoa na qualidade de objeto do cômico. Mas é necessário precisar aqui que, sendo ingênuo ou

---

[338] Jacques Lacan, Seminário V, *Las formaciones del inconsciente*. Aula de 18 de dezembro de 1957. Versão da Escuela Freudiana de Buenos Aires. O itálico é meu.

[339] Jacques Lacan, El Seminario, Libro XI, *Los cuatro conceptos fundamentales del psicoanálisis*, op. cit., p. 17.

incauto, aquele que, privilegiadamente, se faz objeto do cômico, trata-se nele da primeira pessoa que passou a ser segunda, ou que é simultaneamente primeira e segunda, sendo quem descobre a comicidade a terceira pessoa do chiste. Reintrodução da terceira pessoa.

Sendo a ignorância infantil a essência do incauto ou ingênuo, vemos que o efeito cômico se sustenta da economia de gastos que supusemos à pessoa objeto, seja por falta ou por excesso, gasto que nas crianças atribuímos a sua ignorância e que, por ser um processo que transcorre no pré-consciente, é, para Freud, uma economia de gasto de representação. Aqui está a diferença com o chiste.

O cômico é descoberto, enquanto o chiste se faz, se fabrica. O cômico é esse achado involuntário que fazemos nos movimentos, nas formas, nos atos, nos traços e nas características ou qualidades morais ou físicas das pessoas. Logo, é possível criar: criar situações que tornam cômica a intenção de uma pessoa, colocando-a em situação cômica. Os meios seriam o disfarce, a caricatura, ou a paródia.

O cômico puro é essa intenção de fazer surgir a comicidade, esse tornar cômico como tornar ridículo e seu objeto privilegiado: o personagem eminente.

Para Freud, a economia de gasto se sustenta da comparação.

A caricatura e a paródia, como sua antítese prática, o desmascaramento, se dirigem contra pessoas e objetos respeitáveis revestidos de autoridade. Degradando o personagem eminente, eles o tornam ridículo e, portanto, cômico: o cômico está na comparação implícita entre a imagem do eminente e aquela do ridículo.

A caricatura extrai do conjunto do objeto eminente um traço isolado que efetua a degradação ao ser extraído e, por isso, é cômico, mas enquanto faz parte da totalidade passa inadvertido. Ao extrair o traço, o efeito cômico se faz extensivo à totalidade, na condição de não se manter em posição respeitosa diante do eminente.

A paródia consegue a degradação do eminente destruindo a unidade de caracteres, palavras e atos da pessoa eminente, substituindo-a por outras mais baixas. Esse é o mecanismo próprio do desmascaramento, que se produz quando alguém sustenta sua autoridade no engano e ao ser desmascarado se encontra despojado dessa autoridade.

Trata-se dessas formas da comicidade, de comparações dentro do outro, onde *o riso é como um nome do pai* que enoda R.S.I. o que, desnodado, produziria horror. O riso que sanciona algo como cômico se sustenta da discordância encontrada entre real e imaginário, sustentada na extração do traço. Ao enodar-se, o eminente tornado ridículo mostra sua vacuidade, se esburaca ao desprender-se e mostrar-se desprendido aquilo que lhe dava corpo e sustentava a aparência.

Acrescentemos a tudo isso que o *humor é o reconhecimento do cômico* e, em relação ao humor de Sibylle, é bom recordar esse parágrafo da cena no hospital, parágrafo onde, apesar de descrever uma situação que poderia parecer penosa, ela sempre nos fez rir cada vez que alguém o mencionava.

X.9.2. A nomeação

Sibylle diz:

> "Se algumas vezes, meu irmão e eu, nos aliávamos contra nossa irmã, que, nos casos extremos, não duvidava em empregar a força para reinar, a situação mais freqüente – a atmosfera ambiente se ouso dizê-lo – era a evidenciação, em cada ocasião, de minha inferioridade. A fórmula consagrada em relação a mim – uma 'brincadeira' com certeza e mamãe mesma ria disso – era 'tonta, feia e doente'. Outra ainda era: 'Sibylle, ela é tudo menos ladra' (!). Na verdade, tudo isso poderia ter sido muito engraçado se a 'vítima' não fosse sempre a mesma, ou se algumas vezes alguma atenção, ou algum gesto de ternura tivesse compensado esse encarniçamento em me humilhar. Nas brigas, ainda que mamãe reconhecesse que não tinha razão, seu veredicto não era jamais público, para não ofender os meus irmãos maiores – o que não era o caso quando era eu quem era julgada em falta.
>
> Possivelmente a opressão permanente que sofri por parte de meu irmão e de minha irmã explica meu amor pela justiça e minha rebelião frente a todas as humilhações – coisas boas em si –, mas o que dizer de minha necessidade excessiva de 'reconhecimento' e de minha extrema sensibilidade, roçando a suscetibilidade?
>
> Meu pai foi mais longe em seu diagnóstico: um dia, assistindo com

estupefação a esse jogo cruel e destrutivo, interveio em meu favor e, dirigindo-se a Thibaut e a Caroline, terminou com essas palavras: 'vocês vão acabar tornando-a idiota'.
Sim, um pai servia em primeiro lugar para isso: para fazer justiça..."[340].

É a partir desse parágrafo que me pareceu que Sibylle se fez objeto de uma nomeação.

Articular ou desarticular *maldição, insulto* e *injúria* à questão da nomeação é possível que nos ajude nesse ponto.

No Seminário III, Lacan diz que a injúria é sempre uma ruptura do sistema da linguagem, como o é também a palavra amorosa. A injúria aniquilante é um ponto culminante, é um dos cúmulos do ato da palavra, palavra ligada ao patético, dor de existir como tal, simplesmente existir.

Por sua vez, Alain Didier-Weill, baseando-se nos primeiros versículos do Gênesis, sustenta que não há dizer humano sem esse companheiro que é o maldizer.

> "Os primeiros versículos do Gênesis dizem, eloqüentemente, como o mundo aparece apenas através desse companheiro que é o imundo: não há terra sem confusão, não há luz sem trevas. Isso mostra que há, na origem da dívida do vivente, a aparição de uma degradação"[341].

Assim, a experiência analítica nos ensina que o destino de um sujeito é fabricado pelo efeito nele do fato de que, no dizer original que recebe de seus ascendentes, há, muito freqüentemente, sem que ele possa sabê-lo, uma parte do mal-dizer onde reencontra uma maldição que é a origem de sua degradação primordial.

Então:

> "Se não há, inclusive por definição, vocábulo que possa traduzir o que está privado de simbolização, existem, contudo, certas más palavras que

---

[340] Sibylle Lacan, *Un père (puzzle)*, op. cit., pp. 26 e 27.
[341] Alain Didier-Weill, *Los tres tiempos de la ley*, op. cit., p. 84.

a língua põe a nossa disposição, e que podem nos dar uma idéia do ponto sobre o qual atuam a injúria, o insulto e a blasfêmia, nos são dadas como a tradução de categorias pelas quais o mal-dizer opera em diferentes níveis semânticos, que nos permitem compreender quais são os diferentes supereus"[342].

Essas palavras são a *injúria* e o *insulto*. A injúria difere radicalmente do insulto porque diz algo falso, enquanto o insulto nomeia *um real que o sujeito não está em condições de discutir*: dizer a alguém que é um "filho da puta" não tem o mesmo sentido quando se dirige a alguém que é realmente filho de prostituta, ou que não o é. Notemos que isso vai além – no caso de "filho da puta" proferido diante de alguém – do que a mãe faz ou deixa de fazer, já que tem a ver com o que o filho crê.

Assim, pelo insulto, o sujeito realmente filho de prostituta é nomeado "filho da puta", enquanto a injúria, enquanto trata como "filho da puta" um filho que se crê o filho de uma boa senhora, *não produz uma nomeação, mas uma significância*.

Diz Alain Didier-Weill:

"Dizendo 'Tu és apenas o que o tu és', o insulto por nomeação do ser reenvia ao primeiro supereu ('tu és apenas isso'), enquanto significando 'Tu não és o que és', a injúria reenvia ao segundo supereu (a censura)"[343].

Cito:

"Assim, a injúria se opõe ao insulto na medida em que se opõe ao acontecer. Ela diz: 'Não há futuro para ti'. Pelo contrário, o insulto, tratando o sujeito de 'cagão', 'mijão', 'melequento', reenvia-o a um juízo que *alcança o que é* (nomeação do ser, que deve ser inominável), realmente, desde sempre: um dejeto representado pelo mijo, pela merda e pela meleca.
Se a ferida infligida pelo insulto é incomensuravelmente mais profunda do que a da injúria, é que o 'Não repita!' da injúria é uma pergunta

[342] Alain Didier-Weill, *Los tres tiempos de la ley*, op. cit., p. 85.
[343] Alain Didier-Weill, *Los tres tiempos de la ley*, op. cit., p. 85, nota 84.

relativa à aptidão do sujeito para desistir ou não desistir, enquanto o insulto não é uma pergunta, mas uma afirmação. Não prega, como a injúria, o falso para saber se é verdade que há um sujeito por vir, porque a questão mesma do verdadeiro e do falso não existe para ela; dirige-se apenas à nomeação dessa parte foracluída do sujeito que é sua parte maldita. Enquanto o 'tu és apenas isso' não se dirige a um sujeito comprometido na palavra, mas ao sujeito enquanto privado da palavra, o 'Não repita!' atesta que o sujeito deu um primeiro passo na fala, mas contesta que ele possa confirmar essa primeira palavra por uma segunda"[344].

A censura atua impedindo, não a produção da mensagem, mas a assunção da mensagem pelo sujeito.

No caso de Sibylle penso que se tratou de uma nomeação e o significante holofraseado operou como uma letra colada no corpo. Logo, ela pôde operar com o humor. Recordemos que o humor é um recurso ao cômico através de um distanciamento. Sem isso, Sibylle fica em posição de olhada *pelo olhar do mau olho*. Tratar-se-ia do supereu que, como olhar de um mau olho, ordena terminantemente, o qual o sujeito só pode acatar porque lhe é impossível contestá-lo ou discutir. Essa obediência ao supereu não é efeito de uma assunção simbólica, mas, ao contrário, deixa o sujeito sem a possibilidade da palavra, condena-o ao silêncio. O sujeito que sofre a experiência do mau olho atesta estar despossuído da palavra e, sem a possibilidade do véu que sustenta o uso da palavra, fica imerso na experiência de uma desnudez, de uma transparência vergonhosa; perde a posse de sua imagem que, enquanto imagem especular, foi obtida através de um trabalhoso processo de apropriação, trabalho que lhe permitiu o "ter um corpo" enquanto, esse corpo, ele não o é.

O sentimento de ser transparente diante do mau olho é acompanhado dos sentimentos de uma tolice total e/ou de uma feiúra absoluta, porque se perderam os véus que ocultam, em cada um, o impossível, o real, o imundo que nos habita.

Possivelmente, a sustentação da mascarada feminina é acompanhada da instauração de uma ordem superegóica que "ordena" a uma mulher, di-

---

[344] Alain Didier-Weill, *Los tres tiempos de la ley*, op. cit., pp. 85 e 86.

zendo-lhe: "seja bela". Isso põe em ordem sua feminilidade? De que tipo de ordem se trata? Isso deixa as mulheres dependentes desse supereu para se poder fazer mulher, deixa-as dependentes do que Lacan designava como a "armadura do pai" que sustenta a histérica?

São questões abertas, mas podemos dizer que o "dar a ver" ligado ao poder pacificador do quadro está ligado a não haver um "bom olho" e só haver "olho maligno": o olho que desnuda e imobiliza. É aqui que situo os desenvolvimentos de Paul-Laurent Assoun em relação à função que um pai teria de cumprir no tornar-se mulher. O olhar que invoca, evoca e até provoca a púbere que se situou, no tornar-se mulher, no seio do que Paul-Laurent Assoun chama "Édipo escópico".

Poderia parecer que, se não há um "bom olho", o máximo a lograr é o fabricar um "olho profilático", onde o que se invocaria seria algo mais ligado ao "olhar do pintor", aquele capaz de instalar o véu, de enganar o olhar do olho maligno.

Assim, o homem tem algumas maneiras de viver essa coisa humana inumana que nos habita. Duas maneiras que instituem nele a possibilidade do oculto. Se pode, como o quadro, não ter que esconder-se para *estar* oculto, não se velará para o Outro. Por que fabricaria esconderijos se ele *é* oculto? É quando esse oculto não é suficientemente consistente que vai precisar fabricar esconderijos.

X.9.3. Sobre a "neurastenia" de Sibylle

Nesse ponto cabe articular o elaborado acerca da estranha e desconcertante – sobretudo para seu pai – "doença" da qual se queixa Sibylle. Será necessário, portanto, interrogarmos aqui também quanto à operatória do humor e da ironia em relação à direção da cura.

Por que alguém, quando está prisioneiro da penetração do olhar, já não pode apelar? Porque, ao perder a possibilidade da palavra, o movimento da palavra, ficou prisioneiro *da fixidez* a que o fixa o olhar.

Assim, a indução significante proveniente do Outro se faz holofrásica, na medida em que é ininterrogável; sem o recurso do *Che vuoi?* o significante perde o funcionamento que lhe é próprio e, em vez de remeter a outro significante, funciona como um sinal que pode interferir na função biológica e produzir, diante desse estímulo, uma fadiga que se ordena ao modo da resposta psicossomática. É necessário sublinhar, de qualquer modo, esse aspecto de resposta que havia no fenômeno psicossomático.

Diz Alain Didier-Weill:

> "Que a fixidez do olhar detenha o poder eminentemente perigoso de requisitar o que, em nós, é da ordem do fixo é o que comprova essa aptidão humana para ser petrificado pelo olhar, para deixar aparecer esta fixidez mineral que, apossando-se de nós, nos recorda a fixidez do cadáver"[345].

Trabalhamos, em relação ao que acabo de desenvolver, o tema *da interrupção do movimento* ligado ao fenômeno do gesto:

Citávamos Lacan em relação a isso, quando diz:

> "O instante de ver só pode intervir aqui como sutura, junção do imaginário e do simbólico, e é retomado numa dialética, esse tipo de progresso temporal que se chama a pressa, o ímpeto, o movimento para frente, que conclui no *fascinum*"[346].

Por isso concluímos que a *fixação* é a *fascinação* do sujeito – alienado pela cena – e a questão será, então, se ali pode levantar-se uma objeção.

O corpo que temos também pode passar a ser esse corpo que já não temos. Situamos ali a alternância possível entre fixidez e movimento, entre transparência e véu, entre gravidade e ausência de gravidade. Sigo Alain Didier-Weill quando ligo a depressão própria à melancolia – diferenciando-a assim da tristeza própria ao luto – à sujeição do corpo – que já não possuímos porque ficou sujeito ao real – à dominância da lei da gravidade como lei do real.

> "Na depressão, a pressão que o corpo recebe da atração terrestre torna-se opressão, pois há supressão da inconsciência do que, no corpo, é fixo: seu peso"[347].

---

345 Alain Didier-Weill, *Los tres tiempos de la ley*, op. cit., p. 76.

346 Jacques Lacan, El Seminario, Libro XI, *Los cuatro conceptos fundamentales del psicoanálisis*, op. cit., p.127.

347 Alain Didier-Weill, *Los tres tiempos de la ley*, op. cit., p. 77.

Quiçá seja hoje abordável de outra maneira o campo – campo constituído pela neurastenia, pela neurose de angústia e pela melancolia – que Freud pensava como um efeito direto, sem tramitação psíquica, de um excesso sexual não descarregado. Se a libido é definida por Lacan como "órgão incorpóreo", tratar-se-ia, nesses casos, de libido "corporificada", isto é, o corpo não terminou de perder esse órgão que é a libido.

Diz Freud em *Un caso de curación por la hipnosis* [Um caso de cura pela hipnose], artigo de 1892:

> "Existem representações com as quais se acha enlaçado um afeto de expectativa, e são de dois tipos: representações de que faremos isso ou aquilo, ou seja, intenções, e representações de que nos acontecerá determinada coisa, ou seja, expectativas. O afeto a elas ligado depende de dois fatores: em primeiro lugar, da importância que o resultado pode ter para nós e, em segundo, do grau de incerteza inerente à expectativa do mesmo. A incerteza subjetiva, a 'contra-expectativa', aparece representada por uma série de representações às quais damos o nome de representações antitéticas aflitivas. Quando se trata de uma intenção, essas representações antitéticas são as que não conseguimos levar a cabo por oporem-se a isso essas ou aquelas dificuldades, faltam-nos as qualidades necessárias para alcançar o êxito e saber que outras pessoas determinadas fracassaram em circunstâncias análogas. O outro caso, ou seja, o da expectativa, não precisa de esclarecimento algum. A contra-expectativa repousa na reflexão sobre todas as possibilidades com que podemos tropeçar ao invés da desejada"[348].

Por que não ver aqui prefigurado o que mais adiante será denominado Supereu? Vejamos como Freud enlaça isso às neuroses. Ele diz:

> "Continuando a discussão desse caso, chegaríamos às fobias, que desempenham tão amplo papel na sintomatologia das neuroses. Por enquanto permaneceremos na primeira categoria, ou seja, nas intenções. Temos de

[348] Sigmund Freud, *Un caso de curación por hipnosis* (1892-1893), O. C., Madrid, Biblioteca Nueva, 1968, Tomo I, p. 169.

nos perguntar, em primeiro lugar, qual é o destino das representações antitéticas na vida mental normal. A nosso juízo ficam inibidas, reduzidas e excluídas da associação, às vezes a tal extremo que sua existência raramente se mostra evidente frente à intenção, sendo unicamente o estudo das neuroses o que as evidencia. Por outro lado, nas neuroses – e não me refiro somente à histeria, mas ao *status nervosus* em geral –, existe, principalmente, uma *tendência à depressão anímica e à diminuição da consciência do próprio eu, tal como a encontramos, a título de sintoma isolado e altamente desenvolvido, na melancolia*. Do mesmo modo, nas neuroses as representações antitéticas à intenção têm uma grande importância, por seu conteúdo se adaptar muito bem ao estado de ânimo próprio dessa doença, ou quiçá porque a neurose faz surgir representações dessa ordem, que sem ela não teriam se constituído"[349].

E, em relação à neurastenia, acrescenta:

"Porém esse fortalecimento das representações antitéticas se mostra, no *status nervosus* simples, referido à expectativa, como uma manifestação pessimista geral; na neurastenia, pela via da associação com as mais contingentes impressões, ocasiona as *numerosas fobias dos neurastênicos*. Aplicado às *intenções*, este fator produz as perturbações que se resumem como "folie de doute" (mania de dúvida), cujo conteúdo é a desconfiança do indivíduo em relação a sua própria operação. Justamente nesse ponto, neurastenia e histeria, as duas grandes neuroses, diferenciam-se de forma característica. Na neurastenia, a representação antitética se enlaça com *a representação-vontade em um único ato de consciência*; subtraindo-se dessa representação e engendrando, assim, *a debilidade da vontade característica dos neurastênicos*, da qual eles mesmos são conscientes"[350].

Recordemos a doença de Sibylle: uma imensa fadiga física – tinha necessidade de doze horas de sono – e intelectual: tinha dificuldades para

[349] Ibidem. Os itálicos são meus.

[350] Sigmund Freud, *Un caso de curación por hipnosis*, op. cit., pp. 169 e 170. Os itálicos são meus.

prosseguir seus estudos e, ainda mais, para memorizá-los. Uma impressão insuportável de anuviamento na cabeça desde que se levantava até a hora de se deitar. Já não conseguia ler. O cinema a deixava desconcertada. Já não tinha nenhuma energia. Só lhe restava a vontade de sarar.

Foi-me muito interessante, nesse ponto, fazer Sibylle dialogar, através de seu escrito, com Freud, chamado a diferenciar aqui, em 1894, neurastenia e histeria.

Continuando com o artigo acima mencionado, vemos que Freud faz as seguintes considerações:

> "Na histeria, esse processo diverge do caso anterior em dois pontos ou, quiçá, em um. Como corresponde à tendência da histeria à dissociação da consciência, a representação antitética penosa, aparentemente reduzida, é afastada da intenção e permanece inconsciente para o doente, na qualidade de representação isolada. É característico da histeria o fato de que essa representação reduzida objetiva-se depois, por inervação somática, quando chega o momento de realizar a intenção, com a mesma facilidade e da mesma forma que em circunstâncias normais a representação da anulação positiva. A representação antitética se constitui, por assim dizer, como uma '*contravontade*', e *o doente se dá conta, com assombro, de que toda a sua vontade positiva permanece impotente.* Tais fatores se fundem, quiçá, em apenas um, como já indicamos antes, sendo bastante provável que, se a representação antitética encontra um meio de objetivar-se, é porque não se acha reduzida em seu enlace com a intenção da mesma forma que ela a reduz.
>
> Em nosso caso, de uma mãe que uma perturbação nervosa impede de amamentar seu filho, uma neurastênica teria a seguinte conduta: *teria sentido graves temores diante das tarefas maternas que lhe cabiam e dado infinitas voltas em seu pensamento por todos os acidentes e perigos possíveis, acabando, contudo, por criar seu filho perfeitamente, ainda que atormentada por constantes dúvidas e temores*, a menos que a representação antitética se tornasse vitoriosa, caso em que teria abandonado sua intenção, considerando-se incapaz de levá-la a cabo"[351].

---

[351] Sigmund Freud, *Un caso de curación por hipnosis*, op. cit., p. 170.

Não é o que ocorre com Sibylle por ocasião de sua viagem a Moscou? Ela diz:

"Devia partir para Moscou em dezembro, por um período de um ano, a fim de aperfeiçoar meu russo, mas também para gozar de um ano de mudança, de férias de alguma forma, antes de entrar na vida ativa. Esse projeto me interessava muito e, depois de dois meses, minha angústia aumentava ao pensar em não poder realizá-lo"[352].

Continua Freud:

"A histérica se conduz de forma muito distinta. Não tem, quiçá, consciência de seus temores, guarda o firme propósito de levar a cabo sua intenção e empreende, sem hesitação alguma, o caminho para lográ-la. Porém, a partir desse momento, comporta-se como se guardasse a firme vontade de não amamentar a criança, e esta vontade provoca nela todos aqueles sintomas subjetivos que uma simuladora pretenderia experimentar para eludir o cumprimento de suas obrigações maternas, ou seja, falta de apetite, aversão a qualquer alimento, impossibilidade de dar o peito à criança devido às terríveis dores que isso causava. Mas, além disso, como a contravontade é maior do que a simulação consciente, *no que diz respeito ao domínio do corpo*, a histérica apresentará uma série de sintomas objetivos que a simulação não consegue fazer surgir. Em contraste com a *falta de vontade da neurastenia*, existe aqui uma *perversão da vontade* e, ao invés da *resignada indecisão da neurastênica, a histérica mostra assombro e indignação diante da dualidade para ela incompreensível*"[353].

Passo agora a referir-me à problemática aberta pela questão do mimetismo. Havia me detido nos fenômenos do mimetismo em relação à psicastenia, por ter pensado que Sibylle *animava*, com sua fadiga, a enig-

[352] Sibylle Lacan, *Un père (puzzle)*, op. cit., pp. 41 e 42.
[353] Sigmund Freud, *Un caso de curación por hipnosis*, op. cit., p. 170. Os itálicos são meus.

mática fadiga, que havia guardado em sua memória, em relação à imagem de seu pai:

> "Imenso, envolto em seu enorme sobretudo, estava ali, já sobrecarregado não sei por que fadiga"[354].

Agora queria acrescentar algo mais nesse sentido. Sabemos que o corpo escreve o significante do Outro S(A̸), o traço unário, ao modo, por exemplo, daqueles traços que nos levam a dizer de alguém, uma criança ou um adulto: "caminha igual ao seu pai", "ri igual a sua mãe". Por outro lado, o mimetismo seria algo como uma tentativa de *presentificação do traço unário, nome próprio do Ideal, em um efeito orgânico da imagem que foi relacionada à perda, ao abandono ou à separação da pessoa amada* Tratar-se-ia de uma *nomeação falha, de uma marca sobre o corpo* que apela para constituir-se como traço. Por isso aproximei a doença de Sibylle dos fenômenos psicossomáticos.

Tratar-se-ia de uma *realização do simbólico do imaginário*, uma religiosidade dirigida à sustentação do "pai-para-si" muito diferente da histeria, enquanto o supereu, por outro lado, seria uma imaginarização do simbólico. *A via do humor sustentaria a possibilidade de simbolizar o imaginário do real.* Um diagnóstico por outro, na tentativa de fazer operar a palavra que levante a hipoteca ligada à função antivida do olhar.

A essa operação falha podemos opor os logros sustentados pela operatória do humor e interrogarmos, nesse caso, sua relação com a *Versagung*.

Versagung, substantivação do verbo *versagen*, composto pelo prefixo *ver* que, segundo o caso, indica *equivocar*, errar, *transgredir ou deformar*, estropiar, gastar, ou uma intensificação do conceito expresso no radical, ou cessar, sucumbir, acabar. *Ver* opera aqui como prefixo do verbo *sagen*, que significa dizer. Acepções de *versagen* são: negar, não conceder, não aceitar, *recusar*. Outra importante acepção é rechaçar: negar uma coisa a alguém. Outra, também, é falhar, fracassar moralmente.

Tanto no contexto da obra de Freud, como pelo exposto por Lacan a esse respeito, *Versagung* deveria traduzir-se como rechaço.

---

[354] Sibylle Lacan, *Un père (puzzle)*, op. cit., p. 17.

Diz Lacan:

"O homem se tornou refém do Verbo porque se disse, ou também por ter-se dito que Deus está morto. Nesse momento abre-se essa hiância onde nada mais pode ser articulado senão o que é somente o começo mesmo do "não fui" (*ne fus-je*), que só poderia ser um rechaço, um não (*un ne*), esse tique, esse esgar, em suma, esse *desdobramento do corpo, essa psicossomática*, que é o termo no qual temos que encontrar a marca do significante"[355].

Da dialética entre promessa e quebra de promessa, por um lado, e a renúncia, o retirar-se de um compromisso, o rechaço, por outro, encontramos a *Versagung* operando em relação ao que a operação da *Verleugnung*[356] consegue e não consegue. Operatória do humor, quando o humor logra melhor o que a mesma operatória logra prior, mediante "essa psicossomática"?

Estamos no terreno da ironia como questionamento e distanciamento afetivo; também no terreno do desmascaramento com humor, recurso do cômico.

---

[355] Jacques Lacan, Seminario VIII, *La transferencia*. Aula de 17 de maio de 1961. Versão da Escola Freudiana de Buenos Aires.

[356] A operação da *Verleugnung*, traduzida como renegação ou desmentido, tem uma conseqüencia estrutural totalmente diferente da *Verdrängung* (recalque) como, também, da *Verwerfung* (repúdio, rechaço ou foraclusão). Geralmente está ligada à perversão, enquanto a conseqüência do recalque seria a neurose e a da foraclusão, a psicose. Não obstante, é uma das operações da defesa que foi menos questionada em campos diferentes daqueles das perversões.

XI

Conclusões

Por que meu interesse por um quadro tão desatualizado como a neurastenia parece ser?

Nessa investigação faço referência a Paul Bercherie[357], quando nos diz que é como se ela estivesse destinada a ser periodicamente redescoberta, rebatizada e promovida como doença do século, tal como fez Beard no passado.

Corresponderia à acédia dos monges na Idade Média, em seguida à melancolia, depois à hipocondria; nomeada, há pouco tempo, neurastenia e, hoje, síndrome de fadiga crônica. É assim que David Bell[358] se refere a ela como *The Disease of a Thousand Names* (a doença dos mil nomes).

As perturbações mais chamativas e constantes são a fadiga e o esgotamento. Essa fadiga injustificada costuma acompanhar-se de cefaléias, dores musculares, dores articulares, transtornos da visão, perturbações emocionais, perda de memória, confusão, dor nos gânglios ou dor abdominal. Cada perturbação pode, separadamente, apresentar-se com maior ou menor intensidade, mas o quadro conjunto permanece notadamente invariável. Pode ser totalmente invalidante e persistir durante anos ou pode ser um transtorno leve, a ponto de significar apenas uma moléstia.

Como surgiu meu interesse por esse quadro? Escutei esse tipo de queixa em meu consultório, queixas acompanhadas, muitas vezes, por suposi-

---

[357] Paul Bercherie, *Génesis de los conceptos freudianos*, Buenos Aires, Paidós, 1988, p. 52.

[358] David S. Bell, M.D., *The Disease of a Thousand Names*, Lyndoville, Pollard Publications, 1991.

ções causais de acordo com o discurso da biologia e das neurociências; mal-estares atribuídos a aumentos e diminuições de adrenalina ou outros hormônios, ocasionando, supostamente, "estresse" e "fadiga" alternadamente. De qualquer modo, eu me perguntava sobre o valor de verdade em jogo nessas queixas que, às vezes, eu mesma confundi com sintomas histéricos.

Mas não, o que acabou me convencendo de que não se tratava de sintomas histéricos foi que, apesar das diferenças e da singularidade dos discursos, a descrição do sofrimento era monótona e repetitiva: uma enorme fadiga, não poder trabalhar, não poder ler, não poder concentrar-se em nada, muita necessidade de sono. Por outro lado, faltava a essas perturbações a ancoragem significante necessária para considerá-las sintomas do ponto de vista da psicanálise.

Depois caiu em minhas mãos o livro de Sibylle Lacan, livro que, devo confessar, adquiri, nesse momento, por simples curiosidade.

Sibylle Lacan, em seu texto testemunhal "Un père", diz ter contraído uma doença rara aos 20 anos. Sofria de uma imensa fadiga física e intelectual, dificuldades para estudar e, mais ainda, para memorizar qualquer coisa, impossibilidade de ler, de trabalhar, de pensar. No cinema ficava desconcertada. Tinha uma impressão insuportável de anuviamento na cabeça desde que se levantava até a hora de se deitar. Já não tinha nenhuma energia. Escreve: "Impossível estudar, aprender, registrar. Sempre a mesma debilidade, o mesmo estado 'anuviado', uma estranha ausência de emoção. Minha vida era um inferno".

E ali, frente ao sofrimento e à pergunta de Sibylle, "O que é que eu tenho?", a resposta de seu pai, Jacques Lacan, o genial continuador de Freud: "... no século dezenove, diriam que você era neurastênica".

No século XIX? E agora, o quê? O nome da doença perdeu vigência no século XX, mas, ao que parece, a própria doença não desapareceu. A época do mestre em psicanálise não era ainda a dos nomencladores, na qual é rebatizada e reclassificada como síndrome. É por isso que situo minha investigação justamente nessa etapa, nesse tempo intermediário onde ainda não foi novamente nomeada e classificada, momento que ainda deixa aos psicanalistas alguma chance de dizer uma palavra a esse respeito.

Ao começar minha interrogação acerca desse quadro clínico tão desatualizado e tão atual me propus uma série de perguntas que agora renovo. São as seguintes:

– o que podemos dizer, na atualidade, a partir da psicanálise, desse sofrimento que em uma época se denominava "neurastenia" e hoje se denomina "fadiga crônica"?

– que alcance poderia ter o que dizemos dela em relação ao conceito geral de "neuroses atuais" devido ao inventor da psicanálise?

– o que podemos entender como "atual" a partir da psicanálise?

– qual seria sua metapsicologia? Que avanços no terreno da metapsicologia podemos esperar de sua investigação?

– sendo a pulsão "conceito limite" entre o somático e o psíquico, o que podemos dizer atualmente sobre a articulação corpo-psique? Por exemplo, quais são as conexões, as passagens, os enlaçamentos entre o somático e o psíquico?

– o que implica a noção de "neurose de base" ou "neurose simples", uma das noções que Freud adiantou em relação às neuroses atuais?

– que transtorno na construção do "aparelho psíquico" ou da estrutura do ser falante daria conta de uma suspensão da eficácia da história, do ponto de vista do saber inconsciente?

– quais são suas relações com doenças com as quais está relacionada, segundo muitos dos investigadores do tema: melancolia, hipocondria, doença psicossomática?

– é a fadiga crônica, isto é, a neurastenia, abordável pelo dispositivo analítico?

Segundo essas interrogações, fixei os seguintes objetivos:

a) Definir se, como Freud a pensou, se trata de uma forma de neurose em que não há atualização mediatizada do conflito, mas atualização imediata de uma tensão.
b) Definir se, no caso da neurastenia ou fadiga crônica, trata-se de um transtorno específico ou de um transtorno de base em relação às psiconeuroses.
c) Definir se faz parte do grupo no qual a melancolia é paradigma, ou seja, se se trata de uma forma de melancolia larvada.
d) Definir a metapsicologia que lhe corresponderia, ou que deveria incluir:

– se há transtornos na constituição do circuito da pulsão,
– se há transtornos na constituição do narcisismo,
– se há transtornos identificatórios.

e) No caso de obter definições quanto aos pontos anteriores, definir sua etiologia e se esta pode ser interpretada do ponto de vista da construção da estrutura em relação ao Outro.

f) Ao se considerar abordável dentro do dispositivo analítico, definir as especificações próprias, se as houver, a seu tratamento e à direção de sua cura.

Vejamos então os resultados obtidos.

Vou começar com a pergunta acerca de sua atualidade. Que exista, atualmente, uma síndrome chamada de "fadiga crônica", cuja descrição é similar à da antiga neurastenia, já pode nos dizer algo de sua atualidade.

Em outro sentido, a neurastenia sempre foi ligada ao traço de ser uma doença própria do atual.

Quando Beard a descobre e batiza no século XIX, qualifica-a de "nervosidade moderna", ou seja, como uma doença própria a sua atualidade, determinada pelas exigências estabelecidas pelas sociedades urbanas.

Para Freud, sendo conseqüência de práticas sexuais nocivas, era um efeito das exigências que a cultura estabelece para a sexualidade.

Hoje, considerada doença dos *yuppies (young urban professional people)*, continua sendo pensada como produto das exigências que a contemporaneidade estabelece para os habitantes das grandes cidades.

Mas, além disso, em relação ao que podemos entender como "atual" a partir da psicanálise, devemos buscar a noção freudiana de "neurose atual".

Nas explicações que Freud se deu sobre as neuroses atuais, sendo tanto a neurastenia como a neurose de angústia o produto de uma tensão atual, o atual entende-se como a atualidade de uma falha na passagem do somático ao psíquico. Isso necessariamente exclui a relação com a história.

Retomar essa problemática ali onde Freud a deixou me levou a deter-me, longamente, nos temas que estavam desde o início nas interrogações que me propunha: a metapsicologia da neurastenia, as conexões, as passagens, os enodamentos entre o somático e o psíquico e a problemática da pulsão.

Durante o percurso pode-se ver que uma concepção do atual que excluía a história excluía também não só a neurose infantil, mas o recurso à tessitura inconsciente, o que desde Lacan podemos expressar como recurso ao significante. Por isso, a partir de Freud e de alguns pós-freudianos, a exclusão da história levou à conclusão de que a cura não provinha da análise, ainda que esta pudesse ser um fator coadjuvante, mas do abandono do que se denominavam "práticas sexuais nocivas". Esta última levou-me a interrogar a questão da relação sexual e do gozo, para concluir que a concepção de Freud acerca das neuroses atuais escondia a não confessada crença em uma satisfação sexual plenamente lograda e, portanto, era tributária de sua transferência com o saber suposto a Fliess, o Outro da "análise original", que havia elucubrado poder escrever a relação sexual como uma relação proporcional. Foi assim que, no curso de minha investigação, descobri que a hipótese freudiana acerca do fator tóxico se sustentava na sua transferência com o suposto saber de Fliess sobre certas substâncias sexuais.

Mas o que sempre constituiu obstáculo a essa linha de pensamento é a teoria de Freud sobre a construção do aparelho psíquico, já que o aparelho psíquico se constrói em um progresso ineludível, desde relações simples até relações complexas, estando na base dessa construção a condição ineludível da perda do objeto de satisfação plena, atuando dita perda ali, ao modo de cimento para a posterior construção de um edifício complexo. Se esse edifício já construído é uma hipótese ineludível para a abordagem psicanalítica de qualquer transtorno, na medida em que se trata de transtornos sofridos por um ser falante, o atual já não pode ser entendido como o simples e deveremos, então, interrogar a questão de outro ponto de vista.

Uma via possível para dar outro estatuto ao simples é a já sugerida por Freud quando, com a designação de "neurose simples", situa as neuroses atuais como o "fundo ou o núcleo neurótico"[359] do sintoma, ou como "facilitação somática das psiconeuroses" ou "nervosidade"[360]. Deter-me-ei

---

[359] "o grão de areia no centro da pérola", ver Sigmund Freud, *Contribuición para un debate sobre la masturbación*, op. cit., p. 479.

[360] "a luta contra a sensualidade consome a energia disponível do caráter, e isso justamente em uma época em que o jovem necessita de todas as suas forças para conquistar uma participação e um lugar na sociedade", Sigmund Freud, *La moral sexual "cultural" y la nervosidad moderna*, op. cit., pp. 175 e 176.

nesse ponto quando me referir às conexões, às passagens, às junções entre o somático e o psíquico.

Outra maneira de conceber o atual é o conceito de atualização, conceito que não pode não contar com a história. Guiam-me, nesse ponto, os desenvolvimentos de Roberto Harari em seu livro *¿Qué sucede en el acto analítico? La experiencia del psicoanálisis* [O que acontece no ato analítico? A experiência da psicanálise]. Ele diz ali:

> "... *o tempo de trabalho dominante na psicanálise é o da retroação e o do après-coup*, os quais podem ser nomeados tempos do *ex post facto*: trata-se das 'conseqüências' (Tosqueles) do que aconteceu, as quais só são apreensíveis depois do acontecer dos fatos. A epistemologia da psicanálise, por isso, é uma *epistemologia do efeito*, a qual invalida assim, com absoluta legitimidade, a ideologia, 'prevencionista' ou 'psico-higiênica', própria da epistemologia da antecipação"[361].

Roberto Harari está se referindo aqui à epistemologia que vem discutindo nas páginas anteriores e que considera dominante no modo pós-freudiano de conceber a atualização na transferência. Partindo do aforismo lacaniano segundo o qual "a transferência é a colocação em ato da realidade do inconsciente" deduz que "*o sujeito do inconsciente é posto em ato na situação analítica*"[362], mas essa colocação em ato não deve ser entendida como uma exteriorização, mas como uma renovação novadora. O deslizamento que Harari discute é o que, ainda sem adverti-lo, retoma uma das dicotomias mais tradicionais e recorrentes não só da filosofia, mas também da história das idéias em geral: a dicotomia aristotélica potência-ato. A partir dessa dicotomia entendeu-se a transferência como a manifestação do que já estava aí e, em determinado momento, se exterioriza. A idéia de que algo se exterioriza implica a crença em um "já aí" no interior, o que dá lugar ao mito psicológico de um mundo inte-

[361] Roberto Harari, *¿Qué sucede en el acto analítico? La experiencia del psicoanálisis*, Buenos Aires, Lugar, outubro de 2000, p. 228. Os itálicos são do autor.

[362] Repetir nota acima mudando *p.228 para p.226.*

rior. Por isso, se faz necessário destacar que o tempo de trabalho dominante na psicanálise é o da retroação, como é destacado no parágrafo que acabo de citar. A partir dali é necessário perguntar-se o que implica dizer que algo se atualiza.

Tratar-se-ia de um *pôr em ato*. Isso nos vai ser útil para entender, também, um traço definidor das neuroses atuais, as que costumam ficar não situadas e ignoradas na, e pela clínica pós-freudiana. Pôr em ato, então, quer dizer *atualizar*, mas o que é atualizar? É *aggiornar*, diz Harari, *pôr algo em dia*, torná-lo atual, adaptar as coordenadas vigentes à data. É atualizar no sentido de indicar uma ordem de renovação.

Toda renovação, ao ser novadora, tem um caráter atual. Como podemos ver, já não se trata de sustentar o atual às custas da história, já que não há atualidade sem história, trata-se, então, de se interrogar melhor sobre o que é que se atualiza. Isto é: o que é que ao se atualizar se renova nesses quadros que foram denominados por Freud "neuroses atuais"?

No caso daqueles sofrimentos chamados neurastênicos, creio que o que ao se atualizar se renova são questões não resolvidas no próprio tecido da tessitura *parlêtre* (parletre) – ser falante e ser marcado pela letra que a língua inscreve nele –, tessitura da qual resultará esse eco no corpo que é a pulsão. Nesse sentido, estamos no terreno do que Freud denominou "metapsicologia", ou seja, para além da psicologia. Vamos, portanto, considerar se, pela pergunta sobre as relações entre o somático e o psíquico – ou seja, as passagens, as junções entre estas duas instâncias –, podemos deduzir uma metapsicologia apropriada para a neurastenia.

Tendo sido a pulsão definida por Freud como "conceito fronteiriço entre o anímico e o somático"[363], me pareceu fundamental me deter nesse lugar de articulação. Efetivamente, para Freud trata-se de um conceito com o qual tenta articular, não apenas a relação corpo–psique, mas também a relação psicologia–biologia, como assinala em *Múltiple interés del psicoanálisis* [Interesse múltiplo da psicanálise] quando diz:

---

[363] Sigmund Freud, "Pulsiones y destinos de pulsión", em *Tabajos sobre metapsicología*, op. cit., O.C., Tomo XIV, p. 117.

"Não podemos evitar a 'pulsão' como conceito fronteiriço entre uma concepção psicológica e uma biológica..."[364].

Pondo a questão nesses termos, é inegável que o ser de linguagem é um ser orgânico, mas a relação que assim se estabelece deve ser concebida como uma relação psique–soma, dando lugar à interpretação psicossomática do sintoma físico? Ou como uma relação do orgânico com o psíquico? Ou como uma relação corpo–linguagem?

Importa como nomeamos essa relação? Importa se como a manobramos determina como a pensamos.

Freud usou de todos os termos que acabo de adiantar. Referiu-se a "o somático frente ao anímico", aos "poderes orgânicos", "a relação entre o psíquico e o físico", etc.

O termo "orgânico" qualifica o corpo como um todo organizado. Remete ao corpo da medicina, por exemplo.

"Somático" qualifica o material e o corpóreo. "Soma" é sinônimo de corpo, é a parte física do ser.

"Físico" qualifica o corporal, o pertencente aos corpos.

Hoje podemos dizer, com Lacan, que o corte relacional que está empenhado deve fazer-se não entre o somático e o psíquico, mas entre o organismo e o sujeito. Isso exige estabelecer uma interrogação acerca da natureza desse corte e da natureza dos termos implicados. Então, "organismo" remete a algo organizado e "sujeito" ao efeito dos significantes inconscientes.

Onde Freud situa o conceito limite, Lacan vai introduzir o incorporal dos estóicos. O corpo do simbólico produz o corpo por incorporar-se. A partir daí, é o incorporal que perdura por marcar o tempo da incorporação. Sua homenagem aos estóicos se deve a que eles souberam assinalar, com o termo "o incorpóreo", o fato de que o simbólico organiza o *a*-corpo: o corpo do *a* e o corpo fundado no objeto enquanto falta.

O organismo fica aprisionado na dialética do sujeito e a libido é o órgão do incorporal no ser sexuado. É uma lâmina que não existe e, contudo, não deixa

[364] Sigmund Freud, *El interés del psicoanálisis* (1913), O. C. Buenos Aires, Amorrortu, 1990, Tomo XIII, p. 185.

de ser órgão: é o instrumento que o sujeito coloca no organismo no tempo em que se opera um corte, uma separação. Assim, a pulsão será a montagem montada em uma superfície onde o operador é a borda como lugar de corte; montagem dedicada a dar voltas em seus objetos, para neles recuperar e restaurar sua perda original. O incorpóreo dá forma ao corpo, por isso, com o nó borromeano, Lacan situou o corpo no imaginário dizendo que o imaginário consiste[365], o simbólico insiste e o real ex-siste. Em *La tercera* [A terceira][366], escreve assim:

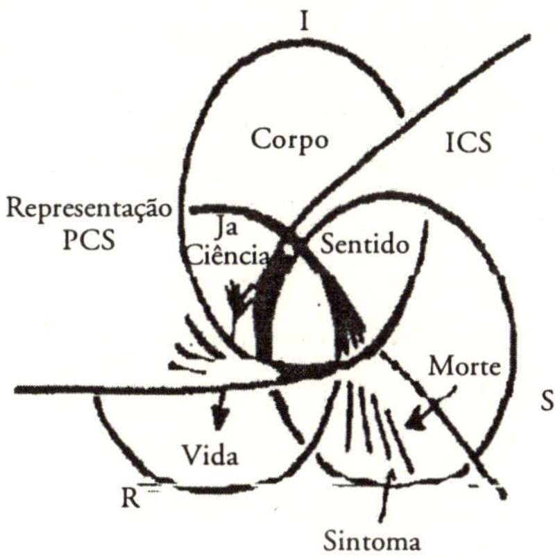

Recordemos que um enodamento é borromeano quando ao se soltar um anel soltam-se todos.

O corpo é imaginário, mas se enoda ao simbólico e ao real. Dito de outro modo, o simbólico, a linguagem, morde o corpo com a conseqüência de separar nele o que no inglês se nomeia de diferentes maneiras: o "corpse", o cadáver e o "body", o corpo vivo.

XI.1. Para uma metapsicologia da neurastenia e da fadiga crônica

Para avançar vou apoiar-me em alguns desenvolvimentos de Paul-Laurent Assoun[367].

---

[365] Con-sistir é estar junto, assim como ex-sistir é estar fora.

[366] Jacques Lacan, "La tercera" em *Actas de la Escuela Freudiana de París*, Barcelona, Petrel, 1980, p. 183.

[367] Paul-Laurent Assoun, *Cuerpo y síntoma*, Buenos Aires, Nueva Visión, agosto de 1998, p. 7.

Há uma posição do corpo – recuperada pelo real inconsciente – irredutível por sua vez a sua captação no "orgânico" (posição médica do corpo) e a sua redução "psicossomática".

O que se revela no sintoma somático é o momento físico do processo inconsciente, é o impacto físico do real inconsciente. O momento do sintoma é aquele em que algo "toma um mau aspecto" no corpo, fazendo presente certa "falha" das possibilidades de tramitação simbólica.

Pode aparecer no corpo um episódio que vem dar, fisicamente, testemunho de um "di-simbolismo"; como desafio à economia orgânica, mas a ponto de introduzir, no caso, uma desordem dos mesmos processos orgânicos. O que a instância corporal do sintoma indica é a derrota das estratégias operatórias significantes, espécie de falha da simbolização, assim como das formações inconscientes "clássicas".

Como dar conta dessa falha do recurso à tramitação significante? Um comentário de Lacan no seminário VIII vai nos permitir avançar. Diz, referindo-se à Signe, de Claudel: "É ainda mantida como refém na negação sofrida do que ela tem de melhor. A nós é proposto algo que vai além da desgraça de Jó e de sua resignação. A Jó é reservado todo o peso da desgraça que não mereceu, mas ao heroísmo da tragédia moderna se lhe pede assumir, como um gozo, a própria injustiça que o horroriza. Isto é o que inaugura como possibilidade, diante do ser que fala, o fato de ser o suporte do Verbo no momento em que lhe é solicitado garantir esse Verbo. O homem se tornou refém do Verbo porque se disse ou, também, por ter-se dito que Deus está morto. Nesse momento abre-se essa hiância onde nada mais pode ser articulado senão o que é somente o começo mesmo do "não fui" (*ne fus-je*), que só poderia ser uma recusa, um não (*un ne*), esse tique, esse esgar, em suma, esse *desdobramento do corpo, essa psicossomática,* que é o termo no qual temos que encontrar a marca do significante".

Assoun não explora as diferenças entre os modos do sintoma físico, questão na qual me deterei, já que não são a mesma coisa uma conversão histérica e aquelas doenças que Groddeck chamou "organoneuroses" e hoje se denominam "fenômenos psicossomáticos". Tampouco a série de fenômenos que configura o quadro e o que denominava "neurastenia" é a mesma coisa.

A conclusão a que pude chegar, em minha investigação do tema, é que esse tipo de doença dependia de uma suspensão do recurso ao significante, suspensão na maioria das vezes temporária, já que a possibilidade de pôr em operação o inconsciente é recuperável. O ensino deixado pela fabricação do caso Sibylle me permite acrescentar que essa falha simbólica podia ser produzida pela interposição da *Verleugnung*, renegação ou desmentido.

Pelo intermédio de uma *Verleugnung* por sua vez denegada, um dizer "se expressa–revela por meio do *acting-out*, da *mise en scène*, da encenação: talha um dizer que não fala"[368]. Isto é o que podemos ver no caso fabricado, quando o recurso utilizado por Sibylle pôde ser situado como recurso à mimese; identificação mimética que entendemos como detenção da dialética identificatória, o que resulta nesse quadro pintado por Sibylle Lacan para seu pai.

Destaco: "quadro pintado". Efetivamente, creio que se trata de mimese; imitação da tristeza sustentada por algum traço tomado da imagem do pai. O mimetismo é colocação em suspenso, detenção do ato no gesto. Um gesto é algo feito para deter-se e ficar suspenso. O gesto, como gesto, se inscreve em um antes do ato. É essa temporalidade particular, definida com o termo detenção, que nos permite distinguir gesto e ato.

Mas também destaco: "quadro pintado para". Isso quer dizer que não é sem o Outro, aquele a quem a mensagem se dirige.

Se a concepção de Freud das neuroses atuais implicava que sua cura não dependia da análise, mas de modificações nas relações com o outro, devemos dizer que ele em parte tinha razão, salvo que não se trata de uma modificação no terreno da genitalidade, mas naquelas relações onde se desfaz o estatuto do objeto, ou seja, o terreno onde este se desprende.

Reunamos as duas afirmações que acabo de fazer – gesto em lugar de ato que permanece impedido + mensagem dirigida ao Outro para que corrija o tiro – e nos encontramos no terreno do que, justamente, Lacan denominou "zona de relação": o *acting out*, recordando o justo lugar que lhe assinala quando elabora sua redistribuição dos três freudianos (inibição, sintoma e angústia) no seminário X: na coluna do impedimento, onde domina o narcisismo e, na linha da turvação, a retirada da potência.

---

[368] Roberto Harari, *¿Qué sucede en el acto analítico? La experiencia del psicoanálisis*, op. cit., p. 202.

Inibição	Impedimento	Embaraço
Emoção	*Sintoma*	Passagem ao ato
Turvação	Acting-out	*Angústia*

Ponho a mimese descoberta no caso Sibylle na linha do *acting out*, isso implicando que o ato inconsciente é assim decifrável como "ação plástica" dos processos somáticos. A plasticidade é a aptidão para a colocação em forma e essa é a prerrogativa da ação inconsciente: enforma os processos somáticos, ponto de encontro, coincidência do ato (inconsciente) e da ação (plástica corporal), onde se situa o efeito físico. Tratar-se-ia, em toda manifestação corporal, de uma ação interna da libido.

Sendo a pulsão eco no corpo de que há um dizer, se tratará então de fazer que esse dizer, que não fala, fale, para assim restabelecer o lugar do objeto no circuito pulsional.

O circuito pulsional da pulsão, em um percurso que vai do sujeito ao sujeito, implica a exigência de um trabalho de tradução, como mostra o grafo seguinte:

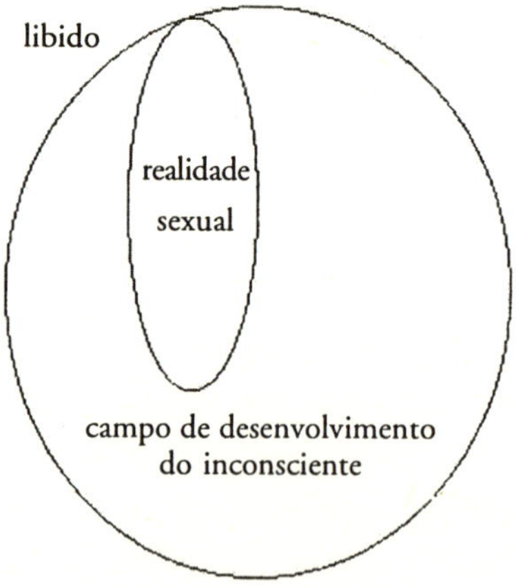

É claro que este circuito se verá afetado se, por fragilidade narcísica, se deixa de contar com o recurso à substituição significante.

Ferenczi denominou "patoneurose" a uma neurose caracterizada por ser uma "neurose de doença". Referia-se às neuroses desencadeadas por qualquer agressão ao corpo que faz fenda no corpo narcísico. Qualquer doença é um ferimento feito ao eu e, no caso das patoneuroses, revela uma fragilidade narcísica até então latente, como nos mostrou o caso fabricado. Atualização descoberta *après-coup*. Há desinvestimento objetal e os gastos se limitam à patologia somática. É um transbordamento que passa pelas bordas corporais.

Assim, podemos chamar patoneuroses às neuroses subseqüentes a uma doença orgânica ou a um ferimento, o que explicaria os casos subsequëntes a uma gripe ou a outro processo infeccioso, segundo muitas descrições. A libido retirada do mundo exterior recai sobre o corpo.

Corporificação da fantasia. Ação interna, ação inconsciente. Imitação da tristeza, a fadiga é posta em cena e o Outro é chamado. Como no caso Sibylle o Outro convocado é também animado. O pedido de que se o nomeie é o pedido de que se o identifique e se o reconheça, é o pedido de que a dor possa ser socializada, portanto, dita, porque se alguém se sente prejudicado é porque se sente danificado, mas, também, pré-julgado, como também nos ensina o testemunho de Sibylle.

Os neurastênicos manifestam, de maneira particular, uma certa morosidade, o que situa o afeto básico da dor moral do lado dessa forma crônica da tristeza. Cada uma das neuroses atuais destila, cada uma a sua maneira, certa dose de dor física e dor moral, de mal-estar cinestésico e mal-estar moral. Doença insensível, glaciação do afeto, em primeiro plano está a inibição como limitação funcional do eu, acompanhada por um empobrecimento pulsional. É, como Sibylle expõe claramente, sofrer por não poder fazer e ver-se confrontado com o vazio pulsional. O doente, ao ter que viver superficialmente de seus meios – afronta narcísica –, ingressa no ciclo da dor moral. Isso põe, claramente, a neurastenia entre as neuroses narcísicas, cujo paradigma é a melancolia.

XI.1.1. "neurose de base" ou "neurose simples"

A dor de existir é algo que habita todos, como habita todos "a maldade da Coisa", campo onde se projeta algo para além da origem da cadeia significante, esse lugar onde se questiona tudo o que pode ser, campo evocado ao longo de minha tese como lugar da maldição. Proponho que seja esse o campo de uma doença de base, doença própria do ser que fala, que convoca as estratégias do significante, estratégias que podem falhar de diferentes maneiras.

Por isso, em *El dolor de existir y la melancolía* eu dizia:

"Um abismo e um nada podem ser os termos que situam a brevíssima e incomensurável distância entre a dor de existir e a melancolia"[369].

XI.2. Concluindo

A neurastenia como entidade, ou seja, como termo que designa um quadro da nosologia psiquiátrica, desligou-se de um conglomerado de síndromes que o termo "hipocondria" agrupava. Por sua vez, a hipocondria nasceu como quadro mais ou menos especificado, destacando-se de um conjunto muito amplo de doenças que se chamava "melancolia". Beard deu-lhe carta de cidadania ao nomeá-la, designando assim o que entendia como empobrecimento da "força nervosa", uma ausência de reserva de força nervosa.

Freud a retoma como neurose sexual que, à diferença das psiconeuroses, não implica uma tramitação psíquica do conflito. Assim, nunca deixou de sustentar que a neurastenia era causada por práticas sexuais nocivas. Evidentemente, a virtude do avanço de Freud nesse terreno foi ter proposto uma clara determinação causal que lhe permitiu a elaboração de uma simples nosografia: neuroses atuais – psiconeuroses. Se sua intenção foi falha quanto à razão etiológica das neuroses atuais, não o foi na medida em que seu gesto lhe permitiu esvaziar o campo de conceitualização das psiconeuroses. O terreno que foi ganho foi o das psiconeuroses, não o das neuroses atuais.

A interrogação das diferentes suposições e teorizações, a incorporação à elaboração do tema de outros conceitos que esclareciam as perguntas que surgiam dos casos examinados, conceitos tais como narcisismo, identificações, desenodamentos, etc., me permitiram o percurso que decidiu o retorno da neurastenia ao lugar de onde tinha sido extraída: a melancolia, em uma variante que podemos caracterizar como "larvada". Porém, evidentemente, esse retorno não a devolve ao mesmo lugar, posto que já não se trata da melancolia da clínica psiquiátrica, mas daquela da psicanálise. Isso traz enormes conseqüências. A maior: trata-se de um sofrimento que pode ser abordado psicanaliticamente, para que o recurso ao bem-dizer substitua o que o doente anima como obscura maldição. Trata-se de que o dizer que não fala, mas se mostra, chegue a falar.

---

[369] Pura H. Cancina, *El dolor de existir y la melancolía*, op. cit., p. 7.

OBRAS PUBLICADAS

Psicanálise e Tempo
Erik Porge

Psicanálise e Análise do Discurso
Nina Leite

Letra a Letra
Jean Allouch

Mal-Estar na Procriação
Marie-Magdeleine Chatel

Marguerite ou "A Aimée" de Lacan
Jean Allouch

Revista Internacional nº 1
A Clínica Lacaniana

A Criança na Clínica Psicanalítica
Angela Vorcaro

A Feminilidade Velada
Philippe Julien

O Discurso Melancólico
Marie-Claude Lambotte

A Etificação da Psicanálise
Jean Allouch

Roubo de Idéias?
Erik Porge

Os Nomes do Pai em Jacques Lacan
Erik Porge

Revista Internacional nº 2
A Histeria

Anorexia Mental, Ascese, Mística
Éric Bidaud

Hitler – A Tirania e a Psicanálise
Jean-Gérard Bursztein

Littoral
A Criança e o Psicanalista

O Amor ao Avesso
Gérard Pommier

Paixões do Ser
Sandra Dias

A Ficção do Si Mesmo
Ana Maria Medeiros da Costa

As Construções do Universal
Monique David-Ménard

Littoral
Luto de Criança

Trata-se uma Criança – Tomos I e II
Congresso Internacional de Psicanálise e suas Conexões – Vários

O Adolescente e o Psicanalista
Jean-Jacques Rassial

— Alô, Lacan?
— É claro que não.
Jean Allouch

A Crise de Adolescência
Octave Mannoni e outros

O Adolescente na Psicanálise
Raymond Cahn

A Morte e o Imaginário na Adolescência
Silvia Tubert

Invocações
Alain Didier-Weill

Um Percurso em Psicanálise com Lacan
Taciana de Melo Mafra

A Fantasia da Eleição Divina
Sergio Becker

Lacan e o Espelho Sofiânico de Boehme
Dany-Robert Dufour

O Adolescente e a Modernidade – Tomos I, II e III
Congresso Internacional de Psicanálise e suas Conexões – Vários

A Hora do Chá na Casa dos Pendlebury
Alain Didier-Weill

W. R. Bion – Novas Leituras
Arnaldo Chuster

Crianças na Psicanálise
Angela Vorcaro

O Sorriso da Gioconda
Catherine Mathelin

As Psicoses
Philippe Julien

O Olhar e a Voz
Paul-Laurent Assoun

Um Jeito de Poeta
Luís Mauro Caetano da Rosa

Estética da Melancolia
Marie-Claude Lambotte

O Desejo do Psicanalista
Diana S. Rabinovich

Os Mistérios da Trindade
Dany-Robert Dufour

A Equação do Sonhos
Gisèle Chaboudez

Abandonarás teu Pai e tua Mãe
Philippe Julien

A Estrutura na Obra Lacaniana
Taciana de Melo Mafra

Elissa Rhaís
Paul Tabet

Ciúmes
Denise Lachaud

Trilhamentos do Feminino
Jerzuí Tomaz

Gostar de Mulheres
Autores diversos

Os Errantes da Carne
Jean-Pierre Winter

As Intervenções do Analista
Isidoro Vegh

Adolescência e Psicose
Edson Saggese

O Sujeito em Estado Limite
Jean-Jacques Rassial

O que Acontece no Ato Analítico?
Roberto Harari

A Clínica da Identificação
Clara Cruglak

A Escritura Psicótica
Marcelo Muniz Freire

Os Discursos e a Cura
Isidoro Vegh

Procuro o Homem da Minha Vida
Daniela Di Segni

A Criança Adotiva
Nazir Hamad

Littoral
O Pai

O Transexualismo
Henry Frignet

Psicose, Perversão, Neurose
Philippe Julien

Como se Chama James Joyce?
Roberto Harari

A Psicanálise: dos Princípios
Ético-estéticos à Clinica
W.R. Bion – Novas Leituras

O Significante, a Letra e o Objeto
Charles Melman

O Complexo de Jocasta
Marie-Christine Laznik

O Homem sem Gravidade
Charles Melman

O Desejo da Escrita em Ítalo Calvino
Rita de Cássia Maia e Silva Costa

O Dia em que Lacan me Adotou
Gérard Haddad

Mulheres de 50
Daniela Di Segni e Hilda V. Levy

A Transferência
Taciana de Melo Mafra

Clínica da Pulsão
Diana S. Rabinovich

Os Discursos na Psicanálise
Aurélio Souza

Littoral
O conhecimento paranóico

Revista Dizer - 14
A medicalização da dor

Neurose Obsessiva
Charles Melman

A Erótica do Luto
Jean Allouch

Um Mundo sem Limite
Jean-Pierre Lebrun

Comer o Livro
Gérard Haddad

A Experiência da Análise
Norberto Ferreyra

O Desejo Contrariado
Robert Lévy

IMPRESSÃO

GRÁFICA MARQUES SARAIVA
Rua Santos Rodrigues, 240 - Estácio / RJ
Telefax: (21) 2502-9498